AI赋能的个性化教学

教师角色的新定位与能力培养

窦 强 著

·南京·

图书在版编目(CIP)数据

AI赋能的个性化教学：教师角色的新定位与能力培养/窦强著. ‐‐南京：东南大学出版社，2025.7.
ISBN 978-7-5766-2213-3

Ⅰ.G434

中国国家版本馆CIP数据核字第202503785T号

责任编辑：周 娟　　责任校对：张万莹　　封面设计：余武莉　　责任印制：周荣虎

AI赋能的个性化教学　教师角色的新定位与能力培养

AI Funeng De Gexinghua Jiaoxue　Jiaoshi Juese De Xin Dingwei Yu Nengli Peiyang

著　　者:窦　强
出版发行:东南大学出版社
出 版 人:白云飞
社　　　址:南京市四牌楼2号　邮编:210096　电话:025-83793330
网　　　址:http://www.seupress.com
经　　　销:全国各地新华书店
排　　　版:南京布克文化发展有限公司
印　　　刷:广东虎彩云印刷有限公司
开　　　本:787 mm×1092 mm　1/16
印　　　张:9.75
字　　　数:225千
版 印 次:2025年7月第1版第1次印刷
书　　　号:ISBN 978-7-5766-2213-3
定　　　价:68.00元

本社图书如有印装质量问题,请直接与营销部联系(电话:025-83791830)

前 言
Preface

在当今时代,科技以惊人的速度持续发展,其中人工智能(AI)已如同春雨润物般渗透到教育的各个角落,深刻地重塑着教育的生态格局,既为教育领域的变革孕育出了全新的机遇,也带来了严峻的挑战。本书聚焦于AI赋能个性化教学这一关键主题,志在全方位、深层次地揭示其丰富内涵与多元维度,为读者徐徐展开一幅详尽且生动的全景图。

本书从技术的演进脉络来看,开篇深入探究人工智能技术的发展历程与未来走向,回顾其从萌芽到逐步成熟的各个阶段。通过对具有代表性的AI教育应用案例进行细致入微的分析,清晰地看到了其在教学模式、学习体验、教育资源分配等方面带来的显著变革。例如:智能辅导系统能够根据学生的答题情况和学习进度,精准地推送个性化的学习资料和辅导内容,实现了一对一的精准教学;虚拟实验室则打破了时间和空间的限制,让学生能够随时随地进行实验操作和探索,极大地拓展了学习的边界。然而,在享受这些成果的同时,我们也不得不直面当前AI教学应用中存在的一系列问题与挑战。技术的不成熟导致部分应用存在稳定性差、适应性低等问题;数据隐私和安全问题也如高悬之剑,时刻威胁着学生和教育机构的信息安全;此外,教育工作者对于AI技术的接受程度和应用能力参差不齐,这也在一定程度上制约了AI教育的普及与深入发展。

在个性化教学的理论基础与实践探索这一重要板块,首先对个性化教学的概念进行了严谨而清晰的界定,明确其核心要义在于因材施教,满足和提升每个学生独特的学习需求和发展潜力。通过对多元智能理论、建构主义学习理论等相关理论基础的系统梳理,为个性化教学搭建起了坚实的理论框架。同时,对传统的个性化教学方法进行了深刻的反思,剖析了其在实施过程中的局限性,如资源分配不均、难以大规模推广等问题。而AI技术的出现,犹如一阵春风,为个性化教学的困境带来了转机。利用AI的强大数据处理能力和智能算法,能够对学生的学习行为、兴趣偏好、知识掌握程度等多维度数据进行快速而精准的分析,从而为每个学生量身定制个性化的学习路径和教学方案。在此基础上,本书还分享了一系列实践案例,这些案例涵盖了不同学科、不同年龄段的教学场景,生动地展示了AI赋能个性化教学的实际成效和巨大潜力,为广大教育工作者提供了宝贵的实践参考和借鉴经验。

教师作为教育活动的核心参与者,在AI赋能的时代背景下,其角色定位发生了深刻而根本性的转变。从传统的知识传授者这一单一角色,逐渐向学习引导者的多元化角色迈进。教师不再仅仅是知识的灌输者,更是要成为学生学习过程中的启发者、引导者和陪伴者。他们需要肩负起情感交流的重任,关注学生的心理健康和情感需求,在冰冷的技术世界中注入温暖的人文关怀,建立起和谐、信任的师生关系。

同时,面对AI生成的海量数据,教师要具备敏锐的数据解读能力,能够从数据中洞察学生的学习状况和问题所在,并据此灵活调整教学策略,实现精准教学。此外,在这个快速发展的时代，教师还必须树立终身学习的理念，不断提升自己的专业素养和技术能力，与AI技术共同成长，以适应不断变化的教育环境。更重要的是，教师要成为伦理道德与隐私保护的坚定守护者，确保AI技术在教学应用中的合理、合法、合规，防止技术滥用对学生造成不良影响。

为了更好地实现AI赋能的个性化教学，教师需要着重培养一系列关键能力。首先是提升技术素养，熟练掌握各种AI教育工具和平台的操作方法，能够灵活运用这些技术手段辅助教学活动的开展。其次，要学会利用数据分析驱动教学决策，深入了解如何收集、整理、分析学生的学习数据，并将分析结果有效地应用于教学实践中，实现教学的优化与改进。再次，创新教学方法也是不可或缺的一环，教师需要积极探索如何将AI技术有机地融入课程设计之中，以创造出更加生动、有趣、高效的教学模式，激发学生的学习兴趣和创造力。此外，良好的沟通与合作能力也是教师必备的素质——他们不仅要与学生进行有效的沟通和互动，还要与家长保持密切的联系，共同关注学生的成长；同时，也要学会与AI系统协同工作，充分发挥人与技术的各自优势，实现教学效果的最大化。最后，建立持续学习机制至关重要，教师要时刻关注AI教育领域的最新发展动态和研究成果，不断更新自己的知识体系和教学理念，以紧跟时代的步伐。

在AI赋能个性化教学的实施过程中，学校、家庭和社会都扮演着不可或缺的角色，各自承担着相应的责任和义务。学校层面应提供有力的政策支持和充足的资源配置，制定鼓励教师应用AI技术的相关政策，加大对AI教育基础设施建设的投入，为教师提供专业的培训和发展机会，营造良好的AI教育应用氛围。同时，建立科学合理的教师培训与激励机制，激发教师的积极性和主动性，促使他们主动拥抱AI技术，提升教学质量。家庭作为学生成长的重要环境，要积极配合学校的教育工作，关注学生在AI学习过程中的表现和问题，与学校形成教育合力。在社会层面，各界应共同关注学生数据保护与隐私安全问题，制定严格的法律法规和行业标准，加强对教育数据的监管和保护，确保学生的合法权益不受侵害。此外，还需要不断完善评估与反馈体系，建立科学、全面、动态的个性化教学效果监测机制，及时发现问题并进行调整和优化，以保障AI赋能个性化教学的持续健康发展。

展望未来，AI技术的不断创新必将持续为个性化教学注入源源不断的活力。随着人工智能、大数据、物联网等技术的深度融合与发展，教育理念也将发生更为深刻的变革与融合，更加注重学生的个性化发展、创新能力培养和综合素质提升。这也将为教师的职业发展开辟出崭新的路径和广阔的机遇，教师将在与AI技术的协同合作中，实现自身价值的最大化。然而，AI教育的发展并非一蹴而就，需要社会各界的共同努力和担当。政府、企业、教育机构、科研人员以及家长等各方力量应携手共进，积极探索AI教育的新模式、新方法，共同应对可能出现的问题和挑战，共同书写AI赋能教育的辉煌篇章。

本书的出版获得了咸阳师范学院学术著作出版基金资助项目、咸阳师范学院教育科学学院学科建设经费的资助，也是陕西省教育科学"十四五规划"项目"卓越教师培养视域下陕西省小学全科教师人才培养路径研究（SGH23Y2498）"的研究成果之一。希望本书能够成为教育工作者、研究者以及所有关注教育发展的各界人士手中的得力工具和宝贵指南，为他们在探索AI赋能个性化教学的道路上提供有益的参考和深刻的启示，助力他们共同迈向AI赋能教育的美好新时代，为培养具有创新精神、实践能力和全球视野的高素质人才贡献力量。

目录
Contents

第 1 章　人工智能教育应用的背景与现状 001
　1.1　人工智能技术的发展历程与趋势 001
　1.2　AI 教育应用案例分析 004
　1.3　AI 技术对教育领域的深刻影响 008
　1.4　AI 教育应用面临的问题与挑战 012

第 2 章　个性化教学的理论基础与实践探索 021
　2.1　个性化教学的概念界定与理论基础 021
　2.2　传统个性化教学方法的回顾与反思 024
　2.3　AI 技术助力个性化教学的实现 031
　2.4　个性化教学实践案例分享 046

第 3 章　教师角色在 AI 赋能下的新定位 054
　3.1　从知识传授者到学习引导者的转变 054
　3.2　情感交流与人文关怀的不可替代性 058
　3.3　数据解读与教学策略调整的能力要求 062
　3.4　终身学习理念的践行者 067
　3.5　伦理道德与隐私保护的守护者 072

第 4 章　教师应对 AI 赋能的个性化教学能力培养 077
　4.1　技术素养提升 077
　4.2　数据驱动教学 083
　4.3　创新教学方法 093
　4.4　沟通与合作能力 096
　4.5　持续学习机制 100

第 5 章　AI 赋能个性化教学的实施策略与保障措施 ⋯⋯⋯⋯⋯⋯⋯⋯⋯⋯ 106
　5.1　学校层面的政策支持与资源配置 ⋯⋯⋯⋯⋯⋯⋯⋯⋯⋯⋯⋯⋯⋯⋯ 106
　5.2　教师培训与激励机制的建立 ⋯⋯⋯⋯⋯⋯⋯⋯⋯⋯⋯⋯⋯⋯⋯⋯⋯ 110
　5.3　学生数据保护与隐私安全的策略 ⋯⋯⋯⋯⋯⋯⋯⋯⋯⋯⋯⋯⋯⋯⋯ 117
　5.4　评估与反馈体系的完善 ⋯⋯⋯⋯⋯⋯⋯⋯⋯⋯⋯⋯⋯⋯⋯⋯⋯⋯⋯ 127
　5.5　家校合作 ⋯⋯⋯⋯⋯⋯⋯⋯⋯⋯⋯⋯⋯⋯⋯⋯⋯⋯⋯⋯⋯⋯⋯⋯⋯ 130

第 6 章　AI 赋能个性化教学的未来展望 ⋯⋯⋯⋯⋯⋯⋯⋯⋯⋯⋯⋯⋯⋯⋯ 135
　6.1　技术创新对个性化教学的持续推动 ⋯⋯⋯⋯⋯⋯⋯⋯⋯⋯⋯⋯⋯⋯ 135
　6.2　教育理念的深刻变革与融合 ⋯⋯⋯⋯⋯⋯⋯⋯⋯⋯⋯⋯⋯⋯⋯⋯⋯ 139
　6.3　教师职业发展的新路径与机遇 ⋯⋯⋯⋯⋯⋯⋯⋯⋯⋯⋯⋯⋯⋯⋯⋯ 142
　6.4　社会各界对 AI 教育的期待与责任 ⋯⋯⋯⋯⋯⋯⋯⋯⋯⋯⋯⋯⋯⋯⋯ 145

第1章
人工智能教育应用的背景与现状

1.1 人工智能技术的发展历程与趋势

1. 人工智能技术的发展历程

人工智能的发展历程宛如一部波澜壮阔的科技史诗，它承载着人类对智慧探索的不懈追求。从20世纪中叶的理论萌芽到如今广泛而深入的应用，每一个阶段都有着独特的发展特点和重要意义。

20世纪中叶，图灵这位伟大的先驱提出了图灵测试这一具有开创性的概念，它为衡量机器是否具备智能提供了一个极具前瞻性的理论框架。图灵测试设想了一个场景：如果一台机器能够在与人类的对话中表现得与人类无异，那么就可以认为这台机器具有智能。这一概念犹如一颗璀璨的启明星，为后续的研究照亮了方向，奠定了判断机器智能的理论基石。

时间来到20世纪50年代，达特茅斯会议如同一场盛大的科技盛宴，正式向人们宣告了人工智能学科的诞生。在这次具有里程碑意义的会议上，来自不同领域的科学家们汇聚一堂，共同开启了系统研究机器模拟人类智能的新篇章。自此，人工智能成为一个独立且备受关注的研究领域，吸引了无数科学家投身其中。

在人工智能发展的早期阶段，符号主义占据了主导地位。科学家们秉持着一种基于规则和逻辑的理念，试图构建一种能够展现智能的系统。这种方法的核心在于将人类专家所拥有的知识，通过严谨的规则形式进行编码，并存储在计算机中。以专家系统为例，它是符号主义的典型代表。在医学、地质勘探等特定领域中，专家系统发挥了重要作用。比如在医学诊断领域，专家们将疾病症状、诊断标准、治疗方案等知识转化为计算机可识别的规则。当患者输入症状信息后，计算机依据这些规则进行推理和判断，从而给出可能的疾病诊断和相应的治疗建议。然而，这种方法在实践中逐渐暴露出了严重的局限性。面对复杂多变的现实世界问题，知识的获取成为一项艰巨的任务。因为人类的知识往往是模糊、不确定且不断变化的，要将其准确无误地转化为计算机规则是极为困难的。而且，一旦问题超出了预先设定的规则范围，系统就会陷入困境，无法灵活应对。这种缺乏灵活性的特点严重制约了符号主义在更广泛领域的应用。

20世纪80年代,随着计算机技术的蓬勃发展,一种新的思潮——连接主义开始崭露头角。神经网络成为当时人工智能研究的热点方向。神经网络的设计灵感来源于人类大脑神经元的连接方式,它由大量相互连接的神经元组成。这些神经元通过接收和传递电信号来处理信息,在神经网络中则是通过数据的传递和处理来模拟这一过程。通过向神经网络输入大量的数据,利用特定的算法来调整神经元之间连接的权重,使得网络能够对输入数据进行分类和预测。例如,在图像识别的早期研究中,研究人员尝试利用神经网络来识别手写数字。他们将大量手写数字的图像数据输入神经网络中,经过反复训练,使神经网络逐渐学会了识别不同数字的特征。然而,这个时期神经网络的发展并非一帆风顺。当时的计算机计算能力有限,面对大规模的数据处理显得力不从心。而且,由于缺乏足够的数据量,神经网络无法充分学习到数据中的复杂模式和规律。这就像一个饥饿的学习者,没有足够的"食物"来充实自己的知识储备,导致其发展受到了相当程度的阻碍。

直到21世纪,随着信息技术的飞速发展,我们迎来了大数据时代。数据如同潮水般涌来,其规模和多样性都达到了前所未有的程度。与此同时,计算机的计算能力也实现了质的飞跃,这为人工智能的发展创造了绝佳的条件。在这个新的时代背景下,深度学习作为神经网络的进一步升华,展现出了令人惊叹的强大威力。

深度学习中的卷积神经网络(CNN)在图像识别领域掀起了一场革命。CNN具有独特的卷积层和池化层结构。卷积层通过卷积核在图像上滑动,提取图像的局部特征,就像用不同的"滤镜"来捕捉图像中的线条、纹理、形状等信息。池化层则对这些特征进行压缩和简化,减少数据量的同时保留关键特征。通过多层卷积和池化操作,CNN能够从图像中提取出高度抽象和具有代表性的特征,从而实现对图像中物体的准确识别。无论是识别日常生活中的物体,如猫、狗、汽车等,还是在复杂的医学图像中检测病变组织,CNN都表现出了极高的准确率。

递归神经网络(RNN)及其变体长短期记忆网络(LSTM)则在自然语言处理领域大放异彩。自然语言处理是人工智能领域中极具挑战性的一个方向,因为语言具有顺序性、上下文相关性和语义复杂性等特点。RNN能够处理序列数据,它通过将上一时刻的输出作为当前时刻的输入之一,从而在处理语言序列时能够考虑到上下文信息。然而,传统的RNN在处理长序列数据时容易出现梯度消失或梯度爆炸的问题,导致其对长距离依赖关系的处理能力有限。LSTM则通过引入特殊的门控机制,有效地解决了这一问题。在机器翻译中,LSTM可以根据输入句子的先后顺序,准确地理解每个单词的含义以及它们之间的语法和语义关系,从而生成准确通顺的翻译结果。在语音识别方面,它能够将连续的语音信号转换为文字,大大提高了语音识别的准确率和效率,使得人机语音交互变得更加流畅和自然。

2. 人工智能技术发展趋势

随着人工智能技术的不断演进,其未来的发展趋势呈现出多维度的拓展和深化,这些趋势将进一步推动人工智能在各个领域的应用,尤其是在教育领域。

(1) 强大的模型架构

人工智能模型正朝着更加复杂和高效的方向大步迈进。Transformer架构的诞生无疑是自然语言处理领域的一次重大突破，它为语言模型带来了全新的设计理念。以GPT系列模型为例，其基于Transformer架构构建，展现出了令人瞩目的性能。Transformer架构的核心优势在于其并行计算能力。与传统的神经网络结构不同，它能够同时处理多个位置的信息，大大提高了计算效率。在处理长序列数据方面，Transformer也表现出色。在自然语言处理中，句子往往是一个长序列，Transformer可以有效地捕捉句子中单词之间的长距离依赖关系。这种能力使得模型在理解和生成语言时更加准确和自然。

对于教育领域而言，这种更强大的模型架构具有深远的意义。在复杂知识图谱处理方面，Transformer架构或其改进版本有望发挥关键作用。知识图谱是教育领域中一种重要的知识表示形式，它将学科知识以节点和边的形式构成一个网络，节点表示知识点，边表示知识点之间的关系。通过利用先进的模型架构，可以更高效地对知识图谱进行分析和推理。例如，在智能辅导系统中，模型可以基于知识图谱为学生构建个性化的学习路径。它能够深入理解知识点之间的逻辑联系，根据学生的知识掌握情况，准确地推荐下一个应该学习的知识点或相关的学习资源。此外，在处理教育文本数据，如教材、学术论文等方面，更强大的模型架构可以更好地挖掘文本中的语义信息，为教育研究和教学内容分析提供有力支持。

（2）多模态融合

未来人工智能的发展将越来越强调多模态数据的融合。在现实世界中，信息是以多种形式存在的，如文本、图像、音频和视频等。多模态融合旨在将这些不同模态的数据整合在一起，充分挖掘它们之间的互补信息，从而更全面、准确地理解和处理复杂的场景。

在教育领域，多模态融合有着广阔的应用前景。教师可以通过分析学生在学习过程中产生的多种模态数据，来深入了解学生的学习状态。例如，在课堂教学场景中，通过安装在教室中的摄像头和麦克风，可以采集学生的表情、动作视频以及课堂回答语音。同时，结合学生的作业文本内容、在线学习平台上的交互记录等信息，教师可以构建一个全方位的学生学习画像。从表情和动作中，教师可以观察到学生的情绪状态，比如是积极参与、困惑不解还是注意力分散。通过语音分析，可以评估学生的语言表达能力、理解程度以及参与课堂讨论的积极性。作业文本内容则反映了学生对知识的掌握情况和思维方式。

以英语学习为例，多模态融合可以为学生提供更加个性化和有效的学习体验。在口语练习中，系统可以同时分析学生的语音语调、面部表情以及说话内容。如果学生发音不准确，系统不仅可以指出具体的错误，还可以通过分析面部表情判断学生是否意识到了错误，或者是否因为紧张等情绪因素导致发音问题。在写作练习中，结合学生的写作内容和写作过程中的表情、动作等信息，教师可以更深入地了解学生在写作时的思维过程，如是否遇到困难、对主题的理解程度等，从而给予更有针对性的指导。

（3）边缘计算

随着物联网技术在教育环境中的迅速普及，边缘计算与人工智能的融合成为一个不可阻挡的趋势。物联网设备，如智能学习终端、可穿戴设备等，在教育领域的应用日益广泛。这些设备能够实时采集大量与学生学习和生活相关的数据。边缘计算将人工智能计算推向了这些边缘设备端，使得数据处理更加靠近数据源。这种方式带来了诸多优势，其中最显著的就是减少数据传输延迟和提高实时性。在传统的云计算模式下,数据需要从设备传输到云端进行处理,然后再将结果返回给设备,这一过程可能会产生较大的延迟,尤其是在处理大量实时数据时,而边缘计算则可以在本地设备上直接进行数据处理和分析。

以学生使用的智能学习手表为例,它内置了各种传感器,可以实时采集学生的心率、运动状态等数据。通过在手表中嵌入边缘计算和人工智能算法,手表可以在本地实时分析这些数据。一旦发现学生的心率异常升高或者运动状态显示出疲劳迹象,手表可以立即将相关信息反馈给教师或家长。同时,由于数据在本地处理,学生的隐私数据,如健康状况、日常活动等信息,不会被大量传输到云端,从而有效地保护了学生的隐私安全。在课堂上,智能学习终端也可以利用边缘计算进行实时的学习行为分析,比如学生的注意力集中程度、操作习惯等,教师可以根据这些实时反馈及时调整教学策略。

(4) 可解释性人工智能

在教育应用中,可解释性是人工智能发展的一个关键方向。教育是一个涉及人类发展和知识传承的重要领域,教师和教育管理者需要深入理解人工智能系统作出决策的依据,才能更好地利用这些技术来指导学生的学习。例如,在智能辅导系统中,当系统为学生推荐特定的学习路径时,背后的决策依据至关重要。这些依据可能包括学生的知识掌握情况、学习风格、学习历史等多个因素。如果教师不清楚系统是如何作出推荐的,就可能无法有效地监督和指导学生的学习过程。对于知识掌握情况,系统可能通过对学生在各类测试、作业中的表现进行分析,确定学生在不同知识点上的掌握程度。对于学习风格,系统可能是根据学生在学习过程中的行为模式,如喜欢自主学习还是协作学习、对不同类型学习资源的偏好等因素来判断。

可解释性人工智能旨在开发能够清晰展示其推理过程的算法和模型。这不仅有助于教师和教育管理者信任和接受人工智能系统,还能够促进教育工作者与人工智能系统之间的协同工作。例如,通过可视化的方式展示人工智能系统对学生作文的评价过程,教师可以看到系统是基于语法、词汇、逻辑结构等哪些具体维度进行评价的,从而更好地理解学生的写作优势和不足,为教学提供有针对性的改进建议。在智能教育决策支持系统中,可解释性可以让教育管理者明白系统是如何根据学校的教学数据、学生成绩数据等因素提出课程安排调整或教学资源分配建议的,从而提高教育决策的科学性和合理性。

1.2 AI 教育应用案例分析

1. 科大讯飞智慧教育解决方案

科大讯飞作为国内人工智能领域的领军企业,其智慧教育解决方案在教育领域展现出了卓越的性能和广泛的应用价值,如图 1-1 所示。

在课堂教学环节,科大讯飞的语音识别技术堪称一大亮点。这项技术能够实时、精准地将教师的讲课内容转化为文字。对于学生而言,这一功能带来了极大的便利。在传统课堂中,学生可能会因为各种原因错过教师讲解的部分内容,例如注意力分散或者教师讲解速度较快等。而通过语音识别技术生成的文字内容,学生可以在课后随时查看和复习,

第1章 人工智能教育应用的背景与现状

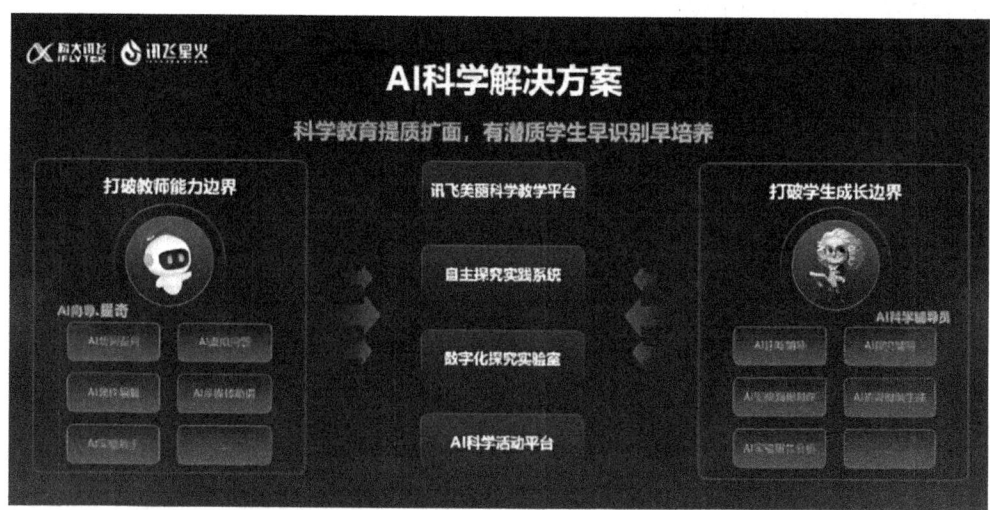

图 1-1　讯飞星火+科学教育大模型

确保不会遗漏任何重要知识点。这就像是为每个学生配备了一个专属的课堂记录员，而且这个记录员能够以极高的效率和准确性完成任务。

针对英语等语言类课程，科大讯飞的语音评测功能更是发挥了重要作用。语音评测不仅仅是简单地判断学生发音的对错，它还能够通过先进的自然语言处理技术，对学生发音的准确性、语调、连读、弱读等多个维度进行评估。例如，在英语单词发音中，系统可以精确地检测出学生是否准确地发出了每个音标，对于发音不准的情况，系统会具体指出是哪个音标出现了问题，并给予针对性的指导。在句子发音方面，它可以分析学生的语调是否符合英语的语言习惯，是否能够正确地进行连读和弱读等。这种精准的评测和指导能够帮助学生迅速发现自己的发音问题，及时纠正，从而有效提升发音水平。

在个性化学习方面，科大讯飞智慧教育解决方案展现出了强大的数据分析能力。它通过收集和分析学生作业、测试等多维度数据，构建起每个学生独特的知识图谱。这个知识图谱就像是一张学习的"导航图"，清晰地展示了学生在各个知识点上的掌握情况。例如，在数学学科中，系统可以知道学生对于代数、几何等不同板块的知识掌握程度，以及在具体的知识点如函数、三角形全等证明等方面的熟练程度。基于这个知识图谱，系统为每个学生量身定制学习计划。对于已经掌握的知识点，系统会推送一些具有拓展性、挑战性的学习资源，帮助学生进一步深化理解和应用能力，比如推荐一些难度较高的练习题或者相关的竞赛资料。而对于学生的薄弱环节，系统则会提供更多的基础训练和专项辅导，如针对某个知识点的详细讲解视频、由易到难的练习题集等。这种个性化的学习模式充分尊重了每个学生的学习差异，让每个学生都能在自己的学习轨道上高效前行。

以某中学的试点为例，在使用科大讯飞智慧教育系统后，学生的英语听说能力得到了提升。平均提升 20% 以上的数据背后，是无数次的语音评测、个性化训练以及学生积极的学习反馈。同时，学生的学习效率也有了质的提升。这不仅体现在英语学科上，在其他学科中,学生也能够利用语音转文字功能更好地复习,通过个性化学习计划更有针对性地学习,整体学习效果得到了提高。

2. 好未来教育科技集团的智能教学系统

好未来教育科技集团一直致力于将人工智能技术深度融入教育领域,其打造的智能教学系统涵盖了教学、学习和评价等多个关键环节,为教育带来了全新的模式和显著的效果,好未来教育在线开放平台如图 1-2 所示。

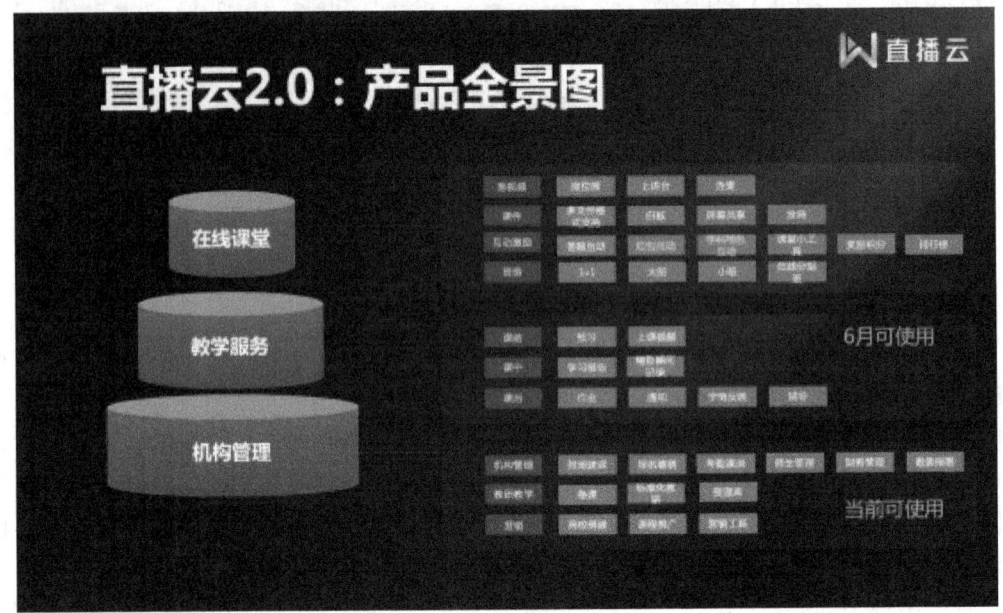

图 1-2　好未来教育开放平台

在教学环节,好未来的智能课件生成系统是一大创新。它基于教材内容和教学大纲,利用人工智能算法自动生成丰富多样的课件。这些课件具有高度的灵活性和适应性。教师可以根据自己的教学风格和学生的实际情况对课件进行修改和调整。例如:对于一位善于启发式教学的教师,他可以在系统生成的课件基础上,增加更多的问题引导环节;对于学生基础参差不齐的班级,教师可以根据学生的实际水平调整课件内容的难度和深度。这种智能课件生成系统大大减轻了教师的备课负担,让教师能够将更多的精力投入到教学过程的优化和与学生的互动中。

在学习环节,好未来的智能教学系统通过对学生在线学习行为数据的深度分析来为学生推荐合适的课程难度和学习进度。系统会收集诸如学习时长、做题速度、正确率等多维度数据。比如,在一个在线数学课程学习平台上,如果某学生在某个知识点的练习题上做题速度较快且正确率很高,系统会判断该学生对该知识点已经掌握得较好,可能会推荐一些难度更高的拓展性课程或者相关的进阶知识点学习内容。相反,如果某学生在某个知识点上做题速度慢且错误率高,系统会为该学生提供更多基础的讲解和练习题,帮助学生巩固知识。这种基于数据的个性化学习路径推荐,能够让学生在学习过程中始终处于一个适度挑战的状态，既不会因为内容过于简单而感到无聊，也不会因为难度过高而产生挫败感，从而有效提高学习的积极性和效果。

在评价方面，好未来采用自适应测试技术，这是一种高度智能化的评价方式。在传统的考试中，所有学生面对的是相同的试题，这种方式无法准确地评估每个学生的知识掌握水平，因为学生的学习进度和能力是不同的。而自适应测试技术则根据学生的答题情况动态调整试题难度。例如：在一次自适应数学测试中，如果学生一开始回答的题目正确，系统会逐渐增加题目的难度；如果学生回答错误，系统会降低难度，直到找到学生的知识掌握边界。通过这种方式，系统能够更准确地评估学生在各个知识点上的掌握情况，为教师和学生提供更有价值的反馈。在一些城市的课外辅导机构中使用该系统后，学生的学习成绩提升明显，尤其是在数学、物理等学科上。平均成绩提高了15%左右的数据充分证明了该系统在提升学生学习效果方面的作用。这一提升不仅是知识掌握程度的提高，更是学习能力和学习方法优化的体现。

3. 卡内基梅隆大学的 Open Learning Initiative(OLI)

卡内基梅隆大学的OLI作为一个先进的在线学习平台，充分展示了人工智能在教育领域的深度应用和积极影响。

在课程设计方面，OLI利用智能辅导系统为学生提供了极具个性化的学习体验。以计算机科学课程为例，编程练习是该课程的重要组成部分。当学生在编程过程中遇到问题时，OLI的智能辅导系统能够迅速发挥作用。它通过分析学生的代码错误类型和解题思路，为学生提供有针对性的提示和建议。比如，如果学生在编写一个排序算法时出现了逻辑错误，系统可以准确地指出是算法中的哪一步出现了问题，是比较条件设置错误还是循环控制不当。同时，系统会根据学生现有的解题思路，引导学生逐步解决问题，而不是直接给出答案。这种引导式的辅导方式能够让学生在解决问题的过程中深入理解编程的原理和方法，培养学生的自主学习和解决问题的能力。此外，OLI平台高度重视对学生学习过程数据的分析。通过收集和分析学生在学习过程中的各种数据，如学习时间、学习路径、对每个知识点的掌握情况等，平台不断优化课程内容和教学方法。例如，如果大量学生在某个特定的编程概念学习上花费了较长时间且错误率较高，平台会对相关的课程内容进行调整，可能会增加更多的实例讲解、练习题或者改进讲解方式。这种基于数据驱动的课程优化能够确保课程内容始终与学生的学习需求紧密匹配，提高教学质量。

研究表明，使用OLI平台学习的学生在知识掌握程度和课程通过率方面都有显著提高。与传统课堂学习相比，通过率提高了约25%。这一数据充分体现了OLI平台在教育效果提升方面的优势。它不仅帮助学生更好地掌握知识，还为学生提供了一个更加灵活、个性化的学习环境，使得不同学习能力和背景的学生都能够在平台上获得良好的学习体验和学习成果。

4. 谷歌的 AI for Education 项目

谷歌凭借其强大的人工智能技术，在教育领域推出的AI for Education项目为全球教育带来了新的活力和可能性。

在语言学习方面，谷歌翻译在教育场景中的应用为学生提供了便捷而强大的多语言学习辅助工具。在全球化的教育背景下，学生需要接触和学习多种语言。谷歌翻译能够帮助学生轻松地翻译学习资料，无论是纸质书籍、电子文档还是网页内容。例如，学生在学习外语文学作品时，可能会遇到一些生僻的单词或复杂的句子结构，通过谷歌翻译，学生可以快速获取单词的释义和句子的翻译，从而更好地理解作品的内容。这对于提高学生的语言理解能力和跨文化学习能力具有重要意义。而且，谷歌翻译还在不断改进其翻译算法，以提供更准确、更符合语言习惯的翻译结果，进一步提升了其在语言学习辅助方面的价值。

谷歌的智能协作工具，如 Google Docs 等，在教育中的应用也充分体现了人工智能的价值。在写作练习和小组协作项目中，这些工具为学生和教师提供了诸多便利。对于写作练习，Google Docs 可以自动检查语法错误，这一功能对于语言学习者来说尤为重要。它能够及时发现学生写作中的语法问题，如主谓不一致、时态错误等，并给予提示，让学生在写作过程中及时纠正错误，提高写作质量。同时，它还能提供写作风格建议，比如根据不同的文体类型，建议学生使用更合适的词汇和句式。在小组协作项目中，Google Docs 允许多个学生同时在线编辑文档，方便学生之间的交流和合作。而且，通过人工智能技术，系统可以实时跟踪每个学生的编辑内容和操作，便于教师对学生的协作过程进行监督和评估。

在一些国际学校使用谷歌的教育应用后，学生在跨语言学习和协作能力方面有了很大提升。国际交流项目的开展更加顺利，因为学生能够更轻松地处理语言障碍，更好地与来自不同文化背景的同学进行协作。这些应用不仅提高了学生的学习效率，还培养了学生的全球视野和跨文化交流的能力，为培养适应全球化时代的人才作出了积极贡献。

1.3　AI 技术对教育领域的深刻影响

AI 技术对教育领域的深刻影响如图 1-3 所示。

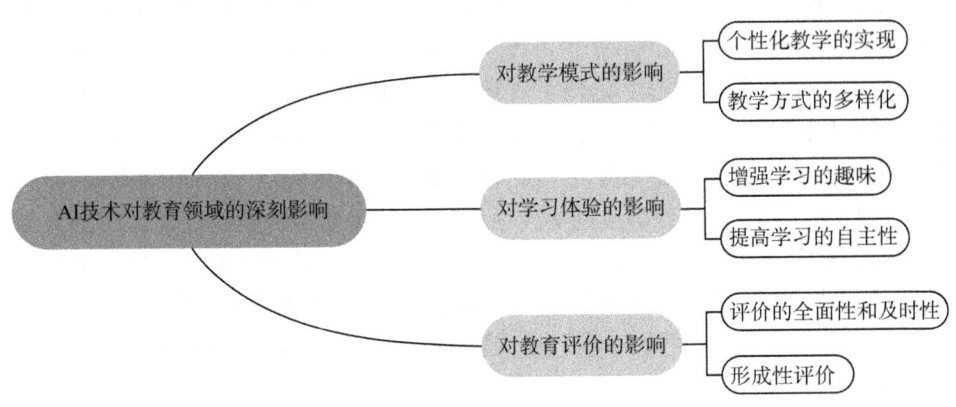

图 1-3　AI 技术对教育领域的深刻影响

1. 对教学模式的影响

(1) 个性化教学的实现

在传统教育模式的框架下，教学内容和进度通常是统一的，教师在有限的课堂时间内需要面向全体学生进行授课，这种"一刀切"的方式难以充分满足每个学生独特的学习需求。每个学生都有其自身的学习特点，包括学习习惯、知识吸收速度、兴趣爱好等方面的差异，这些因素在传统教学中往往被忽视。然而，人工智能的出现为教育带来了革命性的改变。通过收集和分析学生的大量学习数据，人工智能系统能够深入洞察每个学生的学习状况。以学习习惯为例，系统可以记录学生是更喜欢集中学习还是分散学习，是在早晨还是晚上学习效率更高等信息。对于知识掌握情况，智能教学系统能够精确到各个学科的具体知识点。比如在数学学科中，系统清楚地知道学生对代数中的函数概念、几何中的图形性质等不同知识点的理解程度。在兴趣爱好方面，通过分析学生在学习过程中对不同类型学习内容的参与度和反馈，如学生在阅读、实践操作、小组讨论等活动中的表现，确定他们的兴趣倾向。

基于这些丰富的数据，人工智能为每个学生量身定制个性化的教学方案。智能教学系统就像一位专属的教育顾问，针对学生在数学学科中不同知识点的掌握水平，为其精心挑选练习题和讲解视频。对于学生已经熟练掌握的知识点，系统会推荐拓展性学习内容，引导他们深入探究，拓宽知识面。例如，对于已经掌握基本函数运算的学生，系统可能会推送一些涉及函数与实际问题结合的案例分析，如经济学中的成本函数、物理学中的运动函数等，培养学生的应用能力和创新思维。而对于学生的薄弱环节，系统则会提供大量有针对性的基础训练和专项辅导。如果学生在立体几何的空间想象方面存在困难，系统会提供更多的基础图形识别练习，从简单的三棱锥、三棱柱开始，逐步增加难度，并配以详细的讲解视频，帮助学生理解空间点、线、面的关系，增强空间想象能力。这种个性化的教学模式尊重了每个学生的个体差异，让每个学生都能在适合自己的学习路径上稳步前行，充分发挥自己的潜力。

(2) 教学方式的多样化

人工智能技术为教育领域引入了一系列新颖且富有活力的教学方式，其中虚拟实验室和智能辅导系统尤为突出。

虚拟实验室为科学实验教学开辟了一条全新的途径。在传统的物理、化学等学科的实验教学中，往往受到诸多限制。一方面，实验设备的购置、维护成本高昂，对于一些资源有限的学校来说，很难为学生提供充分的实验机会。另一方面，部分实验存在一定的危险性，如化学实验中的易燃易爆药品、物理实验中的高电压操作等，稍有不慎就可能对学生造成伤害。而虚拟实验室借助计算机模拟技术，完美地解决了这些问题。在虚拟实验室中，学生可以通过计算机软件模拟各种真实的实验场景。以物理实验为例，学生可以在虚拟环境中进行电学实验，自由搭建电路，改变电阻、电压等参数，观察电流的变化情况，就像在真实的实验室中操作一样。而且，虚拟实验室不受时间和空间的限制，学生可以反复进行实验，探索不同条件下的实验结果。对于复杂的物理现象，如量子力学中的微观粒子运动，虚拟实验室可以通过动画、模拟等方式，将抽象的概念具象化，帮助学生更好地理解。在化学实验中,学生可以模拟各种化学反应,观察分子结构的变化、物质的转化过程,而不用担心实验安全问题。这种虚拟实验方式不仅节省了实验成本,还极大地丰富了学生的实验体验,让更多学生有机会进行各种类型的实验。

智能辅导系统则成为学生学习过程中的得力助手。无论是在课堂学习还是课后自主学习中,它都能为学生提供及时、准确的帮助。在语言学习方面,智能辅导系统的优势尤为明显。以外语学习为例,通过先进的语音交互技术,系统可以实时监听学生的发音,并与标准发音进行对比。当学生发音不准确时,系统能够迅速指出问题所在,比如是音标发音错误、重音位置不对还是连读不自然等,并给出针对性的纠正建议。在语法学习上,学生在进行写作或口语表达时,智能辅导系统可以即时检查语法错误,提示学生正确的语法结构。而且,智能辅导系统的答疑功能并不仅限于语言学习。在其他学科,如数学、物理等,当学生遇到难题时,可以向系统提问,系统会根据问题的类型和学生的知识背景,提供详细的解题思路和方法,就像身边随时有一位专业的辅导老师。

2. 对学习体验的影响

(1) 增强学习的趣味性

学习过程中的趣味性对于学生的学习积极性和效果有着至关重要的影响。人工智能驱动的教育游戏和虚拟现实(VR)/增强现实(AR)学习应用为传统的学习方式注入了新鲜的活力,为学生带来了全新的学习体验。

教育游戏巧妙地将学习内容与游戏元素相结合,将枯燥的知识融入充满趣味的游戏关卡中。以数学游戏为例,游戏开发者将数学问题巧妙地设计为游戏中的挑战任务。比如,在一款冒险类数学游戏中,学生需要通过解决数学问题来获取能量、升级角色或者解锁新的场景。每一道数学题就像是游戏中的一个关卡,只有正确解答才能继续前进。这种设计激发了学生的竞争意识和探索欲望,使他们在玩游戏的过程中不知不觉地学习和巩固数学知识。而且,教育游戏可以根据学生的年龄、学习水平等因素调整游戏难度,确保游戏既具有挑战性又不会让学生感到过于困难而失去兴趣。

VR/AR 技术则为学习体验带来了更加沉浸式的效果。在历史学习中,传统的教学方式主要依赖于书本和教师的讲解,学生很难真正感受到历史事件发生的场景和氛围。而通过 VR 设备,学生可以"穿越时空",仿佛置身于历史事件的现场。例如,在学习古代战争时,学生可以通过 VR 技术亲身体验战场上的金戈铁马、硝烟弥漫,看到士兵们的战斗场景、听到喊杀声和兵器碰撞的声音。这种身临其境的感受能够让学生更深刻地理解历史事件的背景、过程和影响,将抽象的历史知识具象化。在地理学习中,AR 技术可以将地理信息叠加在现实环境中,使学生通过移动设备观察周围环境时,可以看到山脉、河流、城市等地理要素的详细信息,增强对地理知识的直观认识。这种趣味性十足的学习方式能够吸引学生的注意力,激发他们的学习兴趣,让学习不再是一件枯燥乏味的事情。

(2) 提高学习的自主性

在现代教育理念中,培养学生的自主学习能力是教育的重要目标之一。人工智能为学生提供了丰富的自主学习工具和资源,有力地促进了这一目标的实现。

在线学习平台与人工智能推荐算法的结合,为学生打造了一个个性化的学习资源宝库。以编程学习为例,当学生在平台上表现出对编程的兴趣时,无论是通过搜索编程相关内容、参与编程课程学习,还是完成编程练习题,平台都会记录这些行为数据。基于这些数据,人工智能推荐算法会为学生推荐一系列适合他们的学习资源。对于编程初学者,平台会推荐基础编程课程,从编程的基本概念、语法规则开始讲解,通过简单易懂的实例引导学生入门。随着学生学习进度的推进,当他们掌握了基础知识后,平台会推荐更高级的项目实践课程,如开发小型游戏、制作网页应用等。这些推荐资源不仅与学生的学习兴趣相契合,还充分考虑了他们的学习历史和能力水平。

学生可以根据自己的时间安排和学习能力自主选择学习内容和学习进度。他们不再受传统课堂固定时间和教学进度的限制,可以在自己最有精力的时候进行学习。例如,一些学生可能喜欢在晚上集中精力学习,他们可以利用在线学习平台在晚上进行编程实践或课程学习。同时,学生可以根据自己的学习情况调整学习进度。如果某个知识点理解起来有困难,他们可以暂停学习,查找更多相关资料或者向平台上的其他学习者或教师请教。这种自主学习模式培养了学生的自我管理能力和独立思考能力,让他们逐渐成为学习的主人,为终身学习奠定了良好的基础。

3. 对教育评价的影响

(1) 评价的全面性和及时性

传统的教育评价体系主要以考试成绩为核心,这种单一维度的评价方式存在诸多局限性。考试成绩只能反映学生在特定时间点对知识的记忆和应用能力,无法全面展示学生在整个学习过程中的表现。而人工智能技术的应用为教育评价带来了全面性和及时性的提升。

人工智能系统能够收集和分析学生在学习过程中的多维度数据,构建一个全方位的学生学习画像。在课堂表现方面,通过智能摄像头和音频分析技术,系统可以记录学生的参与度、注意力集中程度等。例如,系统可以分析学生在课堂上的表情、动作,判断他们是否积极参与讨论、是否在认真听讲。对于作业完成情况,系统不仅关注答案的对错,还能分析学生的解题思路、书写规范等。在在线学习行为方面,系统可以详细记录学生的学习时长、视频观看次数、做题正确率、学习路径等信息。通过对这些多维度数据的综合分析,教师可以获得一个更加全面、客观的学生学习评价。同时,这些数据的采集和分析是实时进行的,这使得教师能够及时了解学生的学习状态。在传统教学中,教师往往要等到批改作业或考试后才能发现学生的问题,而此时问题可能已经积累了一段时间。而在人工智能支持的评价体系下,教师可以在第一时间发现学生在学习过程中出现的问题。例如,通过分析学生在在线学习平台上的学习数据,教师可以及时发现某个学生在某个知识点上的做题正确率持续较低,或者学习时长突然减少等异常情况。这使得教师能够迅速作出教学调整,如为学生提供额外的辅导、调整教学内容的难度或进度等,及时帮助学生解决问题,避免问题进一步恶化。

（2）形成性评价

形成性评价强调对学生学习过程的关注和反馈，它对于学生的学习改进和持续发展具有重要意义。人工智能技术为形成性评价的实施提供了强大的支持，使其更加便捷和有效。

智能作业系统是形成性评价的重要工具之一。当学生完成作业后，智能作业系统能够对作业进行深入细致的分析。与传统的作业批改只关注答案对错不同，智能作业系统可以详细剖析学生的解题思路。例如，在数学作业中，如果学生解答一道几何证明题，系统不仅能判断答案是否正确，还能分析学生是通过何种方法、运用了哪些定理来解题的。如果学生的解题思路存在问题，系统会指出错误的步骤，并提供正确的引导。同时，智能作业系统还能发现学生在作业中存在的其他问题，如计算错误、书写不规范等。

教师可以根据智能作业系统提供的分析结果，在教学过程中及时给予学生反馈。这种反馈是具有针对性和建设性的，能够帮助学生明确自己的问题所在，改进学习方法。例如，如果发现学生在某一类数学问题上经常出现解题思路错误，教师可以在课堂上专门针对这类问题进行讲解和练习，引导学生掌握正确的解题方法。通过这种及时的形成性评价和反馈，学生能够不断调整自己的学习策略，促进自身的持续发展，提高学习质量。而且，这种评价方式能够让学生更加关注学习过程，而不仅仅关注考试成绩，培养他们良好的学习习惯和反思能力。

1.4　AI 教育应用面临的问题与挑战

AI 教育应用面临的问题与挑战如图 1-4 所示。

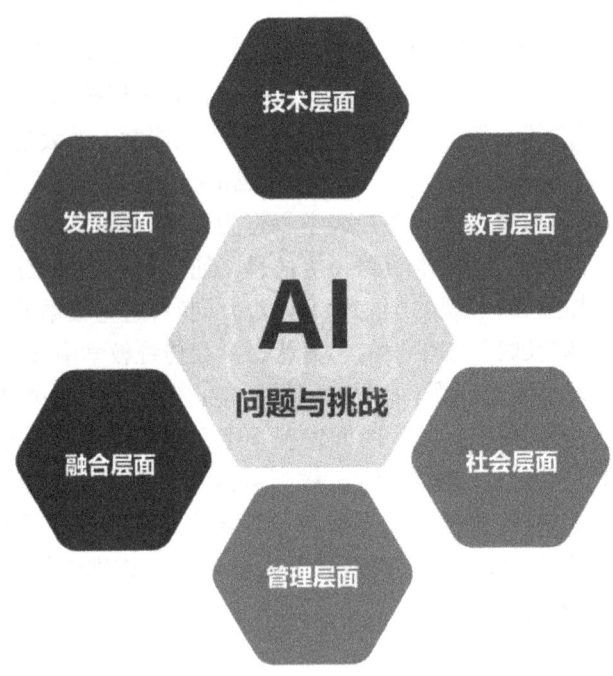

图 1-4　AI 教育应用面临的问题与挑战

1. 技术层面的问题

(1) 数据质量与隐私问题

在人工智能教育应用的发展进程中,数据扮演着至关重要的角色,然而与之相伴的质量和隐私问题却成了棘手的难题。

数据质量参差不齐是一个普遍存在的现象。首先,在数据收集阶段,学生在在线学习平台上随意填写信息的情况屡见不鲜。例如,在注册信息时,学生可能随意输入年龄、兴趣爱好等内容,这些不准确的信息会混入数据集中,影响后续对学生特征的分析。在做题环节,由于缺乏足够的监督和认真的态度,学生可能会随意作答,产生大量无效数据。例如,在线测试中,学生可能为了尽快完成而胡乱选择答案,这使得收集到的数据无法真实反映学生的知识掌握水平。而且,数据不完整的问题也不容忽视。有些教育平台可能只收集了学生的部分学习行为数据,如仅关注答题结果,而忽略了学生的思考时间、修改过程等重要信息,这就如同拼图缺失了关键部分,导致对学生学习过程的理解出现偏差。

其次,学生数据的隐私问题如同高悬在头顶的达摩克利斯之剑。学生的学习成绩、行为习惯等数据都属于高度敏感的个人信息。在收集数据的过程中,如果没有严格的隐私保护措施,这些数据很容易被泄露。例如,一些小型教育机构可能在数据存储方面存在安全漏洞,黑客可能会利用这些漏洞获取学生数据。一旦数据泄露,后果不堪设想。对于学生来说,成绩等隐私信息的泄露可能会导致自尊心受损,甚至可能受到他人的歧视或骚扰。而且,在使用数据的过程中,也需要遵循严格的隐私原则。如果数据被用于商业目的或者未经授权的用途,同样会侵犯学生的隐私权。如何在充分利用数据价值的同时,确保数据的安全性和隐私性,是人工智能教育应用发展中必须解决的关键问题。

(2) 算法准确性与适应性问题

当前人工智能算法在教育应用中的准确性不足是制约其发展的重要因素之一。以智能辅导系统为例,这类系统旨在为学生提供针对性的学习帮助,但在实际运行中却存在诸多问题。当学生提出问题时,系统可能会由于自然语言处理技术的局限而误解问题的含义。比如,学生用比较模糊或者具有特殊情境的表述询问数学问题时,系统可能无法准确理解其意图,从而给出不相关的回答。在提供建议方面,也可能出现不恰当的情况。例如,对于一道具有多种解法的数学题,系统可能只推荐了一种复杂的解法,而忽略了更适合学生当前知识水平的简单解法,这不仅无法帮助学生解决问题,还可能让学生感到困惑。

此外,学生群体具有高度的多样性,不同学生有不同的学习风格和背景。有些学生是视觉型学习者,更倾向于通过图像、图表等方式学习;而有些学生则是听觉型学习者,喜欢通过听讲来获取知识。同时,学生的知识储备、学习进度等背景因素也各不相同。然而,现有的算法在适应性方面存在明显不足。当学生的学习环境发生变化,如从学校课堂学习转为在家自主学习时,算法可能无法及时感知这种变化。或者当学生的学习进度因为某些原因加快或减慢时,算法推荐的学习内容或辅导方式可能不再合适。例如,一个原本学习进度较慢的学生通过假期的努力取得了很大进步,但系统仍然按照原来的进度为其推荐基础内容,这就无法满足学生的实际需求,影响了学习效果。

2. 教育层面的问题

(1) 教师培训与能力提升问题

随着人工智能在教育领域的渗透,教师面临着新的角色转变和能力要求。然而,当前的教师培训在满足这些新需求方面还存在很大的差距。

一方面,教师需要掌握如何使用和解读智能教学系统的数据。智能教学系统能够收集大量关于学生学习行为、成绩等方面的数据,但教师如果不了解如何操作这些系统来获取数据,以及如何理解数据所代表的含义,就无法充分利用这些信息来指导教学。例如,教师可能不知道如何从系统中提取某个学生在特定知识点上的长期学习趋势数据,也不清楚数据中的各项指标(如学习时长的波动、答题正确率的变化等)与学生学习状态之间的关系。

另一方面,教师需要学会将人工智能技术与传统教学方法相结合。这需要教师理解人工智能在教育中的应用边界和优势,以便在合适的时机引入相应的技术。然而,现实情况是很多教师对人工智能技术在教育中的应用感到陌生。他们不清楚如何利用智能辅导系统来辅助课堂教学,也不知道如何根据人工智能推荐的个性化学习计划来调整自己的教学计划。这种知识和技能的不足可能导致人工智能教育应用无法充分发挥其潜力。例如,即使学校配备了先进的智能教学设备,但教师如果不能有效地将其融入教学过程,这些设备就只能成为摆设,无法真正提高教学质量。

(2) 教育公平问题

人工智能教育应用的推广在一定程度上可能会加剧教育资源的不平衡,这对教育公平原则构成了严重威胁。

在经济发达地区,学校通常拥有更充足的资金和资源,能够更容易地获得先进的人工智能教育设备和软件。这些地区的学校可以为学生配备智能学习终端、虚拟实验室等高科技教育设施,让学生在先进的技术环境中学习。例如,一些沿海发达城市的学校可以建立起完善的人工智能教育实验室,学生可以利用虚拟现实设备进行沉浸式学习体验。

然而,在贫困地区,情况则截然不同。由于资金不足,这些地区的学校可能连基本的教学设备都难以保障,更不用说引入昂贵的人工智能教育技术了。这就导致贫困地区的学生无法享受到人工智能教育带来的优势,与发达地区学生之间的教育差距进一步拉大。这种差距不仅体现在知识获取的渠道和方式上,还可能影响学生未来的发展机会。长此以往,会形成教育资源分配的恶性循环,严重违背教育公平的理念,阻碍整个社会教育事业的均衡发展。

3. 社会层面的问题

(1) 伦理道德问题

在教育领域使用人工智能引发了一系列复杂的伦理道德问题,这些问题深刻地影响着学生的全面发展。首先,过度依赖人工智能可能会对学生的人际交往能力和批判性思维能力产生负面影响。在教育过程中,如果学生长期依赖智能辅导系统,他们与教师和同学之间的互动和讨论机会就会减少。例如,在传统的课堂讨论中,学生可以通过与同伴的思想碰撞来拓展思维、提高沟通能力,但如果学生总是通过智能系统获取答案,就会缺乏这种宝贵的交流体验,导致社交能力发展受阻。而且,批判性思维能力的培养也需要在多元的思想交流和碰撞中实现,长期独自与智能系统交互可能使学生习惯于接受系统给出的答案,从而失去对知识的质疑和深入思考的能力。

其次,智能评价系统可能存在的偏见也是一个不容忽视的伦理问题。这些系统在评价学生时,可能会对某些学生群体或学习风格产生不公平的对待。例如,评价系统的算法可能是基于某种主流的学习模式或特定群体的数据训练而成的,如果学生的学习风格与众不同,如采用一些创新的学习路径或者属于少数群体,系统可能会错误地评估他们的学习成果。这种偏见可能会影响学生的自信心和学习积极性,对学生的心理和发展造成伤害。

(2) 公众认知与接受问题

部分家长和社会公众对人工智能教育应用存在疑虑,这种负面认知在一定程度上阻碍了人工智能教育应用的推广和发展。许多家长担心人工智能会取代教师的作用。他们认为教师与学生之间的情感连接和人文关怀是教育中不可或缺的部分,而人工智能只是冰冷的机器,无法替代教师对学生的引导和鼓励。而且,家长也担心学生过度依赖人工智能可能会对他们的发展产生负面影响,如影响创造力、社交能力等,就像前面提到的伦理道德问题。这种担忧使得家长对人工智能教育应用持谨慎态度,甚至可能抵制学校引入相关技术。社会公众对人工智能教育价值的认识不足也是一个问题。一些人可能只看到了技术带来的潜在风险,而忽视了其在提高教育质量、满足个性化学习需求等方面的积极作用。例如,公众可能不了解智能辅导系统如何根据学生的特点提供个性化的学习帮助,也不清楚虚拟实验室等应用如何丰富学生的学习体验。这种片面的认知需要通过加强宣传和教育来改变,提高公众对人工智能教育应用的接受度。

4. 管理层面的问题

(1) 资源的分散性

当前 AI 教育应用市场呈现出资源高度分散的局面,这给教育机构和学校带来了极大的困扰。

众多教育机构和科技公司各自为政,开发出了各种各样的 AI 教育产品和平台。这些产品涵盖了智能学习软件、在线课程平台、虚拟实验室系统等多种类型。每个产品都有其独特的功能和特点,但缺乏统一的标准和整合机制。

对于学校而言,这种资源分散性带来了选择和使用上的困惑。例如,一所学校可能同时使用了多个不同供应商的智能教学系统,这些系统的数据格式各不相同。当教师需要查看学生在不同系统中的学习数据时,会发现无法实现有效的数据共享和交互。教师可能需要在不同的系统界面之间频繁切换,手动整合数据,这无疑增加了教学管理的复杂性和工作量。而且,不同系统可能有不同的操作方式和教学理念,这也给教师的使用带来了困难,降低了教学效率。此外,资源分散还可能导致功能重叠和资源浪费。学校可能购买了多个具有相似功能的软件,但由于无法整合,每个软件都只能使用部分功能,造成了资源的闲置和浪费。

（2）资源的更新与维护

AI 技术的快速发展对教育资源的更新与维护提出了严峻的挑战。

一方面，更新教育资源需要大量的资金和人力投入。软件升级是资源更新的重要内容之一，随着 AI 算法的改进和新功能的推出，教育软件需要不断更新以适应这些变化。例如，智能辅导系统可能需要更新其自然语言处理模块，以提高对学生问题的理解能力。同时，硬件更换也可能是必要的，一些新的 AI 教育应用可能对硬件设备有更高的要求。比如，基于虚拟现实的学习应用需要高性能的图形处理单元和大容量的内存，如果学校的计算机硬件不满足要求，就需要进行硬件升级。然而，这些更新所需的资金和人力对于许多教育机构来说是一个沉重的负担。

另一方面，更新过程可能会对正常的教学使用产生影响。对于一些复杂的教育资源，如大型的智能学习平台，更新可能涉及系统架构的调整、数据迁移等复杂操作。在更新过程中，可能会出现系统不稳定、数据丢失等问题，影响教师和学生的正常使用。如何在不影响教学的前提下，实现教育资源的平稳更新，是教育机构面临的一个亟待解决的问题。

（3）基于数据的决策制定困难

AI 教育应用产生了海量的数据，这些数据本应成为教育管理决策的重要依据，但实际上教育管理者在利用这些数据进行决策时面临诸多困难。

教育管理者往往缺乏有效的数据分析能力和工具。面对学生学习行为数据、教学效果数据等大量复杂信息，他们不知道如何确定合理的评估指标和分析方法。例如，在评估一种新的 AI 教育应用对学生学习成绩的影响时，管理者不清楚应该关注哪些数据指标，是关注平均成绩的提升、优秀率的变化还是其他相关因素。而且，数据的复杂性使得管理者难以从其中提取有价值的信息。数据可能存在噪声、相关性不明等问题，管理者可能无法准确判断某种 AI 教育应用是否真正提高了教学质量和学生的学习成果。例如，学生成绩的提高可能是由于其他因素（如考试难度降低、学生课外辅导等）导致的，而管理者如果不能准确分析数据，就可能错误地认为是 AI 教育应用的效果，从而作出不合理的决策。

（4）传统管理模式的制约

传统的教育管理模式以经验和固定的流程为基础，这种模式在 AI 教育应用的冲击下暴露出了明显的不适应性。

在传统管理模式下，课程安排、教学评估等都是按照既定的时间表和标准进行的。例如，课程安排通常是在学期开始前就确定好的，很少会根据学生的实际学习情况进行调整。然而，AI 教育应用可能根据学生的个性化需求随时调整教学内容和进度。比如，智能教学系统可能发现某个学生在某个知识点上掌握得很快，会立即推荐更高级的学习内容，这与传统的统一课程安排产生了冲突。在教学评估方面，传统模式主要依赖于考试成绩等有限的指标，而 AI 教育应用可以提供更全面的评价数据，但传统管理模式可能无法有效利用这些数据。教育管理部门需要重新审视和调整现有的管理模式，以适应 AI 教育应用带来的变化，否则将阻碍 AI 教育的进一步发展。

5. 融合层面的问题

(1) 学科特点与 AI 技术的匹配

不同学科具有独特的知识结构和教学要求,将 AI 技术与课程内容融合需要深入考虑这些学科特点。

在艺术学科中,利用 AI 技术培养学生的创造力和审美能力是一个具有挑战性的任务。虽然目前有一些图像生成 AI 工具,但如何将其有效地融入艺术教学并非易事。如果只是简单地将这些工具作为模仿的手段,学生可能只是机械地复制 AI 生成的图像,而无法真正激发创新思维。例如,在绘画教学中,教师需要引导学生理解如何利用 AI 工具获取灵感,而不是直接使用 AI 生成的作品代替自己的创作。同时,在艺术评价方面,如何利用 AI 技术来评价学生作品的艺术性和创新性,而不是仅仅基于一些既定的规则,也是需要深入研究的问题。

在科学学科中,虚拟实验室等 AI 应用虽然能够模拟实验,但也存在一些问题。教师需要确保学生通过虚拟实验真正理解科学原理和实验方法,而不仅仅是完成实验操作。例如,在物理虚拟实验室中,学生可以轻松地完成电路连接和测量电压、电流等操作,但可能并不理解电路原理和欧姆定律的内涵。而且,如何将虚拟实验与实际操作实验有机结合也是关键。虚拟实验不能完全替代实际操作,因为实际操作能够让学生亲身体验实验过程中的各种细节和变化,培养学生的动手能力和实验技能。教师需要合理安排虚拟实验和实际实验的比例和顺序,使两者相互补充,提高教学效果。

(2) 课程内容更新与 AI 协同

随着 AI 技术的飞速发展,课程内容更新与 AI 的协同成了教育领域面临的重要问题。

目前,课程内容更新往往滞后于 AI 技术的发展。教育机构和教材编写者需要与 AI 技术专家密切合作,及时将新的 AI 概念、应用案例等融入教材和课程中。以计算机科学课程为例,新的 AI 算法和模型不断涌现,从简单的机器学习算法到复杂的深度学习架构,这些前沿内容需要以合适的方式引入不同层次的教学中。在基础教育阶段,可以通过一些简单有趣的 AI 应用实例,如智能玩具、图像识别小游戏等,让学生初步了解 AI 的概念。在高等教育阶段,则需要深入讲解 AI 的算法原理、编程实现等内容。然而,这种课程内容更新面临着诸多挑战,如教材编写周期长、教师对新技术的掌握程度有限等,导致课程内容无法及时跟上 AI 技术的发展步伐。

(3) 硬件设施兼容性

AI 教育应用对硬件设施有一定的要求,而学校现有的硬件设施可能存在兼容性问题,影响了应用的效果。

许多学校的计算机硬件可能比较老旧,无法运行复杂的 AI 教育软件。例如,一些早期购买的计算机内存容量小、处理器性能低,可能无法满足智能辅导系统或虚拟实验室软件对计算资源的需求。这就导致软件运行缓慢甚至出现卡顿现象,严重影响学生的学习体验。在网络方面,学校的网络带宽可能无法满足大量数据传输和实时交互的要求。对于一些需要实时反馈的 AI 教育应用,如在线协作学习平台或实时评估系统,如果网络延迟过高,会导致信息传递不及时,影响教学活动的正常进行。

此外,不同品牌和型号的硬件设备之间可能存在兼容性差异。例如,在使用一些基于 VR 的学习应用时,需要高性能的图形处理能力和稳定的传感器设备。如果硬件设备之间不兼容,可能会出现画面卡顿、交互不灵敏等问题。比如,VR 头盔与计算机的连接不稳定,或者传感器数据传输错误,都会破坏学生的沉浸式学习体验,减弱学习效果。

(4) 软件系统互操作性

在教育环境中,多种软件系统同时使用,但它们之间往往缺乏良好的互操作性,这给教育工作者和学生带来了不便。

学校通常会使用学校管理系统、教学资源平台、AI 教育应用等多种软件系统。然而,这些系统之间往往无法实现无缝集成。例如,学校的成绩管理系统和智能辅导系统无法自动共享数据,教师需要手动输入或导出数据。这不仅增加了教师的工作量,还容易出现数据不一致的问题。如果教师在成绩管理系统中修改了学生的成绩,但没有及时更新智能辅导系统中的数据,可能会导致系统对学生学习情况的分析出现偏差。

而且,不同软件系统可能采用不同的安全机制和用户认证方式,这进一步增加了融合的难度。例如,学校管理系统可能采用用户名和密码的认证方式,而某个 AI 教育应用可能需要使用第三方账号登录,这使得用户在使用过程中需要频繁切换认证方式,增加了操作的复杂性,也影响了软件系统之间的互操作性。

6. 发展层面的问题

(1) 初期投资与回报周期

引入和实施 AI 教育应用需要巨大的前期资金投入,这对于许多教育机构来说是一个重大挑战。

在初期,教育机构需要购买软件许可证,一些先进的 AI 教育软件价格昂贵,而且可能需要按用户数量或使用期限付费。同时,硬件设备的购置也是一笔不小的开支。例如,要建立一个虚拟现实学习实验室,需要购买高性能的计算机、VR 设备等硬件,成本极高。此外,进行教师培训也需要投入资金,包括邀请专家培训、组织教师参加相关课程等费用。对于一些经济条件较差的学校,这些开支是难以承受的。

而且,AI 教育应用的回报周期较长,其对教学质量和学生成绩的提升效果可能需要数年才能完全显现。在短期内,学校和教育机构很难看到明显的收益,如学生成绩的快速提高或教育资源的高效利用等。这使得教育机构在考虑引入 AI 技术时面临很大的经济压力,尤其是对于那些预算有限且注重短期效益的机构。他们可能会因资金问题而放弃或延迟相关计划,导致错失利用先进技术提升教育水平的机会。这种资金瓶颈限制了 AI 教育应用在更广泛范围内的推广和实施,不利于教育领域的整体发展和创新。

(2) 长期资金支持机制

除了初期投资,AI 教育应用的长期发展需要持续的资金支持。这包括软件的更新升级、硬件的维护更换、新功能的开发等方面。

软件更新升级是保持 AI 教育应用竞争力的关键。随着技术的不断进步,软件需要不断优化以适应新的算法、功能需求和安全标准。例如,智能辅导系统可能需要定期更新其自然语言处理模块,以提高对学生问题理解的准确性和回答的质量。然而,软件更新往往需要支付额外的费用给软件开发商,或者需要投入内部的技术人员进行自主开发和维护,这都需要资金支持。

硬件维护更换也是不可忽视的问题。教育机构的硬件设备在长期使用过程中会出现磨损、老化等情况,需要及时维修或更换。特别是对于一些高端的硬件设备,如智能学习终端、服务器等,其维护和更换成本较高。同时,随着技术的发展,可能需要更换更先进的硬件以支持新的 AI 教育应用功能。例如,当新的虚拟实验室软件需要更高性能的图形处理单元时,学校就需要考虑升级计算机硬件。

新功能的开发对于 AI 教育应用的持续发展至关重要。教育领域的需求是不断变化的,为了满足这些需求,需要不断开发新的功能。比如,开发能够更好地支持小组协作学习的 AI 功能,或者针对特殊教育需求的个性化学习功能等。但新功能的开发需要大量的资金投入,包括研发人员的薪酬、研发设备的购置等。

目前,缺乏完善的长期资金支持机制。政府的教育经费拨款通常是有限的,且需要分配到各个教育领域和项目中,可能无法满足 AI 教育应用不断增长的资金需求。而社会资本的投入往往更关注短期收益,对于这种回报周期长、具有一定公益性质的教育项目兴趣有限。这种资金支持的不足可能导致 AI 教育应用在发展过程中出现停滞或无法持续改进的情况,影响其长期的可持续发展。

(3) 技术更新的冲击

AI 技术正以极快的速度发展,新的算法、模型和应用不断涌现,这对现有的 AI 教育应用产生了巨大的冲击。

早期的一些简单的智能辅导系统在面对如今基于深度学习的复杂自然语言处理技术时,显得功能单一且准确性低。例如,旧的辅导系统可能只能处理简单的文本输入,对于学生复杂的问题表述或含有上下文情境的问题无法准确理解。而新的技术可以通过更先进的模型,如 Transformer 架构的语言模型,更好地处理自然语言的语义和语法信息,为学生提供更准确、详细的答案。同样,在图像识别应用于艺术教育或其他学科的场景中,新的卷积神经网络算法可以实现更精确的图像分析和识别,而旧的系统则无法与之相比。

这种技术更新的快速步伐意味着现有的 AI 教育应用可能在短时间内就会因为技术过时而面临淘汰。教育机构如果不能及时跟上技术发展的节奏,其使用的教育系统将无法满足教育教学的需求,影响学生的学习体验和效果。这就要求教育机构不断投入资源来更新和改进现有的教育系统,但这对于很多机构来说是一个巨大的挑战,因为这不仅需要资金,还需要技术能力和专业人才。

(4) 系统演进的规划与实施

为了应对技术更新,需要对 AI 教育系统的演进进行科学规划。这包括预测未来技术发展趋势、确定系统升级的方向和步骤等。

预测未来技术发展趋势是一项复杂的任务。教育机构需要关注 AI 研究领域的最新动态,了解新的算法、模型在其他领域的应用情况,并结合教育行业的特点,判断哪些技术可能会对教育产生重大影响。例如,当发现强化学习技术在智能游戏等领域取得良好效果时,教育机构需要思考如何将其应用于教育游戏或个性化学习激励机制中。然而,准确预测技术趋势并非易事，因为技术发展具有不确定性，可能会出现一些意想不到的突破或新的发展方向。

确定系统升级的方向和步骤也是一个难题。教育机构需要考虑自身的教育目标、现有系统的架构和资源情况等因素。如果升级方向错误，可能会带来资源浪费和系统兼容性问题。例如，在没有充分考虑到学校网络带宽和硬件设备的情况下，盲目升级到一个对网络和硬件要求极高的新系统，可能会导致系统无法正常运行。而且，在实施系统升级过程中，可能会遇到技术兼容性问题、数据迁移问题等。当升级新的智能辅导系统时，可能会出现与现有学校管理系统不兼容的情况，需要花费大量时间和精力来解决。数据迁移过程中，如果处理不当，可能会导致数据丢失或损坏，影响系统的正常使用。这些问题都影响了系统演进的顺利进行，需要教育机构在规划和实施过程中谨慎应对。

总之，AI 教育应用虽然具有巨大的潜力，但在发展过程中面临着来自技术、教育、社会、管理和长期发展等多方面的问题与挑战，这些问题相互交织、错综复杂，需要政府、教育机构、科技企业和社会各界共同努力来解决，以实现 AI 赋能教育的可持续发展。政府应加大对教育领域的资金投入和政策支持，引导社会资本关注教育公益项目；教育机构要加强自身建设，提高教师素质，优化教育管理；科技企业应积极与教育领域合作，研发更适合教育场景的技术和产品；社会各界应加强对 AI 教育的宣传和理解，营造良好的发展环境。只有这样，才能充分发挥 AI 在教育中的优势，推动教育事业迈向新的高度。

第2章
个性化教学的理论基础与实践探索

2.1 个性化教学的概念界定与理论基础

1. 概念界定

（1）以学生为中心的核心内涵

个性化教学将学生置于教育活动的核心位置。在传统教学模式中，教学往往是围绕着既定的课程大纲和教学计划展开的，较少考虑学生个体的多样性。然而，个性化教学彻底颠覆了这一模式，它将每个学生视为独一无二的个体，充分认识到每个学生在学习能力、兴趣爱好、学习风格以及背景知识等方面存在的显著差异。这种差异并非教学过程中需要克服的障碍，而是实施个性化教学的重要依据。

（2）量身定制教学要素

量身定制教学要素具体体现在教学内容的个性化调整、教学方法与学习风格的匹配、学习进度的个性化安排和评价方式的多元化与个性化等方面。

教学内容不再局限于统一的教材和课程标准所规定的范畴。对于那些在特定学科领域展现出较高天赋的学生，如数学天赋突出者，在完成基本课程内容的学习后，教师应敏锐地捕捉到他们的潜力，为其引入更具挑战性和深度的知识。例如，除了数学竞赛知识，还可以涉及高等数学中的部分基础概念，像导数在函数优化问题中的简单应用、矩阵的基本运算等。这些内容不仅能够满足他们对知识的强烈渴望，还能进一步挖掘其数学思维潜力。而对于学习困难的学生，强化基础概念和基本运算能力是关键。以数学中的分数运算为例，教师可以通过多种方式，如利用实物模型来解释分数的概念，增加简单分数加减法的练习量，确保他们真正理解并掌握基础知识，为后续学习奠定坚实的基础。

每个学生都有自己偏好的学习风格，个性化教学要求教师能够准确识别并据此选择合适的教学方法。视觉型学习者对图像、图表、视频等视觉信息具有更强的感知和理解能力。在语文教学中，教师可以通过展示古代诗词所描绘的场景图片、制作小说情节发展的流程图等方式，帮助他们更好地理解课文内容。对于听觉型学习者，增加讲解、讨论和听讲座等活动能够提高他们的学习效果。比如在历史教学中，教师可以组织课堂讨论，让学生分享自己对历史事件的理解，或者播放一些专家关于历史人物的讲座音频，加深他们对历史知识的记忆和理解。动觉型学习者则更倾向于通过实践操作来学习。在物理或化学教学中,安排丰富的实验活动,让他们亲自动手操作实验仪器、观察实验现象,在实践中理解物理定律和化学反应原理。这种教学方法与学习风格的精准匹配,能够显著提高学生的学习效率和积极性。

个性化教学打破了传统教学中统一的时间进度限制。在传统课堂中,学生往往需要按照固定的教学进度学习,这可能导致部分学生跟不上节奏,而部分学生则觉得进度过慢。在个性化教学模式下,学生可以根据自己对知识的掌握情况自主调整学习进度。例如,在学习英语语法中的时态知识时,有些学生可能很快就能理解并熟练运用一般现在时、一般过去时等简单时态,他们可以迅速进入更复杂时态的学习,如现在完成进行时。而对于那些在基础知识理解上有困难的学生,教师可以给予他们更多时间来练习和巩固,确保他们真正掌握每个时态的用法后再继续推进学习。这种灵活的学习进度安排能够让每个学生都在自己舒适的节奏下学习,避免因进度问题产生学习压力或造成学习动力不足。

评价在个性化教学中扮演着至关重要的角色,其方式具有鲜明的多元化和个性化特征。传统的考试成绩虽然在一定程度上能够反映学生的学习成果,但远远不足以全面评估学生的学习表现。除了考试成绩外,课堂参与度成为评价的重要维度之一。积极参与课堂讨论、回答问题的学生,无论是提出新颖的观点还是对他人观点进行有益补充,都应得到积极的评价。作业完成质量也是关键因素,包括作业的准确性、书写规范、解题思路等。例如,在数学作业中,对于那些不仅能得出正确答案,还能清晰展示多种解题思路的学生,应给予更高的评价。此外,项目实践成果对于评价学生的综合能力具有重要意义。在一个关于环境保护的项目实践中,学生通过实地调研、数据分析、提出解决方案等一系列活动,展现出他们的团队协作能力、问题解决能力和知识应用能力等。同时,评价标准也并非一成不变,而是根据每个学生的起点和发展目标进行动态调整。对于原本基础较差但在一段时间内有明显进步的学生,评价重点应放在进步幅度上。例如,一名英语基础薄弱的学生,经过一段时间的努力,词汇量大幅增加,阅读和写作能力有显著提高,尽管其成绩可能仍不如优秀学生,但这种进步值得肯定和鼓励,这将进一步激发他们的学习动力。

2. 理论基础

(1) 多元智能理论

霍华德·加德纳提出的多元智能理论深刻地改变了人们对人类智力的传统认知。传统智力测试往往只关注语言智能和逻辑—数学智能,将学生简单地划分为聪明或不聪明。然而,多元智能理论指出,人类的智能是多元化的,每个学生都拥有多种智能,只是在不同智能类型上的表现水平有所差异。这种理论视角的转变为教育者提供了一个全新的评价和培养学生的思路,促使教育者摒弃单一的评价标准,更加全面地看待每个学生的潜力。

在语文教学实践中,多元智能理论的应用具有丰富的形式。对于语言智能较强的学生,除了完成基本的语文学习任务外,教师可以为他们创造更多发挥语言优势的机会。文学创作是一个很好的途径,教师可以组织写作小组,鼓励他们创作诗歌、散文、小说等不同体裁的作品,并提供专业的指导和反馈。演讲活动也能充分展现这些学生的语言能力,教师可以安排定期的演讲比赛,让学生选择自己感兴趣的话题进行演讲,锻炼他们的口头表达和逻辑思维能力。对于空间智能突出的学生,思维导图和手抄报是将空间智能与语文学习相结合的有效方式。在学习古诗词时,学生可以通过绘制思维导图来展现诗词的意境、意象、修辞手法等元素之间的关系,使抽象的诗词内容变得更加直观。制作手抄报则可以围绕某一个语文主题,如某一部名著,通过排版、插画、文字等元素的设计,加深对名著内容和主题的理解。通过这种方式,教师能够充分挖掘每个学生在语文学习中的优势智能,同时也能针对他们相对薄弱的智能进行有针对性的培养,以实现个性化的语文教学。

(2) 建构主义理论

建构主义理论强调学习者在知识获取过程中的主体地位。知识不是简单地从教师传递到学生,而是在特定情境下,学生通过与他人的协作和利用学习资料,自主构建意义的过程。这一理论突出了学习的主动性、情境性和社会性,与传统的知识传授型教学理念形成鲜明对比。

在教学中,情境创设是帮助学生理解科学概念的重要手段。以物理中的摩擦力为例,教师可以通过模拟不同粗糙程度表面上物体的滑动实验,让学生亲自感受摩擦力的大小变化,这种真实的情境能够让学生更加深刻地理解摩擦力与接触面粗糙程度、物体重量等因素之间的关系。实地考察也是一种有效的情境创设方式,在地理教学中,组织学生到野外考察地形地貌、岩石特征等,将课堂上学到的地理知识与实际的地理环境相结合,使抽象的地理概念变得具体可感。协作学习在建构主义理论指导下的个性化教学中具有重要地位。在小组项目中,不同学生的经验和观点相互碰撞,促进了知识的建构。例如,在一个关于生态系统的小组项目中,有的学生可能对生物种类有更深入的了解,有的学生擅长数据分析,有的学生则具有较强的组织协调能力。他们在共同探讨生态系统的组成、能量流动和物质循环等问题时,各自发挥优势,从不同角度分析和解决问题,从而加深了对生态系统这一复杂概念的理解。此外,教师在设计教学时必须充分考虑学生的已有知识经验。在教授历史事件时,了解学生对相关历史时期的前期了解情况是关键。如果学生对中国古代的三国时期有一定了解,教师在教授三国时期的文化、政治、军事等方面内容时,可以从学生熟悉的三国人物和故事入手,引导他们进一步探究三国时期的社会结构和历史意义,从而更好地构建对这一历史时期的完整理解。

(3) 人本主义理论

人本主义理论将教育的目的聚焦于人的自我实现和个人成长。它强调教育不仅仅是知识的传授,更重要的是关注学生作为个体的情感体验、价值追求和自我发展需求。这种对教育目的的重新审视,使得教育更加贴近学生的内心世界,更注重培养全面发展的人。

在课堂上,教师营造一个温暖、支持性的学习环境对于学生的学习和发展至关重要。教师的态度和行为直接影响着学生的情感体验。当学生表达自己的想法和感受时,教师应给予充分的尊重和积极的回应,避免轻易批评或否定。例如,在讨论文学作品时,学生对作品的理解可能各不相同,教师要鼓励这种多样性,即使学生的观点与传统解读有所偏差,也应引导他们深入思考,而不是简单地否定。同时,根据学生的兴趣和需求设计教学活动是满足学生内在需求的关键。如果学生对天文表现出浓厚兴趣,教师可以提供丰富的拓展资料,如介绍最新的天文发现、推荐天文科普书籍和杂志等。组织天文观测活动则能让学生亲身体验天文现象,激发他们的好奇心和求知欲。通过这些活动,学生不仅在天文知识方面有所收获,更重要的是在学习过程中感受到了自身的价值和乐趣,有助于他们实现自我价值和个人成长,从而促进整个教育过程朝着个性化、人性化的方向发展。

总之,个性化教学的概念和理论基础为教育实践提供了坚实的指导。通过深入理解这些内容,教育者能够更好地设计和实施个性化教学方案,充分挖掘每个学生的潜力,促进学生的全面发展,以适应现代教育对培养创新型、复合型人才的需求。

2.2　传统个性化教学方法的回顾与反思

1. 传统个性化教学方法回顾

(1) 分层教学

分层教学作为一种经典的个性化教学方法,其核心在于依据学生的学习能力、知识水平等因素对学生进行分层。这种分层旨在更好地匹配教学内容和方法,以满足不同层次学生的需求。在实际操作中,教师通过对学生过往的学习表现、测试成绩、课堂参与度等多方面信息的综合考量来确定层次。然而,这种分层过程并非简单直接的,因为学生的学习能力和知识水平是复杂多面的,需要教师精心分析。例如,在数学学科中,有的学生可能在代数方面表现出色,但在几何问题上理解困难,这就需要教师在分层时考虑得更加细致入微。

不同层次的教学目标设定、教学内容的层次化调整和教学方法的针对性选择见表 2-1、表 2-2 和表 2-3。

表 2-1　不同层次的教学目标设定

教学层次	教学目标设定
高层次学生	对于高层次学生,教学目标侧重于拓展和深化知识,培养综合应用能力和创新思维。这要求教师为他们提供更具挑战性的学习任务。以英语阅读教学为例,高层次学生被要求阅读并分析难度较高的文学作品,进行批判性阅读。在阅读过程中,他们需要不仅仅理解字面意思,更要深入剖析作品的主题、人物塑造、写作风格等深层次元素。例如,在阅读莎士比亚的戏剧作品时,学生要能够分析其中复杂的人物关系、探讨台词背后的隐喻以及不同版本翻译的优劣,通过这样的方式培养他们的批判性思维和文学鉴赏能力。这种高层次的目标设定有助于激发这些学生的潜力,使他们在知识的海洋中不断探索和突破
中等层次学生	对于中等层次学生的教学目标是巩固基础知识,提高知识运用能力。他们需要在掌握教材内容的基础上,灵活运用所学知识解决一些中等难度的问题。在英语阅读中,这意味着阅读一些中等难度的文章,完成理解和简单的分析任务。比如,阅读一些当代的英语短篇小说,能够理解故事的情节发展、主要人物特点,并能回答一些关于文章细节和主旨的问题。通过这种方式,学生可以逐步提高自己的阅读能力和知识运用水平,为进一步提升打下坚实的基础

续表

教学层次	教学目标设定
低层次学生	对于低层次学生的教学目标是基础知识的掌握和基本技能的训练。在英语阅读方面,从简单的短文阅读开始,重点学习单词、语法和基本的理解技巧。教师会选择一些词汇量适中、语法结构简单的短文,帮助学生熟悉英语的基本表达方式,积累常用词汇,掌握基本的阅读方法,如如何通过关键词理解句子意思、如何根据上下文猜测生词含义等。这种有针对性的目标设定可以帮助低层次学生逐步建立学习信心和提高学习兴趣

表 2-2 教学内容的层次化调整

教学层次	教学内容调整
高层次学生	高层次学生在教学内容上会接触到更多的拓展性知识。在英语学习中,这包括高级词汇、复杂的语法结构和文化背景知识。高级词汇的学习可以帮助他们更准确、生动地表达自己的思想。例如,学习一些学术词汇、文学性较强的词汇,像"profound"(深刻的)、"eloquent"(雄辩的)等。复杂的语法结构,如定语从句、名词性从句的高级用法,可以使他们的语言表达更加丰富多样。同时,了解英语国家的文化背景知识对于理解文学作品至关重要。比如,学习英国历史、文化传统、社会习俗等方面的知识,可以帮助学生更好地理解莎士比亚作品中所反映的时代背景和社会现象
中等层次学生	中等层次学生学习的内容以教材为基础,适当增加一些辅助性的练习和阅读材料。在英语教材学习的基础上,教师可以为他们选择一些与教材难度相当但题材更广泛的阅读材料,如科普文章、简易的新闻报道等。同时,增加一些针对性的练习,如词汇辨析、语法填空等,帮助他们巩固所学知识,提高知识运用的熟练度。这些辅助性内容可以使学生在不感到过于困难的情况下,逐步提升自己的学习水平
低层次学生	低层次学生则集中精力学习教材中的基础知识,通过简单的练习来巩固。在英语学习中,重点是掌握教材中的基本单词、短语和语法规则。教师会通过大量的简单练习,如单词拼写、简单的句型转换等,让学生熟练掌握基础知识。例如,让学生反复练习"be + 形容词 + to do sth."这种基本句型结构,通过替换不同的形容词和动词,使他们在实践中理解和掌握语法规则

表 2-3 教学方法的针对性选择

教学层次	教学方法的选择
高层次学生	对于高层次学生,可以采用自主探究、小组讨论等更具挑战性的方法。自主探究可以激发他们的学习主动性和创新能力。例如,在英语文学作品阅读中,教师可以提出一些开放性的问题,如"你认为《傲慢与偏见》中的婚姻观在现代社会是否仍然有意义?",让学生自主查阅资料、分析作品,并形成自己的观点。小组讨论则可以促进学生之间的思想碰撞和交流。在讨论过程中,学生可以从不同的角度看待问题,拓宽思维视野。比如,在讨论莎士比亚作品中的悲剧元素时,每个学生可能对悲剧的成因、表现形式等有不同的理解,通过小组讨论可以综合大家的观点,加深对作品的理解

续表

教学层次	教学方法的选择
中等层次学生	中等层次学生可以结合教师讲解和小组合作学习。教师讲解可以帮助他们系统地理解知识,解决学习过程中的疑惑。例如,在讲解英语语法中的重点和难点时,教师通过详细的例子和分析,使学生明白语法规则的应用。小组合作学习则可以让学生在相互交流中提高知识运用能力。在完成阅读任务后,小组内成员可以互相分享自己的理解和解题思路,共同完成一些综合性的练习,如根据阅读内容进行改写或续写等
低层次学生	低层次学生更多地依赖教师的直接指导和个别辅导。教师需要耐心地为他们讲解基础知识,确保他们理解每个知识点。例如,在英语单词学习中,教师可以通过实物展示、动作演示等方式帮助学生理解单词的含义。个别辅导可以针对学生在学习过程中出现的具体问题进行及时解决。如果某个学生在发音上有困难,教师可以专门为他进行发音训练,通过反复示范、纠正发音口型等方式帮助他掌握正确的发音

分层教学在一定程度上能够满足不同层次学生的学习需求,提高教学效率。通过为每个层次的学生提供合适的教学目标、内容和方法,使学生能够在自己的能力范围内积极学习,避免了传统教学中"一刀切"的问题。高层次学生不会因为教学内容过于简单而感到无聊,低层次学生也不会因为教学内容太难而产生挫败感。这种个性化的教学方式有助于激发学生的学习兴趣和积极性,使每个学生都能在学习中获得成就感,从而提高整体的教学效果。

(2) 个别辅导

个别辅导是一种极具针对性的教学方法,它紧密围绕个别学生的特殊需求展开。教师在辅导过程中能够深入了解学生的具体情况,包括他们在特定知识点上的理解困难、学习风格、学习进度等。例如,在数学学科中,当某个学生在函数图像这一知识点上理解困难时,教师可以通过多种方式进行针对性辅导。教师会根据学生的困惑点——可能是对函数表达式与图像之间的对应关系不理解,或者是对图像的平移、伸缩变换规律不清楚——专门为他安排时间进行辅导。通过画图、举例、反复讲解等方式,将抽象的函数图像知识转化为直观易懂的内容。比如,教师可以用生活中的例子,如气温变化的图像、行程问题中的路程—时间图像等,帮助学生理解函数图像所表示的实际意义,进而理解函数图像的性质。

依据学生特点调整辅导方式有适应学习进度和匹配学习风格两种。个别辅导可以根据学生的学习进度进行灵活调整。如果学生学习进度较慢,教师可以放慢辅导速度,从更基础的知识开始梳理。以数学学习为例,如果学生在代数运算方面基础薄弱,教师可以从整数、分数的运算开始,逐步引导学生掌握代数式的化简、求值等运算方法。在这个过程中,教师会耐心地解答学生的每一个疑问,确保他们真正理解每个步骤,为后续的学习打下坚实的基础。对于不同学习风格的学生,教师在辅导过程中会采用不同的辅助工具和方法。如果学生是视觉型学习者,教师在辅导过程中可以更多地使用图形、动画等辅助工具。例如,在物理学科中,当辅导学生理解力学中的受力分析时,教师可以利用动画演示物体在不同力的作用下的运动状态变化,通过直观的视觉效果帮助学生理解力的合成、分解等概念。对于听觉型学习者,教师可以通过讲解、讨论等方式进行辅导。在化学学科中,讲解化学方程式的配平时,教师可以详细地阐述配平的原理和方法,通过语言的表达让学生理解配平的步骤和技巧。

个别辅导能够深入了解学生的问题所在,为学生提供个性化的解决方案,对提高学生的学习成绩和学习信心有着显著的效果。通过一对一的辅导,教师可以及时发现学生在学习过程中的知识漏洞和思维误区,并给予针对性的指导。这种个性化的辅导方式使学生感受到教师的关注和支持,增强了他们的学习自信心。当学生在个别辅导中克服了学习困难,取得了进步时,他们会对学习产生更浓厚的兴趣,从而进一步激发他们的学习动力,并形成一个良性循环,促进学生的学习成绩不断提高。

(3) 兴趣小组与课外活动

兴趣小组是学校根据学生的兴趣爱好组织的个性化教学形式,它为学生提供了深入学习自己感兴趣领域的机会。学校会设立各种各样的兴趣小组,如绘画小组、音乐小组、科技小组等。在各小组中,活动形式丰富多样。如在绘画小组中,学生可以从素描、水彩到油画等不同绘画形式中选择自己感兴趣的方向进行学习。教师会根据学生的水平和需求,从基础的绘画技巧开始指导,如素描中的线条练习、明暗关系处理等,并随着学生水平的提高,逐渐引导他们进行更复杂的作品创作,如人物素描、风景水彩画等。在音乐小组中,学生可以学习乐器演奏、声乐演唱等不同的音乐技能。例如,在乐器学习方面,从认识乐器、掌握基本指法和音准开始,逐步学习演奏一些简单的曲目,培养学生的音乐表现力。

课外活动是学校教育中丰富多彩的组成部分,具有多样化的形式和重要的教育价值。学校会举办演讲比赛、数学竞赛、运动会等各种活动。演讲比赛为那些语言表达能力强、喜欢展示自己的学生提供了一个绝佳的平台。在演讲比赛中,学生需要精心准备演讲稿,注意演讲的语言表达、肢体动作、情感传递等方面。通过参与演讲比赛,学生不仅可以提高自己的语言表达能力,还能锻炼自己的心理素质和应变能力。数学竞赛则针对数学有浓厚兴趣和天赋的学生,激发他们的数学思维。竞赛题目通常具有较高的难度和挑战性,需要学生运用所学的数学知识进行创造性的思考和解题。运动会则是一个综合性的活动,涵盖了各种体育项目,如田径、球类等。学生可以根据自己的兴趣和特长选择参加不同的项目,通过体育锻炼培养自己的身体素质、团队协作精神和竞争意识。

兴趣小组和课外活动丰富了学生的学习体验,培养了他们的综合素质。在兴趣小组中,学生能够发挥自己的特长,深入学习自己感兴趣的领域,这种专注于自己爱好的学习过程可以激发学生的学习热情和创造力。例如,在科技小组中,学生可以接触到各种前沿的科技知识和实验设备,通过参与一些小型的科技项目,如制作简易机器人、进行植物种植实验等,培养自己的动手能力、科学探究能力和创新思维。课外活动则为学生提供了更广阔的展示空间,让他们在不同的舞台上展示自己的才华和能力,增强自信心。同时,通过参与这些活动,学生可以结交志同道合的朋友,拓展人际关系,培养团队协作能力和沟通能力,促进自身的全面发展。

2. 传统个性化教学方法的反思

传统个性化教学方法的局限性体现在以下几方面：分层教学的分层标准问题、个别辅导的资源受限问题、兴趣小组和课外活动的系统性不足问题。见表2-4。

表 2-4 传统个性化教学方法的局限性

教学方法的局限性问题		具体体现
分层教学的分层标准	主观性问题	在分层教学中，分层标准往往存在主观性，这是一个不容忽视的问题。教师在划分层次时，虽然会综合考虑多方面因素，但可能主要依据考试成绩。然而，考试成绩并不能完全准确地反映学生的学习能力和潜力。考试具有一定的局限性，它可能受到考试内容、考试形式、学生当时的状态等多种因素的影响。例如，有些学生可能在考试中因为紧张而发挥失常，或者考试内容恰好是他们的薄弱环节，导致成绩不理想，但这并不代表他们的真实学习能力。而且，教师对学生的主观评价也可能存在偏差，不同教师对学生的评价标准可能有所不同，这就使得分层结果可能不够客观准确
	僵化性问题	分层一旦确定，在一定时期内通常是固定不变的，缺乏灵活性。这种僵化性可能会对学生的发展产生不利影响。例如，有些学生可能在某个阶段因为特殊原因成绩不理想，但实际上他们有很大的学习潜力。如果仅仅依据一次或几次考试成绩将他们分到低层次，他们可能会在后续的学习中受到限制。低层次的教学内容和方法可能无法满足他们的发展需求，导致他们的潜力无法得到充分挖掘。同时，学生在不同学科上的能力可能不同，以单一标准进行分层无法满足学生在不同学科的个性化需求。一个学生可能在数学方面表现优秀，但在英语学习上有困难，如果按照统一的分层标准，可能会出现教学不匹配的情况，影响学生在各个学科的学习效果
个别辅导的资源受限	教师资源限制	个别辅导虽然针对性强，但受到资源的严重限制，其中最主要的是教师的时间和精力有限。在班级人数较多的情况下，教师需要面对大量学生的教学任务，很难对每个需要个别辅导的学生都给予充分的关注。教师可能只能优先辅导那些问题比较突出的学生，而对于其他有辅导需求的学生，可能无法及时提供帮助。这可能导致一些学生的问题积累，影响他们的学习进度和成绩。例如，在一个班级有50名学生的情况下，如果有10名学生需要个别辅导，教师很难在有限的时间内满足每个学生的需求，可能只能选择其中3~4名问题较为严重的学生进行辅导，其余学生只能等待
	教师专业素养要求	个别辅导对教师的专业素养要求较高。教师需要在各个学科领域都有深入的知识储备和良好的辅导技巧。如果教师在某些学科领域的知识不够深入或缺乏辅导技巧，可能无法有效地帮助学生解决问题。例如，在辅导学生复杂的数学问题时，如果教师对一些新的数学概念或解题方法掌握不够熟练，就无法为学生提供准确、有效的指导。而且，不同学生的问题可能多种多样，需要教师具备灵活的辅导方法，但教师可能由于经验不足或缺乏培训，无法满足学生的个性化辅导需求

续表

教学方法的局限性问题		具体体现
兴趣小组和课外活动的系统性不足	与课堂教学联系松散	兴趣小组和课外活动往往缺乏系统性的规划和指导,在学校教育中通常处于辅助地位,与课堂教学的联系不够紧密。兴趣小组的活动内容可能比较随意,没有明确的教学大纲和评价标准。例如,绘画小组的活动可能只是根据教师的个人经验或学生的临时需求来安排,没有一个完整的教学计划,导致学生在兴趣小组中的学习成果可能无法很好地反馈到课堂学习中。在课堂美术教学中,可能更注重理论知识和基本技能的传授,而兴趣小组的活动如果与课堂教学脱节,学生在兴趣小组中培养的创造力和实践能力可能无法在课堂上得到进一步体现
	缺乏长期教育价值考量	课外活动也存在类似问题,可能只是为了举办活动而举办,没有深入考虑如何通过这些活动促进学生的全面发展和个性化成长,对学生的长期教育价值有限。例如,学校举办运动会可能只是注重比赛的结果和学生的参与度,而没有充分挖掘运动会在培养学生团队协作精神、竞争意识、健康生活习惯等方面的长期教育价值。举办演讲比赛可能只是关注学生在台上的表现,而没有将其与学生的语言表达能力培养、思维训练等长期教育目标相结合,使得这些活动的教育意义没有得到充分发挥

(1) 分层教学的改进——综合多元标准分层

在分层教学中,应采用综合多元的分层标准,除了考试成绩外,还要考虑学生的学习兴趣、学习风格、学习态度等因素。学习兴趣是学生学习动力的重要来源,对某一学科有浓厚兴趣的学生往往会更积极主动地学习。例如,对于对科学实验充满热情的学生,即使他们的考试成绩暂时不理想,也应该在分层时考虑到他们的兴趣因素,为他们提供更多参与实验和深入学习科学知识的机会。学习风格也是重要的考量因素,不同学习风格的学生在学习过程中有不同的需求。如视觉型学习者可能在图形、图像相关的学习内容上有优势,在分层时可以根据学科内容的特点进行合理安排。学习态度则反映了学生的学习积极性和努力程度,积极向上的学习态度对于学习效果有着重要影响,对于那些虽然基础薄弱但学习态度认真的学生,应该给予适当的分层调整。

分层不应是固定不变的,可以根据学生的学习情况进行动态调整。例如,可以通过定期的综合测评、学生的自我评价和教师观察等多种方式来重新评估学生的层次。综合测评可以包括知识测试、技能考核、实践操作等多个方面,全面了解学生的学习水平。学生的自我评价可以让学生对自己的学习过程和进步有更清晰的认识。教师通过观察则可以从课堂表现、作业完成情况、小组活动参与度等日常学习行为中获取信息。通过这种动态调整机制,确保分层更加科学合理,能够更好地适应学生的发展变化。比如,一个学生在某一学期开始时被分在中等层次,但在学期中,他通过自主学习对学科知识有了更深入的理解和掌握,在综合测评中表现出色,同时教师观察到他在课堂上积极参与讨论、能提出有价值的观点,并且在小组项目中发挥了重要作用,而且学生自己也表示对该学科的兴趣和学习动力都很强。基于这些信息,在下一学期就可以将他调整到高层次,为他提供更具挑战性的学习内容和任务,进一步激发他的潜力。反之,如果一个高层次学生在一段时间内学习态度消极,成绩下滑,综合测评结果不理想,教师也可以将其暂时调整到中等层次,帮助他巩固知识,调整学习状态。

(2) 个别辅导的改进——整合资源提高效率

学校可以充分利用网络教育平台,为学生提供在线辅导资源,包括视频教程、在线答疑等。视频教程可以涵盖各个学科的知识点,由优秀教师或教育专家录制,针对不同层次学生的需求,制作从基础知识讲解到拓展提升内容的系列视频。例如,在数学学科中:对于基础薄弱的学生,可以有专门讲解代数运算、几何基本概念的视频;对于有一定基础的学生,有关于函数综合应用、几何证明技巧等内容的视频。在线答疑功能则可以让学生在遇到问题时及时向教师或专业辅导人员咨询。平台可以设置专门的答疑社区,学生将问题发布后,教师和其他同学都可以参与解答,形成良好的学习互助氛围。而且,网络教育平台不受时间和空间的限制,学生可以根据自己的学习时间和进度随时随地进行学习,弥补了传统个别辅导受时间和地点限制的不足。

组织教师团队,针对不同学科和不同类型的问题进行分工辅导,发挥每个教师的专业优势。学校可以根据教师的学科专长和教学经验,将教师分配到不同的辅导小组。例如,在语文辅导小组中:有的教师擅长作文教学,可以专门负责辅导学生的作文写作;有的教师对文言文有深入的研究,就负责文言文阅读部分的辅导。对于不同类型的问题,如学生在阅读理解中存在的理解偏差问题、写作中存在的结构混乱问题等,都有相应的教师能够提供专业的指导。这种分工协作的方式可以提高辅导效率,确保每个学生的问题都能得到更专业的解决。同时,教师团队之间还可以定期交流辅导经验,共同研究学生出现的共性问题和解决方案,不断提升辅导质量。

培养学生之间的互助学习氛围,让学习能力较强的学生帮助有困难的同学,实现共同进步。在班级内,可以建立学习小组,鼓励小组成员之间互相学习、互相帮助。例如,在英语学习中,英语成绩好的学生可以帮助其他同学练习口语发音、讲解语法知识点。这种互助学习方式不仅可以减轻教师的辅导负担,还能让学生在帮助他人的过程中巩固自己的知识,提高沟通能力和团队协作精神。教师可以对互助学习进行适当的引导和组织,如制定互助学习计划、定期检查互助学习效果等,确保互助学习活动能够有序、有效地开展。

(3) 兴趣小组和课外活动的改进——加强与课堂教学的融合

兴趣小组可以根据课堂教学内容进行拓展和深化,制定明确的学习目标和计划,并建立相应的评价机制。在科技小组中,可以结合科学课程中的知识,开展一些小型的科研项目,让学生在实践中应用课堂所学知识。例如,在物理课堂学习了简单机械的原理后,科技小组可以组织学生设计并制作一个小型的起重机模型,通过这个过程,学生可以深入理解杠杆、滑轮等简单机械在实际中的应用,同时还能培养动手能力和创新思维。在制定学习目标和计划时,要明确每个阶段学生应该掌握的知识和技能,如在制作起重机模型的项目中:第一阶段学生要完成模型设计图,需要掌握相关的物理原理和绘图技能;第二阶段进行材料准备和零件制作,要学会使用一些基本的工具和材料加工方法;第三阶段进行模型组装和调试,要学会解决组装过程中出现的问题和对模型性能进行测试。同时,建立评价机制,从项目完成情况、知识运用水平、团队协作能力等多个方面对学生进行评价,使学生在兴趣小组中的学习成果能够得到客观、全面的反馈,并且与课堂学习相互促进。

课外活动也可以与课程内容相呼应,如在语文教学中,可以将演讲比赛与课文朗诵、作文写作等内容结合起来,通过活动促进课堂教学效果的提升,实现个性化教学的连贯性和系统性。在演讲比赛的准备过程中,学生需要选择合适的演讲主题,这可以与语文教材中的单元主题或课文内容相关联。例如,在学习了某篇关于传统文化的课文后,学生可以围绕传统文化的传承与发展这一主题进行演讲。在准备演讲稿时,学生需要运用在课堂上学到的写作技巧,如组织文章结构、运用修辞手法、引用名人名言等,提高作文写作能力。在演讲过程中,学生通过朗诵式的演讲,又可以提高自己的朗诵水平和语言表达能力。同时,教师可以将演讲比赛作为语文教学的一个延伸环节,在课堂上对学生的演讲表现进行点评和分析,引导学生从演讲内容、表达方式、情感传递等方面进行反思和改进,使演讲比赛不仅仅是一个课外活动,更是语文课堂教学的重要补充,促进学生语文素养的全面提升。

此外,对于运动会这样的课外活动,可以与体育课堂教学相结合。体育课堂上教授的各种运动技能和健康知识可以在运动会中得到实践和应用。在运动会的项目设置上,可以涵盖体育课堂教学的内容,如田径项目中的短跑、中长跑、跳远等,球类项目中的篮球、足球等。通过运动会,学生可以更好地理解和掌握体育课堂上学到的运动技巧,同时培养竞争意识、团队协作精神和坚韧不拔的毅力。教师可以在运动会前后,在体育课堂上围绕运动会项目开展相关的教学活动,如赛前的技能训练、战术指导,赛后的总结分析、运动损伤预防等,使运动会成为体育课堂教学的拓展和延伸,提高体育教学的效果和质量,促进学生身体素质和体育素养的发展。通过加强兴趣小组和课外活动与课堂教学的融合,可以充分发挥它们在学生个性化教育中的作用,提高教育的整体质量和效果,为学生的全面发展和个性化成长创造更好的条件。

2.3 AI 技术助力个性化教学的实现

1. 学习数据分析与挖掘

(1) 数据来源与收集

a. 在线学习平台

在个性化教学的大环境下,在线学习平台扮演着至关重要的数据来源角色。它所涵盖的学生学习行为信息极为丰富,宛如一座蕴藏着无数宝藏的数据金矿。以登录时间为例,这看似简单的数据实则蕴含深意。学生的登录时间可以反映出他们的学习习惯和学习积极性。比如,那些经常在课余时间或周末清晨登录平台的学生,可能具有较高的自主学习意识和学习热情。而若有学生长期在正常学习时间内很少登录,教师就需要进一步关注其学习状态,观察其是否存在学习动力不足或时间安排不合理等问题。

学习时长数据同样关键。它不仅能体现学生在某一课程或知识点上的投入程度,更能侧面反映出学习的难易程度。例如,在数学在线学习平台上,如果学生在某一复杂的数学定理讲解视频上停留时间较长,远超过其观看其他知识点视频的平均时长,这可能暗示该定理对于这位学生而言理解难度较大。同时,对比不同学生在相同课程内容上的学习时长,教师可以了解到学生个体之间的差异,进而为后续的个性化指导提供依据。

学习的课程内容记录则能清晰地展现学生的学习路径和兴趣方向。若发现某个学生频繁选择科学类课程中的物理实验相关内容,而对化学理论课程涉猎较少,教师就可以推断该学生对实践操作型的物理学习更感兴趣,在个性化教学中可以为其推荐更多类似的物理实践课程或拓展实验项目,满足其学习需求。

观看视频的次数和时长数据更是深入了解学生学习情况的重要窗口。每次学生打开课程视频、暂停、回放的操作都被精准记录,这使得教师能够像拥有"透视眼"一样,洞察学生对不同知识点的掌握情况。例如,当一个学生多次回放某一数学公式推导的视频片段时,很可能表明他在这个公式的理解或应用上存在困难。教师可以针对这一情况,为这位学生提供更多的练习题目或者更详细的讲解资料,帮助他克服困难。而对于那些学生一次就能顺利观看完成的视频内容,教师可以认为这部分知识点学生已经较好地掌握,在后续教学中可以适当减少对这部分内容的重复讲解,提高教学效率。

练习题完成情况的数据更是一座信息"富矿"。正确率直接反映了学生对知识点的掌握程度,对于那些正确率较低的练习题所涉及的知识点,教师可以确定为教学重点和辅导对象。答题时间则能体现学生的解题速度和思维敏捷程度,对于在规定时间内难以完成练习题的学生,教师可以针对性地训练他们的解题速度和思维效率。尝试次数也是一个重要指标,如果学生在某一道练习题上多次尝试才得出答案,这可能意味着他们在解题思路或方法上存在摸索过程,教师可以通过分析这些尝试过程,发现学生的思维误区,给予正确的引导。

b. 课堂教学中的数字化设备

在现代课堂教学中,数字化设备的广泛应用为数据收集提供了新的途径,其中智能教室中的交互白板功不可没。交互白板可以详细记录教师的教学内容,这对于教学过程的回溯和分析具有重要意义。教师可以通过回顾教学内容的展示顺序和讲解重点,评估自己的教学方法是否合理,是否突出了重点知识,是否按照预定的教学计划进行了有效的知识传递。同时,这也为教师之间的教学经验交流提供了丰富的素材,例如不同教师在讲解同一知识点时,可以通过对比各自在交互白板上的教学内容记录,互相学习和改进教学方法。

更重要的是,交互白板能够记录学生在白板上的操作和回答问题的情况,这为了解学生的课堂参与度和知识掌握情况提供了实时反馈。比如,在一堂英语课上,教师通过交互白板展示单词拼写游戏,学生在白板上进行操作。那些积极参与、操作准确快速的学生可能对单词掌握得较好,而操作缓慢或者出现较多错误的学生则可能需要进一步加强单词学习。在回答问题环节,交互白板记录下每个学生回答问题的内容和时间,教师可以根据这些信息判断学生对问题的理解程度和思维活跃度。对于那些回答准确且思路清晰的学生,可以给予更高层次的学习任务,激发他们的潜力;对于回答困难或者错误的学生,教师可以及时发现并在课堂上进行针对性的辅导,避免问题积累。

此外,学生使用的电子学习设备,如电子书包、智能学习终端等,也成为收集学习数据的重要渠道。笔记记录情况反映了学生对知识的重点关注和理解程度。例如,有的学生在电子书包中对某一历史事件的背景、经过和影响做了详细的笔记,还标注了自己的疑问和思考,这表明他对这部分内容有深入学习的意愿和行动。教师可以通过查看学生的笔记,了解学生的学习思路和疑惑点,为课堂讲解和课后辅导提供方向。

文件下载情况则显示了学生的自主学习需求。如果大量学生下载某一学科的拓展资料或者课外辅导视频,这可能意味着该学科的教学内容在深度或广度上需要进一步拓展,或者学生对该学科有更高的学习兴趣和需求。教师可以根据这些信息,调整教学内容或为学生推荐更多相关的学习资源。

应用程序使用情况也能为教学提供有价值的参考。例如,在学习数学时,如果学生频繁使用数学绘图软件或者解题辅助应用程序,教师可以了解到学生对于直观图形辅助学习的需求,或者在解题过程中可能遇到的困难类型。这有助于教师在教学中更加注重利用图形化工具帮助学生理解数学概念,或者针对学生常见的解题困难点进行专项辅导。

c. 学校的学习管理系统

学校的学习管理系统是一个综合性的数据平台,它整合了学生学习过程中的多个关键环节的数据,为构建全面的学生学习档案奠定了坚实基础。

课程选择数据是学生兴趣和学习规划的直接体现。例如,在高中阶段,有的学生选择了较多的文科类课程,如历史、地理、政治,而对理科课程选择较少,这反映出他可能在文科方面有更浓厚的兴趣或者更明确的职业规划方向。教师可以根据学生的课程选择情况,为他们提供更符合其兴趣和发展方向的学习建议和资源。对于那些选择了具有挑战性课程的学生,教师可以提前给予学习方法指导和心理支持,帮助他们更好地应对学习压力。

考试成绩是评估学生学习效果的重要指标之一,但在个性化教学中,它不再是唯一的评判标准。通过对考试成绩的长期跟踪和分析,教师可以发现学生在不同学科上的学习趋势。例如,一个学生在数学考试中的成绩从初一到初二呈现逐渐上升的趋势,但在英语成绩上却波动较大,这提示教师需要关注该学生英语学习中的不稳定因素,可能是学习方法的问题,也可能是受到外部环境的影响。同时,将考试成绩与其他数据相结合,可以更全面地了解学生的学习情况。比如,结合学习时长和练习题完成情况,如果一个学生在某学科上投入了大量时间但成绩提升不明显,教师就需要深入分析是学习效率问题还是学习方法不当等导致的。

作业提交情况反映了学生的学习态度和自我管理能力。按时提交作业的学生通常具有较好的学习自律性,而经常迟交或不交作业的学生可能在时间管理或学习动力方面存在问题。此外,作业的质量也是重要的分析对象。通过对作业内容的批改和分析,教师可以了解学生对知识点的理解和应用能力。例如,在物理作业中,如果学生在解决力学问题时总是出现错误,教师可以推断学生在力学概念理解或受力分析方法上存在不足,需要进行针对性的辅导。

考勤记录看似与学习内容无关,但实际上它与学生的学习稳定性和学习习惯密切相关。经常缺勤的学生可能会错过重要的教学环节,导致学习进度落后。教师可以通过考勤记录关注到这些学生,并及时与家长沟通,了解缺勤原因,帮助学生补上缺失的课程内容,确保学习的连贯性。

通过将在线学习平台、课堂教学数字化设备和学校学习管理系统所收集到的数据进行有机整合,教育者能够构建一个全方位、多角度的学生学习档案。这个档案就像学生学习过程的"全息图像",为个性化教学提供了丰富而准确的信息支持,使教师能够深入了解每个学生的学习特点、优势和不足,从而制定出更加贴合学生个体需求的教学策略。

(2) 数据分析方法

数据分析方法包括描述性分析、相关性分析和聚类分析。

a. 描述性分析

描述性分析是打开学生学习情况之门的一把钥匙,它通过对学习数据的基本计算和统计,为我们勾勒出一幅清晰的学习现状画卷。

在学科平均成绩的计算方面,它能直观地反映出班级整体在某一学科上的学习水平。例如,在一次数学期末考试后,通过计算班级的平均成绩,教师可以了解到整个班级对本学期数学知识的掌握程度。如果平均成绩较高,说明大部分学生对数学知识的理解和应用达到了较好的水平;反之,如果平均成绩较低,则提示教师可能需要重新审视教学内容和方法,是否存在教学重点不突出、讲解不够清晰等问题。成绩的分布情况则进一步细化了这幅画卷,标准差、最高分、最低分等数据为我们展现了班级学生成绩的离散程度。标准差较小意味着学生成绩相对集中,教学效果较为均衡;标准差较大则表示学生之间的成绩差异较大,可能存在部分学生对知识的掌握程度与其他同学相差甚远。最高分和最低分的差距也能反映出这种差异,教师可以通过这些数据找出成绩优秀和需要重点关注的学生群体。对于成绩优秀的学生,可以为他们提供拓展性学习资源,满足他们的求知欲;对于成绩较差的学生,则需要分析他们的具体问题,是基础知识薄弱还是学习方法不当,从而进行有针对性的辅导。

学习时长的描述性分析为了解学生的学习投入提供了重要视角。统计每个学生每天、每周的平均学习时间,教师可以发现学生之间在学习努力程度上的差异。例如,有些学生每天在学习平台上花费数小时学习,而有些学生则学习时间较短。但需要注意的是,学习时长并不是唯一的衡量标准,还需要结合学习效果进行综合分析。对于学习时长较长但成绩提升不明显的学生,可能需要引导他们优化学习方法,提高学习效率;对于学习时长较短但成绩较好的学生,可以鼓励他们保持高效的学习状态,并适当拓展学习内容。

在练习题方面,通过描述性分析了解学生在不同类型练习题上的正确率,是判断学生对不同知识点掌握程度的有力手段。例如,在语文阅读理解练习题中,如果学生在主旨理解类题目上的正确率较低,而在字词理解类题目上的正确率较高,教师可以推断学生在理解文章深层次含义方面存在困难,需要加强这方面的训练。对于不同类型练习题的分析还可以帮助教师调整教学重点,对于学生普遍掌握较好的知识点可以适当简化教学过程,而对于正确率低的知识点则需要加强讲解和练习。

b. 相关性分析

相关性分析如同在数据海洋中寻找隐藏的线索,它帮助我们揭示不同变量之间的内在关系,为教学策略的优化提供有力依据。学习时长与学习成绩之间的相关性分析是一个备受关注的话题。传统观念认为学习时间越长成绩越好,但通过数据分析我们发现并非总是如此。通过收集大量学生的学习时长和成绩数据,并运用相关性分析方法,我们可能会发现存在一个最佳的学习时长范围。例如,在某些学科的学习中,每天学习2~3小时的学生成绩普遍较好,而超过这个时长后,成绩提升并不明显,甚至可能出现下降趋势。这可能是因为过度学习导致学生疲劳,学习效率降低。教师可以根据这一结果,引导学生合理安排学习时间,避免无效的长时间学习。

学生在不同学科之间的成绩相关性分析也具有重要意义。当我们发现数学成绩和物理成绩有较高的相关性时,这意味着这两个学科在知识结构、思维方式等方面存在紧密联系。对于在数学学习上有困难的学生,教师在物理教学中就需要更加关注,因为他们可能在物理学习中也面临类似的问题。例如,数学中的函数概念和物理中的运动学公式有相似之处,如果学生对函数理解困难,那么在学习运动学公式时可能也会遇到障碍。教师可以在物理教学中,通过回顾函数相关知识,帮助学生建立起学科之间的联系,使其更好地理解物理公式。

此外,相关性分析还可以拓展到更多的变量之间。比如,分析学生的课堂参与度与学习成绩的相关性,如果发现积极参与课堂讨论、回答问题的学生成绩普遍较好,那么教师可以在教学中设计更多的互动环节,鼓励学生参与课堂,提高他们的学习积极性和成绩。再如,分析学生的兴趣爱好与学习成绩的相关性,如果发现对科学实验有浓厚兴趣的学生在科学类课程中成绩较好,教师可以在教学中增加更多与兴趣相关的实验内容,激发学生的学习兴趣,进而提高成绩。

c. 聚类分析

聚类分析就像拥有一双智慧之眼,能够透过数据的表象,将具有相似学习行为或特征的学生归为一类,为个性化教学提供更具针对性的策略。根据学生的学习时间、学习成绩、学习内容偏好等多维度数据,通过聚类算法可以发现不同类型的学生群体。例如,有一类学生学习时间长、成绩较好且偏好理论性强的课程内容。对于这类学生,教师可以为他们提供更深入的理论学习资源,如学术论文、专业书籍推荐,或者组织学术讨论小组,满足他们对知识的高层次需求。同时,可以引导他们将理论知识应用到实际问题解决中,培养他们的实践能力。另一类学生可能学习时间较短,但在实践操作类课程中有较好表现。针对这一群体,教师可以设计更多以实践为主导的学习任务,让他们在实践中巩固和拓展知识。例如,在手工制作课程中,可以增加作品的复杂度和创新性要求,鼓励他们发挥自己的动手能力优势。在理论知识讲解时,可以采用更生动、直观的方式,如通过实际案例分析、现场演示等方法,提高他们对理论知识的接受度。还有可能存在一类学生,他们学习时间适中,成绩中等,但对学习内容的多样性有较高要求。对于这类学生,教师可以在教学中提供丰富多样的学习材料和学习方式,如结合多媒体资源、实地考察、小组合作等多种形式,满足他们对新鲜感和多样化的需求,激发他们的学习兴趣,提高他们的学习成绩。

聚类分析不仅能够帮助教师了解不同类型学生的特点,还可以在课程设计、教学资源分配等方面提供指导。例如,在课程设计上,可以根据不同类型学生群体的需求,设计分层课程体系,针对每个层次的学生设置不同难度和侧重点的课程内容。在教学资源分配方面,可以将更多的优质理论资源分配给偏好理论学习的学生群体,而将实践设备和材料优先满足实践操作型学生的需求,从而实现教学资源的优化配置,提高个性化教学的质量和效果。

（3）数据挖掘的应用

数据挖掘的应用主要体现在以下两方面，如图2-1所示。

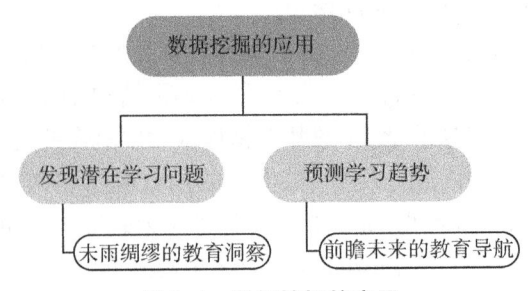

图2-1 数据挖掘的应用

a. 发现潜在学习问题

在个性化教学的征程中，数据挖掘就像一盏明灯，照亮了学生潜在学习问题的隐匿角落。通过深入分析学生的作业完成数据和考试成绩变化趋势，教育者能够敏锐地捕捉到那些可能被忽视的问题信号。以学生的作业完成数据为例，它是一座蕴藏着丰富信息的宝库。当分析某个学生在某一学科的作业情况时，如果发现其错误类型逐渐集中在某几个知识点上，这是一个极具价值的线索。例如，在数学作业中，一个学生在多次作业中总是在函数的图像变换和最值问题上出错，这可能意味着他在这些知识点的理解上存在深层次的障碍。这种障碍可能源于他对函数概念的模糊认识，或者对图像变换规律的错误理解。教师通过对这些作业数据的挖掘，可以在学生尚未明确意识到问题之前，就发现问题的症结所在，及时给予辅导。

考试成绩变化趋势同样是发现潜在问题的关键窗口。当一个学生在某一学科的成绩连续下降时，这是一个明显的警示信号。但仅仅关注成绩本身是不够的，结合作业数据和其他学习行为数据才能更全面地了解问题。比如，一个学生在英语考试中的成绩从优秀逐渐下滑，同时在作业中词汇拼写和语法错误增多，尤其是在定语从句和虚拟语气相关的题目上。这可能暗示学生在这部分语法知识的学习上出现了问题，或者在学习方法上发生了变化，导致学习效果下降。

即使学生没有主动反馈问题，教师借助数据挖掘技术也能及时发现并采取措施。这种主动式的问题发现机制对于个性化教学至关重要。它避免了问题的积累和恶化，使教师能够在问题萌芽阶段就介入，为学生提供及时的帮助。例如，对于那些在学习过程中逐渐表现出困难，但由于性格内向或其他原因没有向老师求助的学生，数据挖掘能够让教师主动了解他们的困境，给予关心和指导，增强学生的学习信心，避免他们因长期受挫而对学习产生厌倦情绪。

b. 预测学习趋势

利用数据挖掘技术预测学生的学习趋势，就像是为教育者配备了一个精准的导航系统，能够提前洞察学生在学习道路上可能遇到的"路况"。

通过对学生过去的学习表现和当前的学习数据进行深入分析，建立预测模型，教师可以对学生的学习趋势作出前瞻性的判断。例如，在一个学生在某一学科上一直保持较好的学习状态,但最近学习时长减少、练习题正确率略有下降的情况下,模型可以预测该学生可能出现了学习疲劳或者遇到了新的困难。学习疲劳可能是由于长期高强度学习导致的身心疲惫,此时教师可以与学生沟通,建议适当调整学习节奏,增加休息时间。如果是遇到新的困难,教师可以通过分析学生的练习错题、学习内容等方面,找出可能的问题点,调整教学内容或提供额外的学习资源。再如,对于即将面临考试的学生,通过对他们之前的学习数据和模拟考试成绩的分析,预测模型可以预估学生在正式考试中的表现。如果预测结果显示某个学生可能在某些知识点上存在薄弱环节,教师可以为其安排针对性的复习计划,加强对这些知识点的训练。同时,对于那些预测成绩可能不理想的学生,教师可以提前与他们沟通,了解他们的心理状态,给予鼓励和支持,帮助他们缓解考试压力。这种预测还可以应用于长期的学习规划中,比如根据学生在不同学科上的学习趋势,为他们推荐更合适的选修课程或者未来的专业方向。

在预测学习趋势时,还需要考虑到外部因素的影响。例如,分析学生在假期前后的学习数据变化,可能会发现假期后部分学生需要一段时间来重新适应学习节奏。这时,教师可以在假期结束后的教学安排中,设计一些过渡性的学习活动,帮助学生尽快恢复学习状态。又比如,当学校组织大型活动或者学生参加竞赛期间,学习数据可能会显示出学生在活动前后的学习注意力和成绩波动。基于这些分析,教师可以引导学生合理安排时间,平衡学习和其他活动之间的关系,确保学习不受太大影响。

此外,对于整个班级或年级的学习趋势预测也具有重要意义。如果数据显示某一班级在某一学科上整体出现学习困难的趋势,可能是教学方法或者课程内容的问题。教师可以集体研讨,调整教学策略,如采用新的教学方法、增加辅导课程或者调整教学进度。对于不同年级之间的学习趋势分析,可以为课程体系的改革和教学资源的分配提供依据。比如,如果发现某个年级在数学思维能力培养方面普遍薄弱,学校可以在后续的课程设计中加强数学思维训练相关内容,或者为该年级配备更多的数学辅导教师,优化教育资源的投入,以提高整体的教学质量和学生的学习效果。

总之,学习数据分析与挖掘在个性化教学中具有不可替代的作用。它从多方面、多角度为教育者提供了深入了解学生学习情况的途径,无论是发现潜在学习问题还是预测学习趋势,都为个性化教学策略的制定和调整提供了有力支持,使教学能够更加精准地满足每个学生的学习需求,促进学生的全面发展。通过不断完善数据收集方法、优化数据分析技术和深入挖掘数据价值,个性化教学将在数据驱动下迈向新的高度,为教育事业带来更多的创新和突破。

2. 智能推荐与学习路径规划

(1) 智能推荐系统的原理

a. 基于内容的推荐算法

在智能推荐系统中,基于内容的推荐算法占据着重要地位。它聚焦于学生个体的学习历史和兴趣表现,以此作为推荐学习内容的关键依据。这种算法深入挖掘学生在学习过程中所展现出的偏好信息,通过分析他们已经学习过的内容以及在这些内容学习过程中的行为反馈,来精准匹配相似的学习资料。以数学学习中的代数部分为例,当一个学生在函数相关内容的学习中呈现出浓厚兴趣时,系统会敏锐地捕捉到这一信号。这种兴趣的体现不仅仅是学生主动选择学习函数内容,还包括在学习过程中的积极参与度,比如在函数相关练习题中的出色表现。系统通过分析学生在这些练习题中的答题准确率、解题速度以及所运用的解题方法等多维度信息,进一步确认学生对函数知识的掌握程度和兴趣深度。

基于这些分析,系统会为学生推荐一系列更具深度和广度的函数相关学习资料。例如,在函数拓展方面,可能会推荐关于复合函数、反函数等高级函数概念的学习内容。这些内容是对学生已学函数知识的自然延伸,能够满足他们对知识深入探索的需求。同时,在函数应用领域,系统会依据学科交叉的原则,推荐函数在其他学科中的应用案例。比如,函数在经济学中的应用,像成本函数、利润函数等,这些案例能够让学生看到数学知识在实际经济问题分析中的强大作用。在物理学中,运动学中的位移—时间函数、速度—时间函数等内容,可以帮助学生理解函数是如何描述物理现象中变量之间的关系的。通过这种方式,基于内容的推荐算法不仅丰富了学生的学习素材,还拓宽了他们的知识视野,激发了学生对数学学习的进一步兴趣,使他们能够在自己感兴趣的领域深入钻研,提高学习的针对性和有效性。

b. 协同过滤推荐算法

协同过滤推荐算法为智能推荐系统带来了另一种独特的视角,它基于一种"人以群分"的社交化思想。这种算法认为,具有相似学习行为和特征的学生往往在学习需求和兴趣上也具有相似性,因此可以通过分析其他相似学生的选择来为当前学生推荐合适的内容。

在实际应用中,系统会对学生的多个维度信息进行综合评估,以确定他们之间的相似性。学习进度是一个重要的考量因素,例如,在某一学科的学习过程中,如果两个学生都处于相似的章节或者知识点阶段,那么他们在知识储备和后续学习需求上可能具有一定的共性。学习成绩也是一个关键指标,成绩相近的学生在学习能力和对知识的接受程度上往往较为相似,这意味着他们可能对相同难度层次的学习内容有需求。此外,兴趣爱好更是协同过滤推荐算法的核心关注点之一。具有相似兴趣爱好的学生,无论是对文学、艺术、科学还是其他领域的热爱,都会在学习内容的选择上表现出相似的倾向。例如,假设有一名学生,他在学习过程中展现出对历史学科的浓厚兴趣,尤其喜欢古代文明史。系统通过分析他的学习进度、历史学科成绩以及在其他相关活动中的表现,发现了与他相似的其他学生群体。这些相似学生在学习历史课程时,选择了某一门关于古代丝绸之路经济文化交流的特色课程。基于协同过滤推荐算法,系统会将这门课程推荐给当前学生。因为这些相似学生的选择表明,这门课程可能符合当前学生的兴趣和学习需求,能够为他们提供更深入了解古代文明史的视角,同时也丰富了他们的历史知识体系,进一步激发他们对历史学科的学习热情。这种算法通过挖掘学生群体之间的相似性,为个性化推荐提供了有力支持,使得学习内容推荐更加贴近学生的实际需求,提高了学生对推荐内容的接受度和满意度。

c. 基于知识图谱的推荐算法

基于知识图谱的推荐算法是智能推荐系统中的又一强大工具,它充分利用了学科知识之间内在的复杂联系来实现精准推荐。知识图谱就像是一张巨大的知识网络，将各个学科中的知识点以一种结构化、关联化的方式呈现出来，清晰地展示了不同知识点之间的相互关系。以科学知识图谱为例，当学生正在学习化学中的元素周期表这一重要知识点时，系统能够迅速识别元素周期表在整个化学知识体系中的位置，并依据其与其他知识点之间的关联进行推荐。元素周期表与原子结构有着紧密的内在联系，原子的质子数、电子排布等原子结构信息是构建元素周期表的基础。同时，元素周期表又与化学键相关，元素的化学性质在很大程度上决定了它们之间形成化学键的类型和性质。基于这种知识关联，系统会推荐关于原子结构和化学键的学习内容。

在推荐原子结构相关内容时，可能包括原子的构成模型、电子云模型等理论知识，以及通过实验方法探究原子结构的案例。这些内容能够帮助学生深入理解元素周期表中元素排列的依据，从微观层面解释元素性质的周期性变化规律。对于化学键的推荐内容，会涵盖离子键、共价键、金属键等不同类型化学键的形成原理、特点以及它们在化学反应中的作用。通过学习这些内容，学生能够明白元素在化学反应中是如何通过化学键的形成和断裂来实现物质的转化的，从而更好地理解元素周期表中元素的化学活性和反应规律。这种基于知识图谱的推荐算法能够引导学生沿着学科知识的内在逻辑路径进行学习，帮助他们建立完整、系统的知识体系，避免了学习过程中的碎片化，提高了学习的连贯性和深度，使学生能够在学科知识的海洋中更加有序地畅游。

（2）个性化学习路径规划

a. 确定知识起点

个性化学习路径规划的首要步骤是精准确定学生的知识起点，这是后续一切规划的基础。通过对学生学习数据的全面分析，教育者可以从多个角度了解学生当前的知识水平和能力状态。在语言学习领域，对学生词汇量的评估是一个重要方面。词汇是语言学习的基石，通过各种词汇测试工具和方法，可以了解学生所掌握的词汇数量、词汇难度层次以及词汇的运用能力。例如，使用标准化的词汇量表，或者通过分析学生在写作、阅读等语言实践活动中所使用的词汇范围来评估词汇量。同时，语法掌握程度也是衡量语言水平的关键指标之一。通过对学生在语法练习、句子写作和理解中的表现，可以分析出他们对不同语法结构的掌握情况，如时态、语态、从句等语法知识点的运用准确性和熟练度。听说读写各项能力的评估则更为全面地反映了学生的语言能力现状。在听力方面，可以通过听力测试来考查学生对不同语速、口音和语言环境下的听力理解能力，例如让学生听一段新闻报道、对话或者演讲，并回答相关问题。口语能力评估则可以通过口语表达任务，如话题演讲、情景对话等方式，观察学生的发音、语调、流利度以及语言表达的逻辑性和准确性。阅读能力的评估包括对学生阅读速度、理解深度、对不同体裁和难度文本的解读能力等方面的考查，比如通过阅读理解测试，分析学生在理解文章主旨、细节、推理判断等方面的表现。写作能力则通过学生的作文作品来评估，包括文章结构、语法运用、词汇选择、内容丰富度以及表达的清晰度等要素。

通过对这些多维度语言学习数据的综合分析，教育者可以清晰地描绘出学生当前的语言水平画像。例如，一个学生可能词汇量较大，但在复杂语法结构的运用上存在不足，听力和阅读能力较强，但口语表达不够流利。这种详细的知识起点分析为后续的学习路径规划提供了精确的依据,使教育者能够根据学生的实际情况量身定制最适合他们的学习路径,确保学习过程的针对性和有效性。

b. 结合学习目标规划路径

一旦确定了学生的知识起点,接下来就要紧密结合学生的学习目标来规划个性化学习路径。学习目标在很大程度上决定了学习路径的方向和重点,不同的学习目标会引导出截然不同的学习路径设计。以语言学习为例,如果学生的短期目标是通过某一语言等级考试,那么学习路径的规划将紧密围绕考试要求展开。在这种情况下,学习路径会着重于对考试题型的熟悉和训练。例如,对于常见的语言考试中的听力部分,会有针对性地安排各种听力题型的练习,如选择题、填空题、听写题等,让学生熟悉不同题型的解题技巧和听力重点。在阅读理解部分,会根据考试中常见的阅读理解题型,如主旨题、细节题、推断题等,进行专项训练,提高学生在规定时间内准确答题的能力。同时,对于考试所涉及的知识点,会进行系统的强化训练,包括词汇、语法、语言功能等方面。例如,针对考试中经常出现的重点词汇和语法结构,设计专门的练习和复习课程,确保学生能够熟练掌握并运用。然而,如果学生的长期目标是能够流利地使用该语言进行交流和学术研究,学习路径则会有明显的不同。在这种情况下,口语交流能力的培养将成为学习路径的核心内容之一,会安排大量的口语练习课程,包括日常对话、话题讨论、演讲等多种形式,以提高学生的口语流利度、准确性和语言表达的自然度。写作实践也会得到高度重视,不仅要训练学生写出符合语法规范的文章,更要注重培养他们的写作风格、逻辑思维和内容深度,以满足学术研究的需求。此外,文化背景知识学习将成为学习路径中不可或缺的一部分。因为语言是文化的载体,了解语言背后的文化内涵对于流利地使用语言进行交流和深入的学术研究至关重要。例如,学习英语的学生需要了解英语国家的历史、社会、文化习俗、价值观等方面的知识,这有助于他们更好地理解和运用语言,避免由文化差异而带来的误解。

这种根据不同学习目标规划学习路径的方式,充分体现了个性化教学的精髓。它确保学生在学习过程中始终朝着自己期望的目标前进,每一个学习步骤都与目标紧密相连,最大限度地提高了学习的效率和效果,使学生能够在有限的时间和精力内获得最符合自己需求的学习成果。

c. 考虑学习风格和偏好调整路径

在个性化学习路径规划过程中,充分考虑学生的学习风格和学习偏好是至关重要的,这能够进一步优化学习路径,提高学生的学习体验和效果。对于视觉型学习者来说,他们对图像、图表、视频等视觉化信息具有更强的感知和理解能力。在学习路径规划中,教育者会为他们安排更多富含视觉元素的学习资源。例如,在语言学习中,如果要学习新的词汇,会使用图片词典或者制作带有图片注释的词语卡片,让学生通过视觉联想来记忆词汇。在语法学习方面,可以利用动画演示语法规则,比如通过动画展示句子中不同成分的位置变化来解释语序和句子结构的语法概念。在阅读教学中,提供配有丰富插图的文本材料,或者利用信息图表来呈现文章的内容结构,帮助学生更好地理解文章。对于一些抽象的语言概念,如修辞手法、语言风格等,可以通过展示相关的文学作品片段视频,让学生直观地感受和理解这些概念在实际文本中的应用。

如果学生喜欢自主学习,那么在学习路径中会推荐更多的自主学习课程和在线学习平台。这些自主学习资源通常具有丰富的学习材料和灵活的学习方式,能够满足学生自主安排学习时间和进度的需求。例如,为学生推荐一些知名的在线语言学习平台,这些平台上有大量的课程视频、练习题、学习论坛等资源。学生可以根据自己的学习计划选择感兴趣的课程进行学习,自主决定学习的顺序和时间长度。同时,平台上的学习论坛还可以让学生与其他学习者交流学习经验和心得,进一步拓宽他们的学习视野。此外,还可以为学生推荐一些自主学习的书籍和学习工具,如语言学习软件、电子词典等,方便他们在没有教师直接指导的情况下进行自主学习和自我评估。而对于更喜欢小组学习的学生,教育者会引导他们参加一些线上或线下的学习小组活动。小组学习能够为学生提供一个交流互动、合作学习的环境,激发他们的学习兴趣和积极性。在线上学习小组中,学生可以通过视频会议、在线讨论平台等方式与小组成员进行实时交流,共同完成学习任务。例如,在语言学习中,可以组织小组进行角色扮演、剧本创作和表演等活动,通过模拟真实的语言使用场景,提高学生的语言运用能力和团队协作能力。在线下学习小组中,可以组织小组讨论、小组项目等活动,如针对某一语言文化主题进行深入讨论,或者合作完成一个语言研究项目。这种小组学习的方式不仅可以让学生在相互交流中学习他人的优点,还能培养他们的沟通能力、领导能力和解决问题的能力,使学习过程更加丰富和有趣。

d. 根据学习表现动态调整路径

个性化学习路径不是一成不变的,智能系统会根据学生在学习过程中的实时表现不断调整学习路径,以确保学习路径始终与学生的学习能力和需求相匹配。如果学生在某一阶段的学习进度比预期快,这表明学生对当前的学习内容掌握得较好,学习能力较强。在这种情况下,系统会适当增加学习内容的难度或提前进入下一阶段的学习。例如,在数学学习中,如果学生在某一章节的练习题中表现出极高的正确率,并且完成速度很快,系统可能会推荐一些拓展性的难题或者提前让学生开始下一章节中更具挑战性的内容学习。这种动态调整能够充分利用学生的学习潜力,避免他们在已经熟悉的内容上浪费时间,保持学习的新鲜感和挑战性,进一步激发他们的学习兴趣和动力。相反,如果学生在学习过程中遇到困难,学习进度明显落后于预期,系统会自动放慢学习进度,增加复习和巩固的环节。比如,在语言学习中,如果学生在某个语法点的练习中频繁出错,或者在口语表达练习中表现出明显的不流利和理解困难,系统会为学生安排更多针对这个语法点的专项练习,提供更详细的讲解和示例。同时,在口语训练方面,会降低练习的难度,从简单的句子表达开始,逐步增加难度,并给予学生更多的反馈和指导,帮助他们克服困难,增强学习信心。这种根据学生学习表现动态调整学习路径的机制,就像为每个学生配备了一个专属的学习导航员,能够实时根据学生的学习情况调整路线,确保他们在学习的道路上顺利前行,最大限度地提高学习效果。

通过这种全方位、动态的个性化学习路径规划,结合智能推荐系统的支持,学生能够在最适合自己的学习路径上不断前进,充分发挥自己的潜力,实现个性化学习的目标,获得更好的学习成果。同时,这种个性化的学习路径规划和智能推荐也为教育工作者提供了更高效的教学手段,使教学能够更好地满足不同学生的需求,促进教学质量的全面提升。

3. 虚拟助教与智能反馈

（1）虚拟助教的功能与优势

虚拟助教的功能与优势如图 2-2 所示。

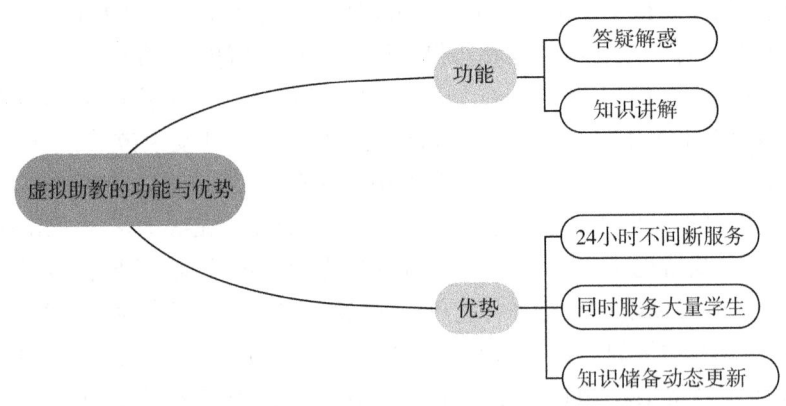

图 2-2　虚拟助教的功能与优势

　　虚拟助教作为人工智能技术在教育领域的创新应用，其答疑解惑功能是其核心价值之一。它依托先进的自然语言处理技术，能够准确理解学生提出的问题，并迅速从其庞大而复杂的知识库和精密算法中提取相关信息，为学生提供准确的答案。在学习编程这一复杂且充满挑战的领域，虚拟助教的答疑解惑能力尤为突出。在编程学习过程中，代码报错是学生经常遇到的问题，而这些报错信息往往晦涩难懂。虚拟助教为学生提供了强大的支持，学生只需将报错信息和相关代码片段提交给虚拟助教，它就能迅速展开分析。例如，当学生遇到语法错误时，虚拟助教能够精准定位到代码中不符合编程语言语法规则的部分，如遗漏了分号、括号不匹配或者关键字拼写错误等，并明确指出问题所在。对于逻辑错误，它可以通过对代码逻辑流程的分析，找出程序执行路径与预期不符的地方。比如在一个循环结构中，条件判断可能存在问题，导致程序陷入无限循环或者提前跳出循环，虚拟助教能够详细解释这种逻辑错误是如何产生的以及如何修正。在变量未定义的情况下，虚拟助教可以追溯代码中变量的使用情况，指出哪些变量在使用前未进行正确的声明或初始化。而且，虚拟助教不仅能够指出问题，还会为学生提供详细的解决方案，包括具体的修改建议和相关代码示例，帮助学生快速解决问题，继续编程学习。这种答疑解惑功能不受时间和空间的限制，无论学生是在深夜独自编程，还是在假期远程学习时遇到问题，都能及时获得帮助。与传统的答疑方式相比，无须等待教师上班时间或者预约辅导，大大提高了学习效率，确保学生在学习过程中的问题得到及时解决，避免问题积累影响后续学习。

　　虚拟助教在知识讲解方面展现出了高度的灵活性和针对性，能够根据学生的学习进度和个性化需求，为他们提供丰富多样的讲解方式。以物理学习中的牛顿第二定律为例，这是一个较为抽象的物理概念，学生在理解过程中往往会遇到困难。虚拟助教针对这一情况，可以通过多种生动形象的方法来帮助学生理解。动画演示是其中一种非常有效的方式,它可以直观地展示力、质量和加速度之间的关系。比如,通过动画呈现一个物体在不同大小力的作用下,其加速度如何随着质量的变化而改变。学生可以清晰地看到,当力增大时,加速度相应增大;当质量增大时,在相同力的作用下,加速度减小。这种可视化的呈现方式将抽象的物理量之间的关系转化为直观的视觉信息,有助于学生更好地理解定律的内涵。此外,虚拟助教还善于列举生活中的实际例子来加深学生的理解。以汽车加速行驶为例,当司机踩下油门时,汽车发动机提供的牵引力就是作用在汽车上的外力,汽车的质量是固定的,随着牵引力的增大,汽车的加速度也增大,速度逐渐加快。相反,当汽车满载时,质量增大,在相同牵引力的情况下,加速度会减小,这使学生能够将牛顿第二定律与日常生活中的现象紧密联系起来,从实际体验的角度理解物理概念。而且,虚拟助教的知识讲解可以根据学生的学习进度进行调整。对于刚刚接触牛顿第二定律的学生,它会从最基本的概念和简单的示例开始讲解,逐步引导学生建立对定律的初步理解。而对于已经有一定基础但在应用方面存在问题的学生,虚拟助教则会侧重于讲解如何在不同情境下运用牛顿第二定律解决实际问题,如在斜面上物体的受力分析、多个物体相互作用的系统中运用牛顿第二定律等复杂情况,满足不同层次学生的学习需求。

虚拟助教最显著的优势之一是能够24小时不间断地为学生提供服务。在传统教育模式中,学生在课后或假期遇到学习问题时,往往无法及时得到教师的帮助。教师有自己的工作时间和休息时间,不可能随时待命。然而,虚拟助教不存在这样的限制,它可以在任何时间响应学生的请求。无论是在凌晨时分学生突发灵感想要解决一个难题,还是在长假期间学生自主学习时遇到困惑,虚拟助教都能立即为他们提供支持。这种不间断的服务模式极大地拓展了学生的学习时间和空间,使学习不再局限于课堂和教师的办公时间,为学生提供了更加自由和灵活的学习环境,让他们能够充分利用碎片化时间进行学习和探索。

随着教育规模的不断扩大,学生数量日益增多,人类教师在面对大量学生的问题时往往会出现响应不及时的情况。而虚拟助教则可以轻松应对这一挑战,它能够同时为大量学生提供服务,并且能够快速响应每个学生的请求。无论同时有多少学生向虚拟助教提问,它都可以通过其高效的算法和服务器架构,迅速处理每个问题,确保每个学生都能在短时间内得到答案。这种大规模服务能力有效地解决了教育资源紧张的问题,尤其是在在线学习平台等大规模教育场景中,虚拟助教可以满足众多学生的学习需求,不会由学生数量过多导致等待时间过长,保证了学习的连续性和效率。

教育领域的知识在不断更新和发展,新的学科知识、教学方法层出不穷。人类教师需要花费大量时间和精力来学习和掌握这些新内容,并且在将其融入教学过程中可能会存在一定的滞后性。相比之下,虚拟助教具有独特的优势,它的知识储备可以不断更新和扩展。通过与各种教育资源数据库的连接和自动更新机制,虚拟助教能够及时获取最新的学科知识和教学方法。例如,在科学领域,当有新的研究成果发布时,虚拟助教会迅速将相关内容整合到自己的知识库中,并能够根据这些新信息调整对学生的教学内容和讲解方式。在教学方法方面,随着教育技术的发展,如新的互动式教学方法、在线协作学习模式等出现,虚拟助教可以立即将这些先进的方法应用到与学生的交互中,为学生提供最前沿的学习体验,确保学生所学知识与时代发展紧密结合,使教育始终保持与时俱进。

(2) 智能反馈的类型和作用

智能反馈的类型和作用见表 2-5 和表 2-6。

表 2-5　智能反馈的类型

类型	概述
作业反馈	智能作业系统所提供的作业反馈是个性化教学中不可或缺的一部分，它对学生的作业进行了全方位、深层次的分析，为学生的学习提供了宝贵的指导
测试反馈	测试反馈在智能反馈系统中占据着重要地位，它为学生和教师提供了全面而深入的测试分析，远远超出了传统的成绩和排名信息
学习过程反馈	智能系统在学习过程中的实时反馈为个性化教学提供了及时的干预和指导，它能够敏锐地捕捉学生在学习过程中的各种表现，并据此给予相应的反馈

表 2-6　智能反馈的作用

作用	概述
对学生的作用	对于学生而言，智能反馈具有至关重要的作用，它是学生在学习过程中的"指南针"，帮助他们及时、准确地了解自己的学习情况，从而发现问题并及时改进
对教师的作用	智能反馈对于教师来说是一个强大的教学辅助工具，它为教师提供了丰富而详细的数据和分析结果，使教师能够更好地了解每个学生的学习状况，从而优化教学策略，实现更具针对性的辅导

例如，在数学作业中，智能作业系统展现出了强大的分析能力。当学生使用一种较为复杂或独特的解题方法时，系统不会简单地判断答案的对错，而是深入分析这种方法的合理性。它会从数学原理、逻辑推理等多个角度来评估解题方法。例如，在解决几何问题时，学生可能运用了一种巧妙的辅助线添加方法，这种方法虽然不同于传统解法，却能够有效地解决问题。智能作业系统会识别出这种方法的创新性，并分析其优点，如是否能够简化计算过程、是否能更直观地揭示几何关系等。同时，系统也会指出这种方法可能存在的改进方向，比如是否可以适用于更广泛的几何题型，或者在某些特殊情况下需要注意的问题。对于解题思路存在错误的情况，智能作业系统会详细剖析错误的根源。它会追溯学生解题过程中的每一个步骤，指出是哪个环节出现了逻辑漏洞或者对数学概念的误解。例如，在代数运算中，如果学生在移项过程中没有正确改变符号，系统会明确指出这一错误，并解释移项的数学依据以及错误操作可能导致的结果，引导学生从正确的数学原理出发重新思考问题。对于需要书写步骤的作业，智能作业系统发挥了重要的规范指导作用。它可以检查步骤的完整性，确保学生在解题过程中没有遗漏关键步骤。例如，在物理的力学计算题中，从受力分析、列出方程到求解过程，系统会检查每一个环节是否完整。同时，系统还会评估步骤的逻辑性，判断学生的解题思路是否清晰合理。如果学生在计算过程中出现了逻辑跳跃或者不合理的假设，系统会及时指出并要求学生重新梳理解题思路。通过这种方式，智能作业系统帮助学生养成规范的解题习惯，使他们在长期的学习过程中逐渐形成严谨的科学思维方式，提高解决问题的能力和学术素养。

在每次测试结束后,智能反馈系统会对学生在各个知识点上的掌握情况进行详细剖析。通过对不同题型的分析,系统能够准确判断学生对不同难度层次知识点的理解程度。以选择题为例,系统可以根据学生的答题情况分析他们对基础知识的掌握是否扎实。如果学生在某些概念性选择题上出错,系统可以推断出学生对相关知识点的理解存在模糊之处。对于填空题,由于需要学生自主填写答案,更能反映出学生对知识的准确记忆和应用能力。如果学生在填空题中出现错误,系统可以进一步分析这是出于对公式的记忆错误还是对知识点的应用不当。在简答题和论述题中,学生需要展示自己对知识的综合运用和分析能力,智能反馈系统可以评估学生的逻辑思维、语言表达以及对知识点的深入理解程度。例如,在历史学科的论述题中,系统可以分析学生是否能够准确引用历史事实来支持自己的观点,是否能够从多个角度对历史事件进行分析,从而判断学生对历史知识的掌握和运用水平。对于答错的题目,智能反馈系统不仅指出错误,还会深入挖掘导致错误的原因。它会区分是知识漏洞导致的错误,还是因为粗心、解题技巧不足等其他因素引起的。如果是知识漏洞,系统会明确指出学生在哪个知识点上存在不足,以便学生进行有针对性的复习。例如,在数学测试中,如果学生在某一类型的函数问题上频繁出错,系统会提示学生需要重新学习该函数的性质、图像和相关的解题方法。如果是粗心导致的错误,如计算失误或者看错题目,系统会提醒学生要注意答题的细心程度,并可以提供一些避免粗心错误的方法和建议。对于解题技巧不足的问题,系统会分析学生在解题过程中所欠缺的技巧,并推荐相应的练习和学习资料来提高解题能力。此外,智能反馈系统还能够将学生的本次测试结果与之前的测试进行对比分析。这种对比可清晰地呈现学生的学习进步或退步情况。教师和学生都可以通过这种对比了解学习轨迹。例如,如果一个学生在某一学科上的成绩连续几次测试都有所提高,说明该学生在这一学科上的学习方法和努力是有效的,应该继续保持。反之,如果学生的成绩出现明显下降,系统会提示教师和学生共同寻找原因,可能是学习态度的变化、学习方法的不当或者是遇到了新的学习困难,以便及时调整学习策略,促进学习的持续进步。

在在线学习平台上,当学生观看视频课程时,他们的学习行为被智能系统密切关注。如果学生频繁暂停、回放某个片段,这一行为被系统视为一个重要的信号,表明学生可能在该知识点上理解困难。例如,在学习一门复杂的专业课程视频时,学生在某个理论讲解部分多次暂停和回放,智能系统会根据这一行为推断学生可能对这部分内容理解存在障碍。此时,系统会及时提示学生,询问他们是否需要进一步学习相关资料,如参考文档、拓展阅读或者向教师、虚拟助教寻求帮助。这种实时反馈能够让学生在遇到问题的第一时间得到支持,避免问题积累影响后续学习。同时,智能系统还会对学生在学习过程中出现的异常行为进行监测和反馈。如长时间未登录学习平台可能意味着学生出现了学习动力不足、时间安排问题或者其他特殊情况。系统会向学生发送提醒,询问他们是否遇到了困难,并鼓励他们重新回到学习状态。对于学习时间过短的情况,系统也会提示学生是否需要调整学习计划,合理安排学习时间,以保证学习的质量和进度。这种对学习异常行为的反馈有助于及时发现学生在学习过程中的潜在问题,无论是心理上的还是实际操作层面的,都可以通过及时的干预得到解决,确保学生能够保持良好的学习状态。

例如,通过详细的作业反馈、测试反馈和学习过程反馈,学生可以清晰地看到自己在各个学习环节中的表现。他们可以知道自己在哪些知识点上掌握得较好,哪些知识点还存在不足。例如,在作业反馈中,学生了解到自己在某个学科的某种题型上经常犯错,这使他们能够明确自己的薄弱环节,进而有针对性地进行复习和强化训练。在测试反馈中,学生不仅可以看到自己的成绩和排名,更重要的是能够深入了解自己在不同知识点和题型上的掌握情况,以及与之前测试相比的进步或退步情况,这为他们调整学习策略提供了依据。如果发现自己在某个学科的某一类型题目上的得分率一直较低,学生就可以意识到需要改变学习方法,如增加相关知识点的学习时间、做更多的练习题或者寻求额外的帮助。智能反馈还能帮助学生明确自己的学习方向。在学习过程中,学生可能会感到迷茫,不知道自己应该重点学习哪些内容。智能反馈通过对他们学习行为和结果的分析,为他们指明了方向。例如,当学习系统提示学生在某个知识点上理解困难,但这个知识点在后续学习中又非常重要时,学生就会明白需要在这方面投入更多的时间和精力。同时,学生可以根据反馈调整学习方法,提高学习效率。如果发现自己在阅读长篇文章时理解速度较慢,通过智能反馈了解到可能是阅读技巧不足,学生可以学习一些新的阅读技巧,如快速浏览、抓住关键词等方法,来提高阅读效率。

例如,通过智能反馈系统提供的学生作业、测试和学习过程数据,教师可以全面了解班级学生的整体学习水平和个体差异。如在作业反馈中,教师可以看到学生在完成作业过程中所采用的解题方法和出现的问题,了解学生对知识点的理解和应用程度。在测试反馈中,教师可以掌握学生在不同知识点上的掌握情况,包括哪些知识点是学生普遍掌握较好的,哪些是学生容易出错的。如果发现大部分学生在某一知识点上都存在理解困难,教师可以在课堂上重新讲解该知识点,或者调整教学方法,采用更直观、易懂的方式进行教学。比如,在讲解物理概念时,如果学生通过传统的讲解方式理解困难,教师可以利用实验演示、动画模拟等更加直观的手段来帮助学生理解。

此外,智能反馈还能帮助教师发现学生的学习趋势和潜在问题。通过对学生多次测试成绩和学习过程数据的对比分析,教师可以发现学生的学习进步或退步情况,以及是否存在某些潜在的学习问题,如学习态度的变化、学习方法的不当等。对于学习进步的学生,教师可以给予鼓励和进一步的指导,帮助他们继续保持良好的学习状态。对于出现问题的学生,教师可以及时与他们沟通,了解原因,给予针对性的辅导和建议,帮助他们克服困难,回到正常的学习轨道。通过这种方式,教师能够更加精准地满足每个学生的学习需求,提高教学质量,促进学生的全面发展。

2.4 个性化教学实践案例分享

1. 以网络教育应用课程为例,开展"反转"教学模式的探索

反转教学(Flipped Instruction),也称作翻转课堂(Flipped Classroom),源起于美国的新型教学形态。简单来讲,反转教学模式就是在信息化环境中,将以往课内由老师讲解的学习内容以视频、课件等形式上传至互联网上,借助网络媒介及多种智能终端,让学生以自学的方式在课前完成知识学习,课堂的大部分时间是师生之间、生生之间进行答疑、讨论、探究和解决问题的一种教学过程。传统教学过程中知识传授主要是通过课堂教学

来完成,知识内化则需要学生在课后通过作业练习或者实践来完成,在翻转课堂上,这种形式发生了颠覆,知识传授通过信息技术的辅助在课堂外完成,知识内化则在课堂内由老师和同学协助完成,从而形成了翻转课堂。反转教学通过将知识传授环节提前至教师课堂授课之前,在教师提供的学习框架内,学生自行安排学习进程,自主学习完成学习目标,传统教学过程中作业、练习、问题解决等知识的深加工阶段放置于课堂内进行,促使学生积极主动参与课堂教学,师生共同协作探究解决问题、交流学习成果。

国外最早的翻转教学实践出现于2000年,美国迈阿密大学的莫林·拉赫(Maureen Lage)在"经济学入门"课程中采用了反转教学模式,但并没有引起外界的注意。真正引起轰动的是2007年科罗拉多州林地公园高中的两位化学教师乔纳森·伯格曼(Jon Bergmann)和亚伦·萨姆斯(Aaron Sams),他们使用很简单的技术手段录制了课程PPT的讲解过程上传到网络,学生在课前观看教学视频,在课堂上就存疑的部分与教师讨论并在教师辅导下完成作业,这种方式受到了学生的广泛欢迎。2012年,他们出版了专著《翻转你的课堂:时刻惠及课堂上的每位学生》,该书受到了国际教育技术协会(ISTE)的大力推荐。

在教学实践方面,国内外在中小学课堂上开展反转教学的案例较多,我国重庆市江津区聚奎中学的"翻转课堂"引起了广泛关注。他们在语文、数学、英语等8门学科中进行了反转教学实践,教师制作大量教学视频上传至学校服务器中,学生通过平板电脑终端课前观看视频,课堂讲授时间从40分钟降为15分钟,把更多时间交给师生交流讨论。实验结果测试和调查分析表明:88%的学生提高了学习兴趣,63%的学生认为作业完成的质量更好,17%的学生认为增加了学业负担。国内较少在大学课堂开展反转教学,仅有少数研究者在大学英语、思政课、信息技术公共课教学中进行了实践探索。反转教学模式的优势在于学习者真正成为课堂主体,主动参与学习的意识增强,那么一个新的教学形式如何与我国教育实践相结合、找到最佳契合点值得我们去探索。

在教学实践中进行反转教学探索研究有以下两方面的意义。首先,满足学习型社会对个人终身学习能力的素质要求。一个人的自主学习能力无论对于社会发展、教育变革还是个体成长,都具有极为重要的意义,自主学习能力既是教育者重要的教育目标,也是学生获取知识、发展技能的重要条件和途径。反转课堂教学模式的优势主要在于它鼓励学习者去发现和重构他们所获得的信息,进而促使学生主动去探索研究要解决的问题,积极地思考,在课堂上有更多的时间与教师交互,在问题的讨论、解决过程中,使学习成为一种充满意义、富有建设性的活动。学习者在理解知识并把它转化为个人知识的过程中,构建了自身对知识的理解框架,从而能够学会学习,完善终身学习能力与自我发展能力。其次,有利于更新教师教育观念,丰富教学手段和方法,推进大学课堂教学方法和手段的改革。反转教学通过改革传统的课堂教学组织形式,改变以知识掌握为主线的课堂组织思路,突出自主学习能力和问题解决能力培养,以学生创新思维形成为主线,构建以能力培养为中心、以活动设计和组织为载体的新型教学模式,积极推动学习者作为主体参与教学过程,在教学实施过程中重视学生全面发展,真正践行"以学生为中心"的教育理念。

(1)知识模块的重组

经过慎重筛选,以教育技术学专业的主干课程"网络教育应用"进行反转教学模式的实证研究。该课程主要研究网络在教育中应用的基本理论和技术、网络学习环境和网络学习平台的建立、网络课程建设、学习资源建设以及网络教育的评价等内容，是一门理论与实践相结合的课程。课程内容涉及教与学理论、远程教育、网络技术、教学设计、信息处理等内容，涉及科目杂而宽泛，具有较明显的跨学科特征。选择这门课程的另一个原因是该课程的学习过程中涉及大量的网络环境下教与学的理论和实践，该课程一般在学生大三进入专业课学习阶段开设，学生经过两年的专业基础知识学习已具备了较好的网络环境下学习的意识和实践技能，基本具备反转教学开展的信息素养要求。

经过课程组前期的教学分析和研究讨论，决定采用单学科的主题单元设计，即主题直接来自某一学科，这种主题方式组织结构较为简单，知识体系以单学科为主线，辅以其他学科的知识，教师在教学设计和组织实施时比较容易把握。将"网络教育应用"的教学内容划分为六个主题模块。第一个模块"网络教育应用概述"采用传统的课堂讲授学习方式，旨在通过教师课堂授课使学生掌握网络教育的概念定义、主要研究对象、研究内容及该课程的学习目标。其中重要的是向学生阐明我们反转教学开展的实施过程、必要性和学习流程，让学生对接下来的学习模式做前期准备，包括在教师引导下做一次反转教学流程的小测试，再充分了解学生的感受和遇到的困难，对出现的问题作具体分析，指导学生调整学习方法。另外五个主题模块的划分和教学目标如表 2-1 所示。主题模块划分确定后，紧紧围绕着每个主题单元的教学目标设计教学资源和组织教学活动框架，把原属于教育学、心理学、传播学、计算机技术、网络技术等科目领域的知识以主题单元要达到的教学目标为中轴串联起来。每个主题单元模块下又分若干分专题，分专题类似于支架教学法里的支架，它不是由教师事先准备的科目知识，也不是分属于各个主题单元下的小节，而是学生对主题单元模块学习后须完成的专题任务，主要形式以主题单元知识点在实践中的应用为主，如相关案例分析、综合问题解决、社会调查等。

(2) 教学资源和环境的设计

利用成熟的课程自动生成平台（如校课程中心的卓越网络课程建设平台）开展反转教学，这样教师可以将更多精力放在教学设计和组织上。在"网络教育应用"课程翻转课堂中，教学流程由课前自主学习和课堂教学两部分构成，具体模式在下一小节详述。课前自主学习是反转教学成功的关键，如何保证学生课前的学习真正发生了，即通过自主学习知识真正发生了转移并有初步的知识内化，这个阶段的学习过程中教师要起到两个关键作用：一是搭建学习支架。我们在每个主题单元学习中都给出清晰的需完成学习目标和学习流程指导，以及课前学习完成之后学生在课堂教学阶段要做什么准备工作和需完成的学习任务。二是提供能够引发学习兴趣的学习资源。借鉴一些反转课堂的成功经验，利用 Adobe Presenter 精心制作课前自主学习视频，反转课堂的视频学习资源不同于我们以往的精品课程的视频表达形式，目前精品课程的视频课堂多以教师讲授的正面视角或辅以 PPT 播放的形式，时长以 30~40 分钟、能够展开一节课内容为主，但这种视频在反转课堂中并不适用。由于反转课堂教学模式中学生课前自主学习的内容是初次碰到的新知识，学生对这些知识还没有相应概念，也没有建立一系列知识点间的关联，对大部分学生来说，靠自我管理较难坚持看完过长的视频。因此，一个主题单元的教学视频由若干不超过 10 分钟的视频片段组成，每个视频片段里讲授一个或几个知识点，在学习指导中明确给出学生观看视频的次序和知识关联图。

利用 Adobe Presenter 录制反转课堂学习视频不同于以往 PPT 单调播放的模式,重点是随着 PPT 的展示录制了教师讲解的声音,随着讲解可以在视频中任意批注,还可以插入视音频多媒体资源,从学生视角来看颇有传统课堂中思维跟随教师黑板讲授的感觉,可以减少学生在自主学习中可能产生的孤独感。

(3) 教学活动设计

反转教学通过对学科知识传授和知识内化的颠倒安排,将传统课堂的教学环节和时间做了重新规划安排。学科知识的获取和传授前移至课前进行,课堂变成师生解决问题、协作探究的场所,学生带着问题带着明确的学习目标而来,教师真正做到了有目标地授业解惑,极具个性化的、有的放矢地教学。反转教学的课堂结构较之传统课堂有明显的改变,师生角色关系也发生了根本性变化,这种变革带来的效果主要在于鼓励学习者能够积极地思考,主动重构他们所获得的信息,主动去探究要解决的问题,在问题的讨论、解决过程中,学习者理解知识并把它转化到个人知识体系中。

美国富兰克林马歇尔学院罗伯特·塔尔伯特(Robert Talbert)教授经过多年反转教学实践总结出目前大家比较认可的翻转课堂模型,以此流程为基础,在教学实践中根据课程性质和教学需要摸索了一套反转教学组织流程图。该教学流程由专题单元知识学习(个人自主学习)、分专题探究学习(小组协作学习)、课堂问题解决、小组专题学习成果汇报、总结反馈五个阶段组成。

a. 课前自主学习部分

课前自主学习部分是反转教学的关键环节,将新知识的学习提前到课堂之外并不意味着只是简单地让学生通过观看视频资源自学,这一阶段的目标是让学生通过学习发现问题、积极思考,激发其对某些问题探究的欲望。因此教师在此阶段的教学设计可能要比传统的授课备课更为深入,要慎重判断学生的"最近发展区",对教学内容、教学目标和材料的取舍都要做认真研究。

b. 课堂问题解决部分

反转教学模式的课中学习部分相较于传统课堂最大的优势是通过师生的交互加快了知识内化的进程,学生解决问题的目标明确,学习动机强烈。教师为了解决问题讲授的目的也很明确,真正在课堂中做到个性化施教、差异化授课。课堂学习部分我们安排的流程是提问讨论 20 分钟、汇报与分享 15 分钟、总结与测试 10 分钟。在课前自主学习和协作完成分专题任务中学生已经积累了相当多的疑惑和问题,在课前部分教师利用 QQ 群、E-mail、网络学习平台论坛等交互工具和学生进行交流和指导。指导每组学生对典型问题进行梳理,准备在课堂授课中展开讨论,同时教师在课下对相关问题作充分准备,对每组的学习情况做到心中有数。在教学实践中如果学生对某一主题单元疑难问题较多,要在 20 分钟内全部解决时间比较紧张,我们的做法是教师统一回答共性的重难点问题,其他问题指定理解较好的小组配对讨论解答,往往学生互相帮助解答问题时气氛非常热烈,表现出强烈的责任感和主动性。

汇报与分享阶段由各协作小组推荐的汇报人分享完成的分专题学习成果。汇报人不但要发表研究结论,还要详细地讲解完成任务的思路和采用的信息处理方法和技术,汇报完毕其他协作小组可以提出疑问并提供新思路。最后,由教师对本次学习过程予以总结,主要清晰勾勒所学知识的关联结构,巩固重点、疑难知识点,根据实际情况对一些容易混淆的概念进行简单测试,进一步强化。然后布置课后作业,布置下次教学的课前学习部分。至此,完整的一轮反转课堂教学流程结束。

(4) 反转教学中的交互实现

反转课堂相较于传统课堂的最大变化是教学过程中交互关系的变化,教学流程的"颠倒"使得教师在课堂上不再是教学活动的中心,而是变成学习活动的倡导者和组织者,教师要善于运用多种教学策略,精心设计学习活动,促进学生在活动中完成知识内化。从表象来看,反转教学引起的是课堂时间的重新分配,师生关系发生了显著变化。传统课堂上教师单向灌输式授课,学生在作业、质疑、运用知识解决问题等阶段真正需要老师指导和交流的时候,师生反而处于分离状态。如果学生此时不积极向外界寻求帮助,则对知识的掌握程度就看个人的学习能力了。反转教学模式通过调节讲课时间,将一部分授课交给学生课前自学完成,课上时间用于陪伴学生解决其在知识内化过程中出现的问题。这样的变革实质上带来了教学过程中师生、生生交互关系的三个变化。

第一,传统课堂教学模式中学生获取知识主要来源于教师的讲解和教师主导的学习活动,近年来反转教学模式的实现得益于信息技术、网络技术的快速发展,使得学习者可以在丰富的网络学习资源环境中,通过"同化"和"顺应"机制,以极具个性化的自主学习方式进行知识加工,构建个人知识结构。反转教学模式的课前学习部分,学习者通过观看教师提供的丰富的教学视频,独立主动地通过学习支持系统平台对外部学习资源进行获取、加工和总结反思,在这个过程中,学习者的知识结构和认知策略都会发生相应变化,学习者还可以通过如电子笔记、在线测试、作业提交等一些外显的操作行为,将自己的阶段学习成果反馈至网络学习支持系统,让教师进行学习评价,我们把这种交互行为定义为学习者与学习资源的交互,这种信息交互形式有别于传统课堂教学模式的交互方式。

第二,有学者研究认为教学交互的信息流具有不对称性与复杂性。在教学交互过程中,教学内容信息基本上是流向学习者的量远远大于流向传授者教师的量。这就是典型的以教师为中心的课堂中师生信息交互的现状,教师在讲授中无法知晓学生对知识的理解程度,只是按既定的教学计划和经验来授课,因此就谈不上因材施教、答疑解惑,学生在课堂中只是被动接收信息,在课后作业时才能深入思考,仔细咀嚼,尝试运用知识来解决问题,不能及时得到老师的帮助和反馈评价。而反转教学流程让学生在课下完成初步的知识吸收,将课堂时间交还给学生,促使学生在课堂上积极思考,主动就需要解决的问题寻求老师同学的帮助,在师生、生生交互过程中知识整合内化的效率得以提升,将课堂变成了学生高度参与、真正"以学生为中心"的课堂。

第三,反转教学中的交互具有明确的目的性。在课堂教学中师生、生生间的交互一定要以达到教学目标、完成知识建构为目的,如果交互内容不在既定的计划和设计中,过程不被监控和引导,那么教学效果一定是打折扣和无意义的。在上述反转教学流程的描述中表明,无论是在课前的自主学习、小组协作学习中,还是在课堂讨论、成果汇报环节中,都需要教师在教学设计和教学准备中精心设计学习活动,事先列出引导性的问题提纲,课前对学生的汇报成果进行检查并反复与学生沟通修改,这些措施是开展反转教学中保证教学质量的必要监控手段。

（5）教学效果评价

"网络教育应用"课程结束后，我们通过学生成绩分析、访谈、教师教学评价的方式对教学效果进行了评估，总结为以下两点：①反转教学模式的实施明显激发起学生主动学习的意识和综合运用知识的能力。我们在教学实践中对学生学习的评价方式作了较大改革，学生成绩由卷面成绩、小组协作学习过程性评价、课堂评价三部分组成。量化考试比重的调整改善了以往学生平时学习中少参与、不主动、缺少兴趣、临近期末死记硬背的学习惯性，当学生了解到他们平时参与的学习活动、学习行为和学习成果与成绩有着直接的关联后，逐渐从被动完成布置的学习任务到积极主动参与教学活动，从课程教学的旁观者到主题教学活动的热情策划者和执行者，唤起了自身对所学知识的好奇和兴趣。课堂讨论和答疑给予了每个学生同样的尊重和展现自我的机会，真正体现了学生主体的教学理念。最终的卷面成绩分析显示，低分段学生明显减少。②反转教学模式的实施明显提升了教师教学热情和教学能力。随着教学流程的深入开展，课堂内外的交流和答疑拉近了师生情感，教师的信息化教学技能得以提高，评教结果显示，学生对教师满意度大幅提高。

（6）实施反转教学的挑战和思考

反转教学模式优化了传统课堂教学的结构，激发了学生主动学习的热情，有利于培育学生创新思维和批判性思维，给教师开拓了教学改革的新思路，但教学过程是复杂且多变的，任何一种教学模式都不是"万能药"，反转教学模式也有其局限性，主要体现在：

其一，学科的适应性。查阅文献和国内外成功案例，反转教学的案例大多集中在数理、信息等理工学科，这些学科知识点逻辑关系清晰，有完整的术语表达体系，描述规范，学习的难点在于如何运用这些原理、规律去解决现实情境中碰到的问题，反转教学将学习过程中这一困难阶段放置于老师和同伴共同协商的环境中帮助完成，有力促进了知识转化的效率。由于人文社会类学科教学内容涉及面广，教师在授课中与学生思想的碰撞、情感的交流是教学中密不可分的一部分，如何在人文社会类学科中开展反转教学并取得良好教学效果还有待实践中探索总结。另外，高校反转课堂的实践应尽量选择小班制的专业课程，在公共课教学中实现反转教学模式对教师的课堂组织能力是极大的考验，若课堂中师生、生生间不能充分展开讨论和答疑，则教学活动必然流于形式，教学效果欠佳。本文选择的课程"网络教育应用"在"教育中网络技术的运用"这一主旨统领下涵盖多学科内容，教学过程重在基本理论指导下的实践，要求学生有大量的网上实践活动，对此类便于开展案例教学、任务驱动教学、项目教学法的课程经实践检验比较适用反转教学。

其二，教师专业能力的制约。在反转教学实践中教师的专业能力和信息化素养是教学成功与否的关键因素。教学视频制作、教学活动设计和教学过程管理是开展反转教学中对教师教学技能提出的三大挑战。为了满足学生课前自主学习需求，教师要制作大量学习视频资源，构建一个完善的网络学习支持系统。在课前学习阶段教师还要及时通过QQ、E-mail、论坛等远程交互工具及时与学生沟通，监控学习进程，课堂授课中讨论交流的引导和控制对教师是智慧和技能的双重考验。实事求是地讲，教师开展一次反转教学所付出的劳动量远远超过传统课堂的备课量，在教学实践中到底有多少教师愿意改变已经很熟练的传统课堂模式而去尝试反转教学还是个未知数。但反转教学却给教师提供了一种教学新思路,反转教学的开展更新了教师的教育理念、提升了教师的信息化素养和专业技能。

其三,学生自主学习能力的影响。反转教学是基于信息技术的教学过程,反转教学模式开展的基础是学习者要有良好的网络自主学习能力和获取加工信息的技能。学习者要具备在网络环境中能够进行信息获取、知识加工、沟通交流和评价反馈四类自主学习行为的能力,同时,在课前学习阶段学生要自主安排学习进度,判断学习成效,进行自我学习过程监控,对习惯于传统授课模式的学生来说碰到的首要问题是调整自己的学习方法和习惯,因此如何提高学生网络自主学习的能力成为反转教学模式能否长远发展的关键。

现在大学课堂上教师普遍感受越来越难以将学生吸引到课堂里来,原因之一就是信息技术的发展使得学生获取知识的渠道多元化,不再完全依赖教师的课堂授课也能完成学习目标,学习者个体学习风格、知识基础的差异也使学习者追求个性化学习和自主学习。反转教学可以说是顺应时势,能较好满足时代发展对教学手段和方法提出的变革需求。在"网络教育应用"课程的教学实施中,以主题教学设计为主线,辅以围绕主题的分专题学习任务完成为目标,组织实施了反转教学模式的尝试,教学过程中包含了自主学习、协作学习、项目驱动法、支架教学等多种教学策略的运用。实践证明,反转教学模式能更好地体现"教师主导,学生主体"的教育理念,真正落实学生在教学活动中的主体地位,改变以往以知识学习为导向的学习行为,培养学生自主学习和协作的态度和方法,能够加快学习者学会独立解决问题的进程。

2. AI 赋能"人机交互"课程个性化教学的创新实践

"人机交互"作为一门交叉性新兴课程,面对高校学生学习基础和需求多样化的现状,课程团队以"以学生发展为中心"的教学理念,开展了一系列极具创新性和实效性的教学改革,为个性化教学提供了优秀范例。

从教学创新理念来看,课程团队精准把握学生学情,依据个性化教学思路,构建起同一时空环境下的个性化教学系统。该系统通过对学生分类、课程内容模块化设置、搭建适应性学习系统、采用多样化教学方法、实施差异化考核以及强化课程思政驱动,实现了教学资源与学生需求的精准匹配,为学生提供了个性化的学习路径,让每个学生都能在原有基础上获得学业成绩和能力的提升。

在教学创新总体设计上,课程团队运用测试、问卷调查和座谈等手段深入分析学情,依据聚类思想将学生分成3或4个学习组群,并将课程内容划分为公共模块与选修模块,通过不同组合形成丰富的学习菜单,满足学生多样化的学习需求。同时,结合线上学习平台数据,为学生推荐适配的模块化学习内容,实现教学内容的精准推送。此外,教学过程中融入课程思政模式,采用多维度分类考核方式,确保教学的全面性和科学性。

教学创新举措方面,课程团队的实践丰富且具体。在学生分类环节,依据线上平台学习数据和多种调查方法,科学划分学习组群;课程内容重构与模块化方面,对标人才培养标准,构建分层教学内容和双语分层教学资源,打造混合式教学平台,并借助自研 AI 智学系统赋能教学;适应性学习平台的构建以建构主义理论为指导,实现学习诊断、内容动态组织和策略针对性选择;课堂教学依据教学流程和目标,设计分层教学方法;考核环节实施多维度分类考核,结合 AI 技术提供学习反馈;课程思政通过融入案例和多样化教学方式,激发学生学习动力。

从教学创新成效来看,课程改革取得了显著成果。学生平均成绩提升,同班成绩差距缩小,课堂活跃度大幅提高,学生的跨学科交叉融合能力和实践创新能力得到有效提升。这些数据和表现充分证明了个性化教学模式在"人机交互"课程中的成功应用,不仅满足了学生的学习需求,还提升了教学质量和学生的综合素质。

该案例为高校课程教学改革提供了宝贵经验,其以学生为中心的个性化教学理念、科学系统的设计以及多样化的创新举措,都值得其他课程借鉴。未来,可进一步探索如何深化个性化教学,加强教学成果的推广应用,促进更多课程实现教学质量的提升和学生的全面发展。

[资料来源:互联网教育国家工程研究中心,《人工智能赋能"人机交互"课程个性化教学的创新实践》,作者陈雅茜,张建华,周绪川,方诗虹,余骁禹(西南民族大学)。内容有改编]

参考文献

[1] 张金磊,王颖,张宝辉. 翻转课堂教学模式研究[J]. 远程教育杂志,2012(4):46-51.
[2] 赵兴龙. 翻转教学的先进性与局限性[J]. 中国教育学刊,2013(4):65-68.
[3] 曾贞. 反转教学的特征、实践及问题[J]. 中国电化教育,2012(7):114-117.
[4] 李敬川,王中林,张渝江. 让课改的阳光照进教育的现实:重庆聚奎中学"翻转课堂"掠影[J]. 中小学信息技术教育,2012(3):16-18.
[5] 汪晓东,张晨婧仔. "翻转课堂"在大学教学中的应用研究:以教育技术学专业英语课程为例[J]. 现代教育技术,2013(8):11-16.
[6] 刘震,曹泽熙. "翻转课堂"教学模式在思想政治理论课上的实践与思考[J]. 现代教育技术,2013(8):17-20.
[7] 马秀麟,赵国庆,邬彤. 大学信息技术公共课翻转课堂教学的实证研究[J]. 远程教育杂志,2013(1):79-85.
[8] 肖平. 基于主题教学的教学设计应用研究[D]. 上海:华东师范大学,2006。

第 3 章
教师角色在 AI 赋能下的新定位

3.1 从知识传授者到学习引导者的转变

在传统教育模式中，教师主要扮演着知识传授者的角色。他们站在讲台上，凭借自身的专业知识储备，将各类学科知识系统地传授给学生。然而，随着 AI 技术在教育领域的广泛应用，这种单一的知识传授角色正在发生深刻的转变，教师逐渐成为学生学习过程中的引导者。

1. AI 对知识传授方式的冲击

（1）知识获取途径的多元化

在过去，教师是学生获取知识的主要甚至是唯一来源。课堂上，教师通过讲授、板书、演示等方式将知识传递给学生，学生则主要依靠听讲、记笔记、阅读教材等途径吸收知识。然而，AI 的出现极大地拓宽了知识获取的渠道。如今，学生只需轻点鼠标或滑动屏幕，就能在互联网上搜索到海量的知识信息。智能学习系统更是能根据学生的个体差异，精准推送个性化的学习内容。例如，对于一个正在学习数学的学生，如果他在代数部分的一次方程知识点上表现薄弱，系统会自动推送关于一次方程的详细讲解视频、多种类型的练习题以及相关的拓展阅读资料。这些资料不仅涵盖了基础概念的深入剖析，还包括在实际生活中的应用案例，如利用一次方程解决购物打折、行程规划等问题，使学生能从不同角度理解知识。

在线教育平台也是学生获取知识的重要阵地。以某知名在线教育平台为例，它通过收集和分析学生的学习数据，如学生在不同课程视频上的停留时间、答题的错误率、对知识点的重复学习次数等，运用复杂的 AI 算法构建学生的学习画像。基于这个画像，平台为每个学生推荐最适合他们当前学习水平和进度的课程。比如，对于一个英语基础较好但口语表达能力有待提高的学生，平台会推荐一些高级口语技巧训练课程、与外教一对一交流的互动课程以及英语辩论或演讲的案例分析课程。这种个性化的推荐使得学生不再局限于统一的教学进度和内容，可以根据自己的需求和节奏自主选择学习资源，真正实现了因材施教的理念。

（2）知识呈现形式的创新

传统教育中，知识主要以文字、图片、教师的口头描述等形式呈现给学生。这种方式对于一些抽象概念和复杂现象的讲解往往存在局限性。而 AI 技术带来了全新的知识呈现方式，其中虚拟现实（VR）和增强现实（AR）技术尤为突出。

在物理教学中，当讲解电场、磁场等抽象概念时，VR 技术可以创建一个三维的虚拟实验室环境。学生戴上 VR 设备后，仿佛置身于一个充满各种电磁设备的实验室中，可以直观地看到电场线的分布、磁场的强弱变化，如图 3-1 所示。还能通过操作虚拟仪器，改变电荷的分布或电流的大小，实时观察电磁现象的变化。这种沉浸式的学习体验让学生不再仅仅依靠抽象的公式和文字描述去理解概念，而是通过亲身体验和直观感受，深入理解电磁学的奥秘。

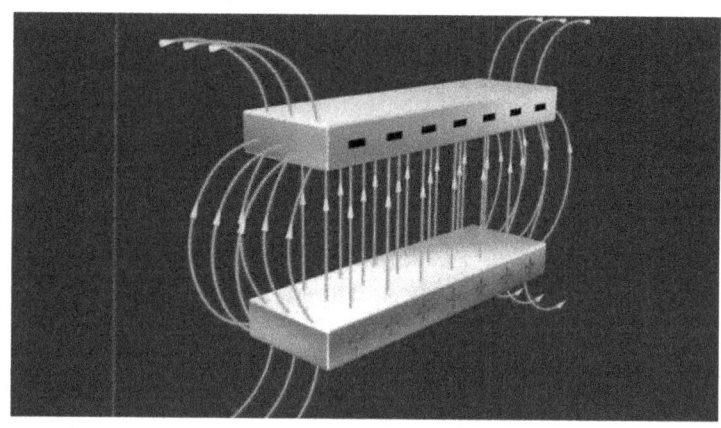

图 3-1　均匀电场三维图

在地理课上，AR 技术可以将平面的地图转化为立体的地理景观。学生使用手机或平板电脑扫描地图时，山脉、河流、城市等地理元素会以三维立体的形式呈现在屏幕上，并且可以通过缩放、旋转等操作全方位地观察，如图 3-2 所示。例如，在学习世界地理时，学生可以通过 AR 技术看到喜马拉雅山脉的雄伟壮观，直观地感受到其海拔高度和地形地貌特征，也可以深入了解尼罗河的流域范围、流经国家以及对周边生态环境和人类文明的影响。这种创新的知识呈现形式不仅激发了学生的学习兴趣，还提高了他们对知识的理解和记忆效果。

2. 教师引导者角色的内涵与体现

（1）信息素养与批判性思维的培养

在信息爆炸的时代，学生面临着海量的信息，但并非所有信息都是准确、有用和有价值的。因此，教师需要引导学生学会筛选信息。例如，在学生进行网络搜索获取资料时，教师可以教导学生如何评估信息来源的可靠性。像一些知名学术机构网站、专业教育网站发布的信息通常具有较高的可信度，而一些个人博客或未经证实的论坛信息则需要谨慎对待。教师可以组织信息筛选的实践活动，给定一个研究主题，让学生在规定时间内收集相关信息，并在课堂上分享自己筛选信息的过程和依据，教师进行点评和指导。

图 3-2　某山脉三维立体地形图

批判性思维能力的培养也是教师引导者角色的重要任务。教师可以通过课堂讨论、案例分析等方式，引导学生对所学知识和获取的信息进行批判性思考。例如，在社会科学课程中，当学生学习到某种社会现象的理论解释时，教师可以提出一些相反的观点或案例，引导学生思考这些理论的局限性和适用范围。比如，在学习经济学中的供求关系理论时，教师可以引入一些特殊市场情况，如垄断市场、信息不对称市场等案例，让学生分析供求关系理论在这些情况下是否仍然适用，从而培养学生不盲目接受既有理论，而是能够深入分析和质疑的批判性思维能力。

（2）深度学习与思考的引导

如前所述，AI 提供的知识往往是碎片化的，学生难以仅通过这些碎片化信息构建完整的知识体系。教师在这方面的引导作用至关重要。以文科类科目学习为例，学生在阅读不同的文学作品时，会接触各种人物形象、故事情节、写作手法等碎片化知识。教师可以引导学生将这些碎片化知识进行整合，比如通过分析不同作品中同一类型人物形象的塑造手法，如鲁迅笔下的孔乙己和老舍笔下的骆驼祥子，虽然他们处于不同的时代背景和社会环境，但都反映了社会底层人物的悲惨命运。教师可以引导学生比较两者在人物外貌描写、性格刻画、命运走向等方面的异同，从而深入理解文学作品中人物塑造的方法和意义，进而构建起关于文学作品人物形象塑造的完整知识体系。在理学类科目学习中，对于不同的数学分支知识，如代数、几何、概率统计等，教师可以设计综合性的项目式学习任务，引导学生将碎片化知识串联起来。例如，在一个城市规划的项目中，学生需要运用代数知识计算建筑物的面积和体积，运用几何知识设计建筑物的形状和布局，运用概率统计知识分析城市人口分布和交通流量的规律,通过这样的项目式学习,学生能够深刻理解不同数学知识之间的内在联系,提高综合运用知识解决实际问题的能力。

(3) 内在学习动机的激发

教师可以根据学生的学习水平和能力,设计具有一定挑战性但又在学生可承受范围内的学习任务。例如,在计算机编程 Python 课程中,教师可以布置一个小型游戏开发的任务。对于初学者,可以设定相对简单的游戏规则和功能要求,如开发一个简单的猜数字游戏,要求学生运用基本的编程逻辑和语法实现游戏的运行、用户输入判断、结果反馈等功能。随着学生编程能力的提高,逐渐增加任务的难度,如开发一个具有图形界面、多种关卡和复杂游戏逻辑的冒险游戏。当学生成功完成任务时,他们会获得强烈的成就感,这种成就感会转化为内在的学习动力,促使他们进一步探索和学习更高级的编程知识。为了增加任务的趣味性,教师可以结合学生感兴趣的主题或流行文化元素。比如,在大学英语学习中,教师可以以学生喜爱的电影或动漫为素材,设计角色扮演、配音、剧本创作等任务。学生在完成这些任务的过程中,不仅提高了英语听说读写能力,还因为对素材的兴趣而更加投入,从而激发了内在的学习动机。

将学习内容与实际生活紧密联系是激发学生内在学习动机的有效方法。在自然科学门类课程中,教师可以引导学生观察生活中的科学现象,并尝试用所学知识进行解释。例如,在学习物理的力学知识时,教师可以让学生观察汽车刹车时乘客的身体前倾现象、篮球投篮时的抛物线轨迹等,然后引导学生运用牛顿运动定律进行分析。通过这种方式,学生能够深刻体会到知识的实用性,认识到学习知识不仅仅是为了应付考试,更是能够解释和解决生活中的实际问题,从而增强了学习的动力。在新商科类课程中,教师可以组织学生进行市场调研活动,让学生了解当地市场的供求关系、消费者需求、竞争对手情况等,然后运用所学的市场营销、财务管理等知识进行分析和决策,如制定一个小型商业项目的营销方案或财务预算。这种实践活动让学生在真实的商业环境中运用知识,提高了他们的学习兴趣和参与度,激发了他们进一步学习商业知识的内在动机。

3. 教育发展的必然趋势

随着 AI 技术在教育领域的广泛应用,教师从知识传授者向学习引导者转变是教育发展的必然趋势。教师需要充分认识到这一转变的内涵和重要性,积极适应角色的转变,通过多种方式培养学生的信息素养、批判性思维能力,引导学生进行深度学习和思考,激发学生的内在学习动机,为学生在 AI 时代的学习和成长提供有力的支持和引导。在这个过程中,教师自身也需要不断学习和提升,掌握新的教育技术和方法,与 AI 形成互补,共同推动教育事业的创新与发展。

在未来的教育实践中,教师可以进一步探索如何更好地发挥学习引导者的作用。例如:在跨学科学习中,如何引导学生整合不同学科的知识和思维方式,解决复杂的现实问题;如何利用 AI 技术的优势,为学生创造更加个性化、多样化的学习环境和体验;如何在全球化背景下,培养学生的国际视野和跨文化交流能力等。这些都是教师在角色转变过程中需要不断思考和探索的重要课题,只有不断地创新和实践,才能真正适应 AI 时代教育的新要求,培养出具有创新精神、批判性思维和综合素养的新时代人才。

教师作为学习引导者,还需要关注学生的个体差异和特殊需求。每个学生都有自己独特的学习风格、兴趣爱好和学习节奏。教师要通过与学生的密切交流和观察,了解学生的特点,为他们提供个性化的引导和支持。对于学习能力较强、学习进度较快的学生,教师可以提供一些拓展性的学习资源和挑战,鼓励他们深入探究和创新;对于学习困难的学生,教师要给予更多的耐心和帮助,分析他们的问题所在,制定个性化的学习计划,帮助他们逐步克服困难,树立学习信心。

此外,教师在引导学生学习的过程中,要注重培养学生的自主学习能力和终身学习意识。AI 时代,知识更新换代的速度极快,学生只有具备自主学习能力,才能不断适应社会的发展和变化。教师可以通过逐步减少对学生学习过程的直接干预,增加学生自主学习的时间和空间,引导学生学会自我管理、自我监督和自我评价。例如,在项目式学习中,教师可以从最初的详细指导逐渐过渡到只提供必要的资源和框架,让学生自主完成项目的策划、实施和总结。同时,教师要向学生传递终身学习的理念,让他们认识到学习是一个持续不断的过程,无论是在学校还是在毕业后的职业生涯中,都要保持学习的热情和积极性,不断提升自己的知识和技能水平。

在教育评价方面,教师也要相应地转变评价方式。传统的以考试成绩为主要依据的评价方式难以全面衡量学生在 AI 时代的学习成果和能力发展。教师需要建立多元化的评价体系,综合考虑学生的学习过程、知识掌握程度、能力提升情况、合作交流能力、创新思维能力等多个维度。例如,除了考试成绩外,教师可以评价学生在项目式学习中的表现、小组合作中的贡献、课堂讨论中的参与度和观点质量等。同时,教师可以利用 AI 技术辅助评价,如通过智能学习系统收集学生的学习行为数据,分析学生的学习过程和特点,为评价提供更加客观、全面的依据。

总之,教师从知识传授者到学习引导者的转变是一个全面而深刻的变革,涉及教育教学的各个方面。教师要积极应对这一转变,不断提升自己的专业素养和教育教学能力,以更好地引导学生在 AI 时代的学习和成长,为培养适应未来社会发展的创新型人才奠定坚实的基础。在这个充满挑战和机遇的时代,教师的角色转变不仅是教育发展的要求,也是教师自身实现专业成长和职业价值的重要途径。

3.2 情感交流与人文关怀的不可替代性

尽管 AI 技术在教育领域取得了显著进展,但在情感交流和人文关怀方面,教师的角色具有不可替代的作用。教育不仅仅是知识的传递,更是人与人之间情感的交流、价值观的塑造以及人格的培养。

1. 学生情感与心理需求在学习中的重要性

(1) 情感对学习专注度与效率的影响

在学习过程中,学生的情感状态如同指南针,指引着他们学习的方向与强度。当负面情绪如焦虑、沮丧、压力等笼罩学生时,他们的思维仿佛被乌云遮蔽,难以聚焦于学习任务。以考试焦虑为例,许多学生在面临重要考试时,会出现心跳加速、手心出汗、大脑一片空白等生理和心理反应。这种状态下,他们无法有效地回忆起所学知识,对题目理解也会出现偏差,原本熟练掌握的解题思路变得模糊不清,导致考试成绩大幅下降。相关研究表明,处于高度考试焦虑状态下的学生,其考试成绩平均比正常状态下低10%~20%。

相反,积极的情感体验则如阳光穿透云层,照亮学生的学习之路。当学生充满自信时,他们敢于挑战难题,勇于表达自己的观点。例如在课堂讨论中,自信的学生能够积极发言,与同学们进行深入的思想碰撞,从而拓宽自己的思维视野。愉悦的情感能使学生以轻松的心态投入学习,提高学习的积极性和主动性。在学习过程中,他们更容易接受新知识,对知识的记忆也更为深刻。就像在愉快的氛围中学习语言,学生能够更自然地模仿发音、理解语义,学习效果事半功倍。

(2) 情感在价值观与人格塑造中的基石作用

学生时期是价值观形成与人格塑造的关键时期,情感在其中扮演着不可或缺的角色。在与他人的交往互动中,学生所经历的情感体验影响着他们对世界的认知和对自我的定位。例如,在一个充满关爱与支持的班级环境中,学生更容易学会尊重他人。当他们看到教师耐心地倾听每个同学的发言、尊重不同的观点时,他们也会在潜移默化中效仿。在小组合作学习中,学生们共同努力完成任务,如果团队成员之间相互理解、包容,遇到困难时彼此鼓励,那么学生就能逐渐培养出团队合作精神。

责任感的培养也与情感紧密相连。当学生对班级、同学产生归属感和情感依赖时,他们会更愿意为班级的荣誉努力,主动承担班级事务。例如,在班级组织的活动中,那些对班级有深厚情感的学生往往会积极参与策划、组织和执行,认真对待自己的任务,努力做到最好,从而在这个过程中逐渐形成强烈的责任感。

此外,学生在面对挫折和困难时所产生的情感反应,也影响着他们人格的坚韧程度。如果教师能够引导学生正确看待挫折,鼓励他们从失败中汲取经验教训,帮助他们在挫折中感受到被支持和信任,那么学生就能逐渐培养出坚韧不拔的人格品质,在未来的人生道路上更有勇气面对各种挑战。

2. 教师在情感交流与人文关怀方面的独特作用

(1) 敏锐察觉与贴心关怀

教师与学生在校园中的相处时间长且密切,这使得教师有更多机会深入了解学生的情感世界。教师凭借丰富的教育经验和敏锐的观察力,能够从学生的细微表情、语气变化以及行为举止中捕捉到情感波动的信号。例如,一个平时活泼开朗的学生突然变得沉默寡言,眼神中透露出疲惫和忧虑,教师便能及时察觉。课后,教师主动与该学生交流,以温和、关切的语气询问:"最近是不是遇到什么烦心事了呀?可以和老师说说哦。"通过耐心倾听,教师了解到学生可能是因为家庭矛盾或者与同学发生了冲突而心情低落。此时,教师给予安慰的话语,如:"老师知道你现在心里不好受,但是不要太担心,这些问题都是可以解决的。家庭中的矛盾可以试着和家人好好沟通,同学之间的误会也可以找个机会说清楚。"同时,教师还可以分享自己的类似经历,让学生感受到自己并不孤单,从而增强对教师的信任。这种情感上的共鸣和支持,就像在师生之间架起了一座桥梁,使双方的关系更加亲近、和谐。

在日常教学中,教师的这种贴心关怀也体现在对学生学习状态的关注上。当学生在学习上遇到困难而产生挫败感时,教师要能够及时发现并给予鼓励。比如,一位学生在数学作业中频繁出错,对自己的数学能力产生了怀疑,教师看到后,会在作业本上写下评语:"这次作业虽然有些错误,但老师看到了你在努力思考和尝试,这是非常棒的!数学学习是一个逐步积累的过程,只要你不放弃,继续加油,老师相信你一定能掌握这些知识。"这样的评语不仅让学生感受到教师对自己的关注,也激发了他们克服困难的勇气和信心,进一步巩固了良好的师生关系。

(2) 言传身教与活动育人

教师的一言一行都如同明亮的灯塔,为学生在价值观和人格塑造的茫茫大海中指引方向。在课堂教学中,教师严谨的治学态度、对知识的敬畏之心以及对真理的不懈追求,都在无声地向学生传递着敬业精神。例如,一位历史教师在讲述历史事件时,不仅详细阐述事件的经过和影响,还深入分析事件背后的历史背景、文化因素以及人类社会发展的规律。为了讲好一节课,教师提前查阅大量的历史资料,精心制作课件,在课堂上以生动形象的方式呈现给学生。这种对教学工作认真负责的态度,会让学生深刻体会到敬业的内涵,从而在自己的学习和未来的工作中也秉持同样的态度。

在对待学生方面,教师的公正无私是培养学生公平正义价值观的重要示范。当教师在评价学生的作业、考试成绩或者课堂表现时,一视同仁,不偏袒任何一个学生,学生在这种公平的环境中成长,就能明白公平竞争、公正评价的重要性。例如,在评选优秀学生时,教师严格按照评选标准,综合考虑学生的学习成绩、品德表现、社会实践等多方面因素,确保评选结果的公正性。这种做法让学生懂得,只有通过自身的努力和优秀表现才能获得认可和荣誉,从而激励他们在各方面都努力做到最好。

教师还可以通过组织丰富多彩的班级活动和文化活动,为学生提供价值观和人格培养的实践土壤。在班级组织的志愿者活动中,教师可以带领学生走进社区,关爱孤寡老人、帮助贫困家庭。在这个过程中,学生会亲身体验到关爱他人的快乐,学会尊重不同阶层的人群,培养社会责任感和同情心。又如,在学校的文化节活动中,教师鼓励学生展示自己的才艺和文化作品,学生在准备作品的过程中,锻炼了自己的创造力和毅力,在展示作品时,增强了自信心和表达能力。通过这些活动,学生在实践中不断地塑造和完善自己的人格,形成积极向上的价值观。

(3) 氛围营造与激情点燃

课堂教学不仅仅是知识的传授场所,更是情感交流与激发的舞台。教师的情感表达能够像春风化雨般,滋润学生的心田,营造出积极向上的课堂情感氛围。教师的热情如同燃烧的火焰,能够迅速点燃学生的学习热情。当教师满怀激情地走进教室,用洪亮而富有感染力的声音向学生问好时,学生能感受到教师对教学工作的热爱和对他们的期待。在讲解课文时,教师通过抑扬顿挫的语调、生动形象的表情和丰富的肢体语言,将课文中的情感淋漓尽致地展现出来。例如,在朗读一首激昂的诗歌时,教师的声音高亢有力,眼神中闪烁着光芒,身体微微前倾,这种全身心的投入让学生仿佛身临其境,感受到诗歌中蕴含的激情与力量,从而激发他们对文学作品的兴趣。

教师的幽默则如课堂中的调味剂,能使枯燥的知识变得妙趣横生。在数学课堂上,教师可以用幽默的语言解释复杂的数学概念。比如,在讲解函数概念时,教师说:"函数就像一场神秘的约会,自变量 x 每给出一个信号,因变量 y 就得乖乖地作出回应,它们之间有着一种默契的约定。"这样幽默的比喻让学生在欢声笑语中轻松理解了函数概念中自变量与因变量的关系,不仅提高了学生的学习兴趣,还减轻了学生对数学学习的恐惧心理。

教师的鼓励如同阳光雨露,滋养着学生的创造力。在课堂讨论中,当学生提出一个独特的观点或者新颖的想法时,教师及时给予肯定和鼓励:"你的想法非常有创意,这是一个很独特的视角,大家可以一起探讨一下。"这种鼓励让学生感受到自己的思考被认可和尊重,从而激发他们更加大胆地思考、勇于创新。例如,在科学实验课上,学生提出一种与传统实验方法不同的实验设计思路,教师鼓励学生按照自己的想法进行实验,并在实验过程中给予指导和帮助。即使实验结果可能并不完美,但学生在这个过程中锻炼了自己的创造力和实践能力,为今后的学习和创新奠定了基础。

3. 培养全面发展学生的关键所在

在 AI 技术不断发展的今天,虽然教育领域迎来了许多变革,但教师在情感交流与人文关怀方面的独特作用永远无法被替代。教师与学生之间真实的情感互动、对学生价值观和人格的精心培育以及在课堂上营造的充满活力与激情的学习氛围,都是教育中最温暖、最动人的部分,也是培养全面发展的学生的关键所在。教师应深刻认识到自身在这方面的重要性,不断提升自己的情感沟通能力和人文素养,以更好地陪伴学生成长,为学生的心灵注入源源不断的正能量,让教育之花在情感与关怀的滋养下绽放得更加绚烂多彩。

在面对不同年龄阶段的学生时,教师的情感交流与人文关怀方式也应有所不同。对于低年级学生,他们的情感更加直接和单纯,教师需要更多地给予身体上的亲近和安抚,如温柔的拥抱、亲切的拍拍等,同时用简单易懂、生动形象的语言与他们交流。而对于高年级学生,他们的情感更加复杂和内敛,教师则需要以平等、尊重的态度与他们进行深入的思想交流,倾听他们的烦恼和困惑,给予恰当的建议和引导。

教师在处理学生之间的情感冲突时,也发挥着重要的调解作用。当学生之间发生矛盾时,教师不应简单地评判对错,而要引导学生站在对方的角度去思考问题,理解他人的感受。例如,在两个学生因为争抢玩具而发生争吵时,教师可以说:"你们想一想,如果你们是对方,现在心里会是什么样的感受呢?玩具是大家一起玩的,有没有更好的办法可以让大家都开心呢?"通过这种引导,可以让学生学会换位思考,化解矛盾,同时也可以增进学生之间的情感理解和包容能力。

在特殊教育领域,教师的情感交流与人文关怀更具有特殊的意义。对于有特殊学习需求或心理障碍的学生,教师需要付出更多的耐心和爱心。例如,对于自闭症学生,教师要通过长期的观察和了解,找到与他们沟通的独特方式,可能是一个特定的眼神、一个简单的手势或者一句重复多次的话语。教师要给予他们足够的安全感和信任感,陪伴他们逐步走出自己的世界,融入集体生活。在这个过程中,教师的情感支持就像黑暗中的明灯,为这些特殊学生照亮前行的道路,帮助他们克服困难,实现自我成长和发展。

教师还可以通过与家长的密切合作,更好地满足学生的情感与心理需求。教师定期与家长沟通学生在学校和家庭中的表现,分享教育经验和方法,共同为学生营造一个和谐、温暖的成长环境。例如,当教师发现某个学生在学校情绪不稳定时,及时与家长联系,了解学生在家中的情况,共同分析原因,制定相应的教育策略。家长也可以将学生在家中的一些情感变化和问题反馈给教师,让教师在学校里给予关注和引导。通过这种家校合作的方式,形成教育合力,全方位地保障学生的情感健康和全面发展。

在教育评价体系中,也应更加注重对教师情感交流与人文关怀能力的评估。除了考察教师的教学知识和技能外,还应关注教师在课堂上与学生的情感互动频率、对学生情感需求的响应速度、在班级活动中对学生价值观和人格培养的成效等方面。这样的评价体系能够促使教师更加重视自身在情感交流与人文关怀方面的工作,不断提升自己的教育教学水平,为学生提供更加优质、全面的教育服务。

总之,教师在情感交流与人文关怀方面的角色是多维度、多层次的,贯穿于学生学习和成长的全过程。无论是在日常教学、班级管理还是在特殊教育、家校合作等方面,教师都以其独特的方式影响着学生的情感世界、价值观形成和人格塑造。在 AI 时代的教育浪潮中,我们应更加珍视教师这一不可替代的角色,充分发挥教师的情感力量,为培养具有健全人格、丰富情感和创新精神的新一代人才而努力。

3.3 数据解读与教学策略调整的能力要求

AI 技术在教育领域的应用产生了大量与学生学习相关的数据,教师需要具备数据解读的能力,并能够根据数据信息及时调整教学策略,以实现个性化教学和教学质量的提升。

1. 教育数据的类型与来源

教育的数据类型如图 3-3 所示。

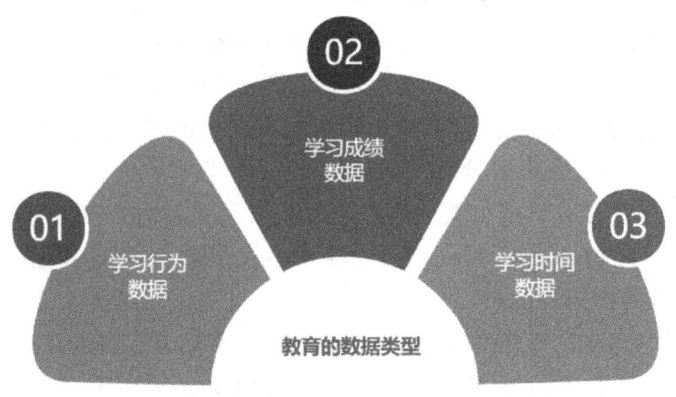

图 3-3 教育的数据类型

(1) 学习行为数据

学习行为数据是反映学生在学习过程中各种操作和交互活动的信息集合。这些数据犹如学生学习路径的足迹,详细记录了他们在学习旅程中的点点滴滴。例如,在在线学习平台上,学生的点击记录能够揭示他们对不同学习资源的关注程度。若某个学生频繁点击某一知识点的拓展阅读材料或视频讲解,这可能暗示该学生对这部分内容有着浓厚的兴趣或者在理解上存在一定的需求。浏览路径则像是学习旅程的地图,显示学生在学习平台上的导航轨迹,比如学生是按照课程推荐顺序依次学习,还是自主跳跃式地探索不同章节内容,这可以帮助教师了解学生的学习自主性和对知识体系的整体把握方式。

答题时间更是一个重要的学习行为指标。较长的答题时间可能意味着学生在思考问题时遇到了困难,或者对相关知识点的掌握不够熟练。例如,在数学作业平台上,一道简单的四则运算题,如果学生花费了远超平均答题时间的时长,那么教师就需要考虑学生是否在运算规则或计算技巧方面存在问题。此外,学生在学习过程中的暂停、回放、快进等操作也都被纳入学习行为数据范畴,这些操作反映了学生在学习节奏上的调整以及对特定内容的反复学习需求。

(2) 学习成绩数据

学习成绩数据是对学生知识掌握程度和学习效果的量化体现,具有直观性和总结性的特点。它涵盖了学生在各类考试、测验、作业、项目等评估活动中的得分情况。从日常的课堂小测验到阶段性的期中考试、期末考试,每一次的成绩记录都是学生学习成果的一个快照。例如,在文科考试中,学生的阅读理解得分、作文得分以及基础知识部分的得分分别反映了他们在文科不同能力维度上的表现。通过对这些成绩数据进行分析,教师可以清晰地看到学生在文科学习中的优势与不足。

在理科学习中,成绩数据的反馈更为细致。以物理学科为例,实验题得分、计算题得分以及概念理解题得分能够准确地反映学生在实验操作技能、数学应用能力以及物理概念掌握深度等方面的状况。而且,学习成绩数据的纵向对比可以反映学生的学习进步或退步趋势。如果一个学生在数学学科上,从学期初的较低成绩逐步提升到学期末的较高成绩,这表明学生在这一学期的数学学习过程中取得了良好的成长与进步,教师可以进一步分析其进步的原因,总结成功经验并推广。

(3) 学习时间数据

学习时间数据记录了学生在不同学习任务和学科知识学习上所投入的时间资源。它为教师了解学生的学习精力分配提供了重要依据。例如,通过智能学习系统记录的学生在不同学科课程视频观看时间,教师可以判断学生对各学科的重视程度和学习偏好。如果一个学生在历史课程视频上的观看时间明显多于其他学科,这可能显示该学生对历史学科有着浓厚的兴趣,但同时也需要关注是否存在对其他学科的忽视情况。

在具体知识点的学习时间数据方面,更是能够精准地定位学生的学习难点。比如在英语语法学习中,若学生在某个复杂语法点(如虚拟语气)的学习上花费了大量时间,这表明该语法点对学生来说具有较高的难度,教师需要在教学中给予更多的关注和针对性的讲解。此外,学习时间数据还可以结合学习效果进行综合分析。例如,有些学生可能在某个学科上投入了大量时间,但学习成绩却不尽如人意,这就需要教师深入探究是学习方法不当还是存在其他影响因素,从而调整教学策略,引导学生提高学习效率。

(4) 数据来源

智能学习系统作为教育数据的重要来源之一,凭借其强大的功能和智能化的设计,能够全方位地记录学生的学习过程。它不仅可以记录学生在学习平台上的各种操作行为,如点击、浏览、答题等,还能够根据学生的学习进度和表现,智能地推送个性化的学习资源和任务,并详细记录学生对这些资源的使用情况。例如,当系统检测到学生在数学函数知识点上存在薄弱环节时,会自动推送相关的练习题、讲解视频以及拓展阅读材料,并记录学生对这些推送内容的学习顺序、学习时长以及答题准确率等信息。

在线教学平台则侧重于收集学生在课程学习过程中的参与数据。在直播课程中,平台可以记录学生的上线时间、参与课堂互动(如提问、回答问题、参与讨论等)的频率和质量。在录播课程学习中,平台会记录学生的课程观看次数、观看时长以及是否按照要求完成课程中的作业和测试等信息。这些数据对于教师了解学生在在线教学环境下的学习状态和学习效果具有重要意义。

学校的教育管理信息系统主要存储学生的基本信息、课程安排以及考试成绩等较为宏观和结构化的数据。学生的基本信息包括姓名、年龄、性别、家庭背景等,这些信息可以为教师提供学生的个体差异背景资料。课程安排信息则有助于教师了解学生的学习任务分配和时间规划,从而更好地协调教学进度。而考试成绩数据在教育管理信息系统中的存储,方便了教师进行大规模的成绩统计和分析,为教学评价和教学策略调整提供了全面的数据支持。

2. 教师数据解读与教学策略调整的方法与实践

(1) 数据统计分析方法

掌握基本的数据统计分析方法是教师解读教育数据的基础。平均数作为一种常用的统计量,能够反映一组数据的中心趋势。例如,在分析班级学生的英语考试成绩时,计算平均成绩可以让教师快速了解班级整体在英语学科上的大致水平。如果班级英语平均成绩较高,说明整体教学效果较好,学生对英语知识的掌握较为扎实;反之,如果平均成绩较低,则需要教师反思教学过程中可能存在的问题,如教学方法是否得当、教学内容是否过于复杂等。

中位数则是将一组数据按照大小顺序排列后,处于中间位置的数值。它的优势在于不受极端值的影响,能够更稳健地反映数据的集中趋势。在分析学生的家庭作业完成时间数据时,中位数可以帮助教师了解大多数学生完成作业所需的时间。如果中位数时间过长或过短,教师可以相应地调整作业量或作业难度,以确保作业布置的合理性。

标准差是衡量数据离散程度的重要指标。在班级学生成绩分析中,标准差较小说明学生成绩相对集中,教学效果较为稳定;而标准差较大则表示学生成绩差异较大,可能存在部分学生学习困难或部分学生学习超前的情况。教师可以根据标准差的大小,进一步分析学生成绩的分布情况,针对成绩差异较大的情况,采取分层教学或个别辅导的策略,满足不同层次学生的学习需求。

(2) 数据挖掘技术与可视化工具

数据挖掘技术为教师深入挖掘教育数据背后的隐藏信息提供了强大的手段。通过关联规则挖掘算法,教师可以发现学生学习行为数据之间的潜在关联。例如,在分析学生在在线学习平台上的学习行为时,发现经常观看数学概念讲解视频的学生,在相关知识点的练习题答题准确率较高,这就提示教师在教学中可以加强概念讲解与练习之间的紧密联系,优化教学流程。

聚类分析则可以根据学生的学习特征将学生分为不同的群体。例如,根据学生的学习成绩、学习时间、学习行为等多维度数据进行聚类分析,将学生分为学习优秀且高效组、学习中等但努力组、学习困难组等不同类别。教师针对不同群体的学生,可以制定个性化的教学计划和辅导策略。对于学习优秀且高效的学生,可以提供一些拓展性的学习资源和挑战性的任务,激发他们的进一步潜力;对于学习困难的学生,则可以给予更多的基础知识巩固练习和一对一的辅导。

数据可视化工具在教育数据解读中扮演着重要的角色。柱状图以直观的柱形高度对比,清晰地展示不同类别数据之间的数量差异。例如,在比较不同学科学生的作业完成率时,通过柱状图可以一目了然地看到哪个学科的作业完成情况较好,哪个学科存在问题。折线图则善于表现数据随时间或其他连续变量的变化趋势。如通过绘制学生在一学期内不同阶段的数学成绩变化折线图,教师可以直观地观察到学生的学习进步或退步情况,及时发现成绩波动的节点,并分析其原因,如是否在某个知识点的教学后出现了成绩下滑,从而及时调整教学策略。饼图则能够展示各部分数据在总体中所占的比例关系。在分析学生在不同学习资源(如教材、网络课程、课外辅导资料等)上的使用时间占比时,饼图可以清晰地呈现出各种学习资源在学生学习过程中的重要性程度,帮助教师优化学习资源推荐策略。

(3) 教学策略调整实践

当数据显示大部分学生在某个知识点上理解困难时,教师需要采取一系列有针对性的教学策略调整措施。首先,放慢教学进度是关键的一步。例如在物理学科的电学知识教学中,如果大部分学生对电路分析中的复杂电路计算理解困难,教师可以适当减少新知识点的引入,增加对当前电路计算知识点的讲解时间,从基本的电路原理、欧姆定律的应用等方面进行更细致的剖析。同时,增加相关的案例分析也是必不可少的。教师可以收集更多生活中的电路实例,如家庭电路故障分析、简单电路设计等案例,让学生在实际情境中理解电路计算的应用,提高他们的理解能力。

针对个别学生学习成绩持续下滑且学习行为异常的情况,教师要制订个性化的学习辅导计划。以一名在化学学科上出现此类问题的学生为例,教师首先要深入分析其学习数据,发现该学生在化学实验知识和化学方程式的书写方面存在较大问题,且在学习过程中经常跳过实验视频观看环节,作业完成时间较短且错误率高。基于这些分析,教师可以为其推荐专门针对化学实验原理讲解和化学方程式书写技巧的微视频课程,要求学生按照一定的学习计划观看,并做好学习笔记。同时,布置有针对性的练习题,从简单的实验现象描述题到复杂的化学方程式配平题,逐步查找学生的知识漏洞。教师还需要定期与学生交流学习情况,每周安排一次面谈或线上交流,检查学生的学习进度和效果,解答学生在学习过程中遇到的问题,鼓励学生积极面对学习困难,逐步提高学习成绩。

(4) 教学评价与教学反思

利用数据进行教学评价和教学反思是教师不断提升教学质量的重要环节。

在教学评价方面,通过对教学前后学生数据的对比分析,可以全面、客观地评估教学策略调整的有效性。例如,在采用小组合作学习策略后,教师可以对比分析学生在团队合作能力评价数据、学科知识测验成绩数据以及学习态度调查数据等方面的前后变化。如果数据显示学生在团队合作能力方面的得分显著提高,在学科知识测验中成绩也有所上升,且学习态度更加积极主动,那么可以认为小组合作学习策略在该班级的教学中是有效的。表3-1为心理学系教师教学质量评价表。

表3-1 心理学系教师教学质量评价表

被评教师姓名＿＿＿＿＿＿　＿＿＿＿＿＿教研室　　　测评时间＿＿＿年＿＿月＿＿日

评价项目	项目分数	评价指标	指标分值	A 1	B 0.75	C 0.5	D 0.25
教学态度	25	治学严谨,为人师表	10				
		备课认真、充分	10				
		不随意调停课,无教学事故	5				
课程建设	10	纸质和电子教案规范、完整,并不断更新	10				
教学内容	25	内容丰富,反映学科的新成果	10				
		重点突出,难度、深度、广度适宜	10				
		符合教学大纲要求	5				
教学方法	15	教学方法灵活多样,生动有趣,启发式教学	5				
		运用现代化教学手段	5				
		注重学生能力的培养	5				
授课能力	15	内容熟练,条理清晰,逻辑性强	8				
		语言生动、简练,用普通话,适当运用专业外语词汇	7				
授课效果	10	调动学生学习积极性,课堂气氛好	10				
总　分							

在教学反思过程中,教师可以根据数据反馈总结教学经验教训。例如,如果在某个知识点的教学中,尽管采用了多种教学方法,但学生的理解程度仍然较低,通过对学生学习行为数据和成绩数据的分析,发现是教学内容的呈现顺序不合理导致学生难以建立起知识之间的联系。那么教师在后续教学中就可以调整教学内容的组织方式,按照学生更容易接受的逻辑顺序进行讲解,提高教学效果。同时,教师还可以将自己的教学反思与其他教师分享,开展教学研讨活动,共同探讨基于数据的教学策略优化方法,促进整个教师团队的专业成长。

在当今数字化教育时代,教师具备数据解读与教学策略调整的能力是实现精准教学、个性化教学以及提升教学质量的关键所在。教师需要不断学习和掌握数据相关的知识与技能,善于运用数据为教学服务,将数据驱动的教学理念贯穿于整个教育教学过程中,以培养适应新时代需求的高素质人才。

3. 其他

在数据解读与教学策略调整的过程中,教师还需要考虑数据的质量和可靠性。由于数据来源的多样性和复杂性,可能存在数据缺失、错误或不准确的情况。例如,在线学习平台可能因为网络故障使部分学生的学习行为数据记录不全,或者学生在答题时可能因为误操作而产生错误的答题数据。教师在分析数据之前,需要对数据进行清洗和预处理,识别并纠正错误数据,补充缺失数据,以确保数据的质量和可靠性。这就要求教师具备一定的数据处理技能和严谨的数据分析态度。

同时,教师在根据数据调整教学策略时,要注重教学的整体性和系统性。不能因为某个数据指标的变化而片面地调整教学策略,而应该综合考虑学生的多方面发展需求、教学目标、教学内容以及教学环境等因素。例如,在提高学生的数学成绩时,不能只注重数学知识的传授和练习,还需要考虑学生的数学思维能力、学习兴趣以及数学在实际生活中的应用等方面。教师可以通过设计数学实践活动、数学竞赛等方式,激发学生的学习兴趣和竞争意识,培养学生的数学思维能力和应用能力,从而实现数学教学的全面提升。

此外,教师还可以利用数据开展预测性分析,提前发现学生可能存在的学习问题或风险,并采取相应的预防措施。例如,通过对学生前期学习行为数据和成绩数据的分析,建立预测模型,预测学生在未来某个知识点或学科学习上可能出现的困难。教师可以根据预测结果,提前调整教学计划,为学生提供预防性的学习辅导或资源支持,如提前推送相关的预习资料、开展前置性的知识讲座等,降低学生学习困难的发生率,提高教学的前瞻性和有效性。

在教育数据的使用过程中,教师还需要关注数据隐私和安全问题。学生的学习数据包含大量的个人信息和学习隐私,教师要严格遵守相关的数据保护法律法规,妥善保管和使用学生数据,确保数据不被泄露或滥用。在与其他教师或教育机构共享数据时,要经过合法的授权和加密处理,保护学生的合法权益。只有在合法、合规、安全的前提下,才能充分发挥教育数据在教学中的价值,促进教育教学的创新与发展。

总之,教师在数据解读与教学策略调整方面的能力要求是多方面的、综合性的。教师要不断提升自己的数据素养,将数据与教学实践紧密结合,在数据的海洋中精准导航,为学生的学习和成长提供更加优质、高效的教育服务,推动教育事业向着更加智能化、个性化、精准化的方向发展。

3.4 终身学习理念的践行者

在 AI 赋能的教育时代,知识更新换代的速度日益加快,教师必须成为终身学习理念的践行者,不断提升自身的专业素养和综合能力,以适应教育教学的新要求。

1. 教育领域知识更新与技术变革对教师的挑战

(1)知识体系的快速扩张与融合

在当今时代,科技的迅猛发展犹如一股汹涌澎湃的浪潮,推动着教育领域知识体系以前所未有的速度不断扩张与深度融合。以人工智能领域为例,其知识的更新换代可谓日新月异。从最初的简单机器学习算法,如线性回归、决策树等,到如今复杂的深度学习架构,像卷积神经网络(CNN)、循环神经网络(RNN)及其变体长短期记忆网络(LSTM)和门控循环单元(GRU)等,新的理论、模型和技术不断涌现。这些知识不仅在计算机科学、信息技术等相关专业领域中占据核心地位,而且逐渐渗透到其他众多学科中。

在基础教育阶段,数学学科开始引入人工智能算法中的数学原理如概率统计知识,用于解释数据的分布与预测;物理学科则与人工智能硬件研发中的电子学、电磁学知识相联系,帮助学生理解智能设备的物理基础。在高等教育领域,跨学科融合更为显著。例如:生物信息学专业将生物学知识与计算机科学中的数据处理、人工智能算法相结合,用于基因序列分析、蛋白质结构预测等研究;环境科学专业借助大数据分析和人工智能模型,对环境监测数据进行处理与预测,从而更精准地评估环境质量与变化趋势。这种知识的快速扩张与融合使得教师原有的知识储备面临巨大挑战。如果教师仍然局限于传统的学科知识体系,不及时学习新兴领域的知识,就难以在教学中为学生提供全面、深入且具有前瞻性的知识讲解,无法满足学生对多元知识融合的学习需求,导致学生在面对跨学科问题和实际应用场景时感到困惑和无助。

(2) 教育技术创新对教学模式的颠覆

教育技术的创新如同一股强大的变革力量,正在彻底颠覆传统的教学模式。在线教学平台的兴起打破了时间与空间的限制,使教学不再局限于教室的四面墙壁之内。例如,在疫情期间,全球范围内的学校大规模采用在线教学平台,教师通过视频直播进行授课,学生可以在任何有网络连接的地方参与学习。这种教学模式的转变要求教师具备熟练操作在线教学平台的能力,包括课程设置、直播互动、作业布置与批改、在线考试等功能的运用。

智能教学工具的出现则为个性化教学提供了有力支持。如智能学习系统能够根据学生的学习进度、答题情况等数据,自动生成个性化的学习计划和练习题目。教师需要了解这些智能教学工具的工作原理和使用方法,以便更好地引导学生利用这些工具进行自主学习。然而,许多教师在传统教学模式下长期形成的教学思维和方法难以迅速适应这种变革。他们可能习惯于面对面的讲授式教学,对于如何在虚拟的网络环境中激发学生的学习兴趣、维持课堂纪律、进行有效的师生互动感到迷茫。

虚拟现实(VR)教育应用更是为教学带来了全新的体验维度。在自然等学科教学中,VR技术可以让学生身临其境地感受历史事件发生的场景或地理环境的特点。例如,学生可以"穿越"到古代战场,目睹战争的惨烈,或者"走进"热带雨林,近距离观察珍稀动植物。但教师要想将VR技术有效地融入教学,就需要掌握VR内容的制作、设备的操作与维护以及如何设计基于VR体验的教学活动等知识和技能。如果教师不能及时跟上这些教育技术创新的步伐,就会在教学中处于被动地位,无法充分利用新技术的优势提升教学质量,甚至可能因为教学方法的陈旧而使学生对学习失去兴趣,影响教育教学的效果。

2. 教师终身学习的途径与方法

(1) 专业培训与学术研讨会

专业培训和学术研讨会是教师终身学习的重要途径之一,它们犹如知识的盛宴和思想的交流场,为教师提供了丰富的学习资源和广阔的交流空间。教育部门、学校以及各类教育机构定期组织的教师培训活动涵盖了多个方面的内容,旨在满足教师在不同领域的学习需求。

在学科知识更新培训方面,针对不同学科的教师,会邀请行业内的专家学者进行前沿知识的讲解。例如,在数学学科培训中,专家可能会介绍最新的数学研究成果,如拓扑数据分析在大数据处理中的应用,以及如何将这些新知识融入中学数学教学中,使学生在基础阶段就能接触到数学领域的前沿动态,激发他们对数学的探索欲望。在教育教学方法改进培训中,培训者会分享各种创新的教学方法,如项目式学习、问题导向学习等,并通过实际案例分析和模拟教学场景,让教师亲身体验这些方法的实施过程和效果。教师可以学习到如何设计有效的项目任务,引导学生在解决实际问题的过程中掌握知识和技能,培养学生的创新思维和合作能力。

教育技术应用培训则专注于帮助教师掌握最新的教育技术工具。例如,培训教师如何使用在线教学平台的高级功能,如利用平台的数据分析功能了解学生的学习行为和进度,以便及时调整教学策略,如何制作高质量的教学视频,包括视频拍摄技巧、剪辑软件的使用以及如何在视频中融入互动元素,提升学生的观看体验。学术研讨会更是汇聚了教育领域的精英人才,教师在这里可以与同行们深入交流教学经验、分享研究成果、探讨教育发展的趋势。例如,在国际教育技术研讨会上,来自不同国家和地区的教师和教育研究者们会展示他们在教育技术应用方面的实践案例,如某个国家如何利用人工智能技术实现个性化学习路径的推荐,另一个地区如何通过虚拟现实技术提升特殊教育的效果等。教师通过参与这些研讨会,可以开阔自己的视野,了解到全球范围内教育领域的最新实践和研究成果,从而启发自己在教学中的创新思维,将先进的理念和方法带回自己的课堂。

(2)网络资源自主学习

网络资源为教师的自主学习提供了前所未有的便捷与高效。在线学习平台如Coursera、EdX等,汇集了全球顶尖高校和教育机构的课程资源,涵盖了各个学科领域和教育相关主题。教师可以根据自己的专业背景和学习需求,自由选择课程进行学习。例如,一位文科教师如果想要提升自己在古代文学研究方面的水平,可以在Coursera上选修知名大学开设的"中国古代文学经典研读"课程,通过观看视频讲座、参与在线讨论、完成课程作业等方式,深入学习古代文学作品的内涵、历史背景、文学流派以及研究方法等知识,与来自不同地区的学习者共同探讨古代文学的魅力,拓宽自己的学术视野。

学术论文数据库如中国知网、Web of Science等,是教师获取最新研究成果和学术动态的宝库。教师可以定期搜索与自己教学学科和教育研究方向相关的论文,了解该领域的前沿理论、研究方法和实践经验。例如,一位物理教师在准备教授量子力学课程时,可以通过搜索相关学术论文,了解量子力学领域的最新研究进展,如量子纠缠在量子通信中的应用研究,将这些最新知识融入课程教学中,使教学内容更具时代性和科学性。教育博客和社交媒体账号则为教师提供了一个更加灵活、互动性更强的学习交流平台。许多教育领域的知名学者、专家以及优秀教师会在博客或社交媒体上分享自己的教学心得、教育思考和研究成果。教师可以关注这些账号,及时获取他们的最新见解。例如,在微博上关注一些教育"大V",他们可能会分享一些关于课堂管理的小技巧、如何激发学生学习动机的案例分析,或者对教育政策的解读等内容。教师可以在评论区与他们互动交流,提出自己的疑问和看法,形成一个良好的学习社区,促进自己的专业成长。

(3) 教育科研活动

参与教育科研活动是教师终身学习的核心环节之一,它为教师提供了深入实践、探索创新的机会,使教师能够在解决教育教学实际问题的过程中不断提升自己的专业素养和综合能力。教师开展教育科研项目通常从发现教育教学中的实际问题开始。例如,在观察到学生在数学学习中普遍存在对应用题理解困难的现象后,教师可以将"如何提高学生数学应用题解题能力"作为研究课题。

在研究过程中,教师可以采用多种研究方法。实验研究方法可以通过设置实验组和对照组,对比不同教学策略对学生应用题解题能力的影响。例如:在实验组采用情境教学法,将应用题与实际生活情境相结合,让学生在具体情境中理解问题、分析问题并解决问题;在对照组采用传统教学方法,然后通过对两组学生在一段时间后的解题能力测试成绩进行统计分析,得出哪种教学方法更有效的结论。行动研究方法则强调教师在自己的教学实践中不断反思、调整和改进。教师可以在日常教学中尝试不同的教学策略,如改变应用题的呈现方式、增加解题思路的引导步骤等,观察学生的反应和学习效果,并根据学生的反馈及时调整教学策略,在实践中探索最适合学生的教学方法。

通过参与教育科研活动,教师不仅能够解决实际教学中的问题,提高教学质量,还能够深入了解教育教学的规律和本质。在研究过程中,教师需要查阅大量的文献资料,了解前人在该领域的研究成果和研究方法,这有助于教师构建更加系统的教育理论知识体系。同时,在撰写科研论文、报告研究成果的过程中,教师需要对研究数据进行深入分析,运用科学的研究方法和规范的学术语言进行表达,这也锻炼了教师的科研写作能力和逻辑思维能力。此外,参与教育科研项目还可以促进教师之间的合作与交流。在项目研究团队中,教师们可以共同探讨问题、分享经验、分工协作,形成良好的学习共同体,进一步推动教师的专业成长和教育教学改革的深入发展。

(4) 学以致用

教师在终身学习过程中所获取的知识和技能,只有通过与教学实践的紧密结合,才能真正发挥价值,实现教学质量的提升。当教师学习了一种新的教学方法,如合作学习法后,不能仅仅停留在理论层面的理解,而要积极将其应用到课堂教学中。在实施合作学习法时,教师首先要根据教学内容和学生的特点合理分组,确保小组内成员各具优势、能够相互学习。例如,在英语阅读课上,将阅读能力较强、口语表达较好、思维较为活跃的学生合理分配到各个小组中。然后,教师要明确小组任务,如让小组共同阅读一篇文章,分析文章的主题、结构、语言特点,并制作一份阅读报告。在小组合作过程中,教师要密切关注学生的互动情况,引导学生进行有效的沟通与协作。例如,当小组内出现意见分歧时,教师可以引导学生倾听他人的观点,通过讨论、辩论等方式达成共识。同时,教师要及时给予学生反馈和指导,当发现某个小组在分析文章结构遇到困难时,教师可以提供一些提示或引导性问题,帮助学生理清思路。

在教学结束后,教师要根据学生的学习效果和反馈对教学方法进行反思和调整。如果发现学生在合作学习过程中存在参与度不均衡的情况,部分学生过于主导,部分学生参与较少,教师可以在后续教学中调整分组方式或任务分配策略,鼓励每个学生积极参与。通过这种理论与实践的反复循环,教师不断优化自己的教学方法,提高教学效果,同时也加深了对所学理论知识的理解和掌握,真正实现了学以致用,使终身学习成为推动教育教学质量持续提升的强大动力。

3. 提升自身的专业素养和综合能力

在AI赋能的教育时代,教师作为终身学习理念的践行者,面临着前所未有的挑战与机遇。通过积极应对知识更新与技术变革的挑战,充分利用各种终身学习的途径与方法,不断提升自身的专业素养和综合能力,并将所学知识与教学实践紧密结合,教师能够在这个快速变化的时代中始终保持教育教学的活力与先进性,为学生的成长与发展提供更加优质、高效的教育服务,同时也为教育事业的创新与发展贡献自己的力量。

教师在终身学习过程中,还需要培养自我管理和自我激励的能力。由于终身学习是一个持续不断的过程,没有外部的强制约束,教师需要依靠自身的内在动力和良好的自我管理能力来坚持学习。教师可以制订详细的学习计划,设定明确的学习目标,并将学习任务分解为具体的小目标,按照计划逐步推进学习进程。例如,每周安排一定的时间用于阅读学术论文,每月参加一次在线学习课程的学习,每学期参与一个教育科研项目等。同时,教师要学会自我激励,当完成一个学习小目标或取得一定的学习成果时,给自己适当的奖励,如购买一本喜欢的书籍、安排一次休闲旅行等,以增强学习的成就感和动力。

此外,教师的终身学习还应注重跨学科知识的整合与应用。在当今复杂多变的社会环境下,许多实际问题都需要用跨学科的知识和思维方式来解决。教师在学习过程中,不能仅仅局限于自己的专业学科领域,而应广泛涉猎其他学科知识,如自然科学、社会科学、人文艺术等领域,并尝试将这些知识与自己的教学学科进行有机整合。例如:在文科教学中,可以引入历史、哲学、艺术等学科的知识,帮助学生更好地理解文学作品的文化背景、思想内涵和艺术价值;在科学教学中,可以结合社会科学中的伦理学知识,引导学生思考科学技术发展带来的伦理问题,培养学生的社会责任意识。通过跨学科知识的整合与应用,教师能够为学生提供更加全面、综合的教育,培养学生的跨学科思维能力和综合素养,使学生更好地适应未来社会的发展需求。

同时,学校和教育管理部门也应为教师的终身学习提供支持和保障。学校可以建立完善的教师培训体系,定期组织教师参加各种培训活动,并为教师提供学习资源和学习时间。例如:学校可以购买在线学习平台的会员资格,供教师免费使用;为教师安排专门的学习时间,减少教师的教学工作量,让教师有足够的时间进行学习和研究。教育管理部门可以制定相关政策,鼓励教师参与终身学习,如:设立教师教育科研基金,对开展教育科研项目的教师给予资金支持;建立教师终身学习成果评价机制,将教师的终身学习成果与教师的职称评定、绩效考核等挂钩,激励教师积极投身于终身学习。只有教师自身努力与学校、教育管理部门的支持相结合,才能形成良好的教师终身学习生态环境,推动教师终身学习理念的深入贯彻和实施,促进教育事业的可持续发展。

3.5 伦理道德与隐私保护的守护者

在 AI 广泛应用于教育的背景下,教师还肩负着伦理道德与隐私保护的重要责任。确保教育数据的安全、合理使用以及遵循伦理道德规范,是维护教育公平、保障学生权益的关键。

1. 教育数据隐私与安全问题

(1) 教育数据的敏感性与潜在风险

在 AI 深度融入教育的当下,所涉及的教育数据具有高度的敏感性。学生的个人信息,涵盖了姓名、年龄、家庭住址、联系方式等基本资料,这些信息一旦泄露,可能会使学生遭受不必要的骚扰,如垃圾短信、诈骗电话的侵扰,甚至还可能面临人身安全威胁。学习成绩数据更是关乎学生的学业发展与未来规划,成绩的篡改或不当曝光可能会对学生的升学、评优、奖学金评定等产生严重的负面影响,损害学生的声誉与自信心。例如,若学生的高考成绩被恶意篡改或泄露,可能导致其失去进入理想高校的机会,改变整个人生轨迹。

学习行为习惯数据同样不容忽视,它记录了学生在学习过程中的偏好、努力程度、学习时长以及对不同知识点的掌握情况等细节。这些数据若被不法分子获取,可能会被用于精准营销,向学生推送大量不适当的学习产品或服务广告,干扰学生的正常学习生活,或者被用于构建学生的心理画像,进行心理操控或诱导消费等恶意行为。例如,某些不良商家可能会根据学生在学习平台上频繁查询某类学科辅导资料的行为,向其推送高价但质量参差不齐的辅导课程,给学生家庭带来经济压力的同时,也影响了学生对正规学习资源的选择与信任。

(2) 数据收集环节的隐私隐患

数据收集作为教育数据生命周期的起始点,存在诸多可能侵犯学生隐私的隐患。部分智能学习系统在设计之初,未充分重视隐私保护原则,在收集学生数据时,未能清晰、明确地告知学生及家长数据的具体用途、精确的收集范围以及安全可靠的存储方式。这种信息不对称使得学生和家长在不知情的情况下,个人数据被悄然收集,严重违背了尊重学生知情权与隐私权的伦理要求。例如,一些学习 APP 在学生首次使用时,仅以模糊笼统的条款提示用户同意数据收集,却未详细说明这些数据将用于个性化广告推送、与第三方共享等具体用途,导致学生在使用过程中不断暴露个人隐私信息。

更有甚者,某些数据收集行为在未经学生或家长明确同意的情况下,擅自获取一些并非直接与教学相关的不必要数据。这些多余的数据收集行为不仅增加了数据泄露的风险,也进一步侵犯了学生的隐私。例如,一些在线学习平台可能会收集学生浏览其他无关网站的历史记录,或者在学生使用移动设备学习时,获取设备的地理位置信息等与学习本身并无直接关联的数据,这种过度收集行为超出了教育数据合理收集的边界,引发了严重的隐私保护争议。

2. 教师在伦理道德与隐私保护中的角色与行动

(1) 教育与宣传

教师在教育数据隐私与安全保护体系中扮演着教育者与宣传者的重要角色。在每学期的开学第一课,教师应将数据保护知识作为重要内容进行讲解,系统地介绍学校在数据收集与使用方面的政策框架、具体措施以及遵循的法律法规依据。通过生动形象的案例分析,向学生和家长深入浅出地阐述数据安全的重要性以及数据泄露可能带来的严重后果,使他们深刻认识到保护个人数据的紧迫性与必要性。例如,教师可以讲述因个人信息泄露导致信用卡被盗刷的真实案例,让学生和家长直观感受到数据安全与自身利益息息相关。

同时,教师要详细告知学生和家长他们在数据保护中的权利与义务。学生有权了解自己的哪些数据被收集、用于何处以及如何存储和共享;在数据收集过程中,他们有权拒绝提供某些非必要的数据,并且有权要求对自己的数据进行查看、更正或删除等操作。而家长作为学生的法定监护人,有责任监督学校和教育机构的数据处理行为,确保其符合法律法规和伦理道德规范。教师通过明确这些权利与义务,使学生和家长能够在数据保护中积极主动地行使自己的权利,履行相应的义务,形成家校共同维护数据安全的良好氛围。

在日常教学过程中,教师还应将数据保护意识融入学科教学中。在信息技术课程里,可以专门设置数据隐私保护的教学模块,教授学生如何设置强密码、识别网络诈骗手段、保护个人在线隐私等实用技能;在道德与法治课程中,引导学生讨论数据隐私保护与个人权利、社会伦理的关系,培养学生尊重他人隐私、保护自己隐私的道德观念。通过这种全方位、多渠道的教育与宣传方式,逐步提升学生和家长的数据安全意识,使数据保护成为全体教育参与者的自觉行动。

(2) 合规与监督

教师作为教育数据处理的直接参与者,必须严格遵守相关的法律法规和伦理道德规范,在数据收集环节做到合法、必要、正当。在开展任何涉及学生数据收集的教学活动之前,教师应仔细审查数据收集工具或平台的数据收集协议,确保其明确规定了数据的用途仅限于教学相关目的,如个性化学习推荐、教学效果评估等,并且收集范围严格限定在实现这些目的所必需的最小范围内。例如,在使用在线作业提交平台时,教师要确认平台仅收集学生的作业答案、完成时间等与作业评价直接相关的数据,而不会收集学生的其他无关操作信息。

在数据收集过程中,教师必须获得学生或家长的明确书面同意。这种同意应当是基于充分知情的基础上,即学生和家长清楚了解数据收集的目的、方式、范围以及可能的风险等关键信息。教师可以通过发放详细的知情同意书、召开家长会进行专门讲解等方式,确保学生和家长能够全面理解并自愿签署同意书。同时,教师要对同意书的签署过程进行妥善记录和保存,以备后续查验。例如,在组织学生使用一款新的智能学习软件时,教师应提前将软件开发商提供的详细数据收集说明文档转发给家长,召开线上家长会进行详细解读,解答家长的疑问,然后让家长在电子同意书上签字确认,并将签字记录保存于学校的教学档案管理系统中。

对于数据的存储和管理，教师要积极与学校的数据管理部门或信息系统管理团队密切合作。了解学校所采用的数据存储安全技术措施，如数据加密算法的强度与应用范围、访问权限控制的层级与粒度等。教师应定期与数据管理人员沟通，了解数据存储环境的安全性评估结果，确保数据在存储过程中不会因技术漏洞或管理不善而面临泄露风险。例如，教师可以每学期与学校数据中心的技术人员进行一次交流，了解学校服务器的安全防护升级情况、数据备份策略以及是否存在潜在的安全隐患等信息。如果教师在教学过程中发现数据存在安全隐患，如发现学生成绩数据在未经授权的情况下被异常访问，或者数据存储设备出现故障可能导致数据丢失等情况，应立即向上级部门报告，同时采取必要的应急措施，如暂停相关数据操作、通知学生和家长注意可能存在的数据风险等，以最大限度地保护学生的数据权益。

（3）公平与公正

在利用教育数据进行教学决策和评价时，教师要始终坚守公平、公正、透明的原则，确保数据不会成为歧视学生或对学生进行不合理分类的工具。教师应认识到，数据仅仅是反映学生学习情况的一个方面，不能仅凭单一的数据指标或几个数据点就对学生的整体学习能力和潜力作出片面的判断。例如，不能仅仅因为学生在某次考试中的成绩不理想，或者在某个学习平台上的学习时长较短，就认定该学生学习不努力或能力不足，而忽略了学生可能在其他方面的优势或特殊情况，如学生可能在实践操作能力、创新思维能力、团队协作能力等方面表现出色，但这些能力未能在传统的数据指标中得到充分体现。

3. 构建一个全面、客观的评价体系

教师在进行教学评价时，应综合考虑多方面的因素，构建一个全面、客观的评价体系。除了学习成绩数据外，还应纳入学生的课堂表现、作业完成质量、项目参与度、学习态度、进步幅度等多维度信息。例如，在评价学生的文科学习成果时，不仅要关注学生的考试成绩，还要分析学生在课堂讨论中的发言质量、作文的创意与表达深度、课外阅读的广度与深度等方面的表现。通过这种多维度的综合评价，教师能够更全面地了解学生的学习状况，避免因数据的局限性而对学生产生不公平的评价。具体如表 3-2 所示。

表 3-2　全面客观的评价体系构建

评价方面	说明
在教学决策方面	如制订个性化学习计划、推荐学习资源、进行分层教学等，教师要以促进学生的全面发展为出发点，根据学生的个体差异和实际需求合理运用数据。例如，在为学生推荐课外阅读书籍时，不能仅仅依据学生的学科成绩数据选择难度相同的书籍，而应结合学生的阅读兴趣、阅读水平以及个人成长目标等因素，为不同的学生推荐适合他们的个性化阅读书单。同时，教师在利用数据进行教学决策和评价的过程中，要保持透明，向学生和家长解释清楚数据的使用方式和依据，使他们能够理解并认可教学决策的公正性和合理性。例如，在学期末的综合素质评价报告中，教师应详细说明各项评价指标的数据来源、权重分配以及如何根据这些数据得出最终的评价结果，让学生和家长能够清晰地看到评价过程的公平性与客观性，增强对教师教学工作的信任与支持

续表

评价方面	说明
在数据伦理道德与隐私保护方面	在 AI 赋能教育的时代背景下，教师作为伦理道德与隐私保护的守护者，承担着极为重要的责任。通过提升数据安全意识、确保数据收集与存储安全以及合理运用数据进行教学决策等多方面的努力，教师能够有效地维护教育数据的伦理道德底线，保障学生的隐私权益，促进教育公平与公正的实现。这不仅有助于构建一个健康、安全、可持续发展的教育数据生态环境，也为学生在数字化时代的成长与发展提供了坚实的保障。教师在数据伦理道德与隐私保护方面的角色还体现在引导学生正确对待数据隐私和伦理问题上。随着学生越来越多地接触数字技术和在线学习平台，他们也逐渐成为数据的生产者和使用者。教师需要教育学生如何在网络环境中保护自己的隐私，例如，教导学生不要随意在不可信的网站上输入个人信息，如何设置社交媒体的隐私选项等。同时，教师要引导学生思考数据使用中的伦理问题，如在使用他人创作的学习资料时要尊重知识产权，在进行小组合作项目时如何合理共享数据并保护团队成员的隐私等。通过这些教育引导，培养学生的数字素养和道德责任感，使他们成为具有良好数据伦理意识的数字公民
在学校层面	应建立健全的数据伦理审查机制和隐私保护制度，教师应积极参与其中。数据伦理审查机制可以对学校引入的新教育技术、数据收集项目以及数据使用政策等进行伦理审查，确保其符合教育伦理道德和隐私保护要求。教师作为教育教学的一线人员，能够提供丰富的实践经验和学生视角的反馈，为审查机制的有效运行提供重要支持。隐私保护制度则应明确规定数据收集、存储、使用、共享等各个环节的具体要求和责任主体，教师要严格遵守这些制度，并监督制度的执行情况，发现问题及时提出改进建议。通过学校和教师的共同努力，形成一套完善的数据伦理与隐私保护体系，为教育数据的合理使用和学生权益保护提供制度保障
在社会层面	教师还应积极参与关于教育数据伦理和隐私保护的公共讨论和政策倡导活动。随着教育数据化的不断发展，相关的社会问题和政策需求日益凸显。教师可以通过参加教育行业研讨会、撰写教育博客、参与社交媒体讨论等方式，分享自己在教育数据实践中的经验和见解，呼吁社会各界关注教育数据的伦理道德与隐私保护问题，推动相关政策法规的完善和社会意识的提升。例如，教师可以结合自己在教学中遇到的数据隐私泄露风险案例，向教育部门提出加强教育数据安全监管的政策建议，或者向公众宣传数据保护对学生成长和教育公平的重要性，促进形成全社会共同关注和保护教育数据隐私与安全的良好氛围

此外，教师在面对数据驱动的教育决策与传统教育经验之间的冲突时，需要进行深入的思考和权衡。虽然数据可以为教学提供客观的依据和精准的指导，但教育是一门复杂的艺术，学生的成长受到多种因素的综合影响，并非所有的教育现象和学生需求都能通过数据完全量化和体现。例如，教师对学生的情感关怀、个性化的启发引导以及在特定教育情境下的直觉判断等传统教育经验在学生的成长过程中也有着不可忽视的作用。因此，教师要在数据驱动的决策和传统教育经验之间找到平衡，将数据作为一种有力的工具，与教育智慧相结合，共同服务于学生的全面发展。

总之，教师在教育数据伦理道德与隐私保护方面的角色是多维度、多层次的，涵盖了从课堂教学到学校管理，从学生教育到社会参与的各个环节。只有教师充分认识到这一角色的重要性，并积极履行相应的职责，才能在 AI 赋能教育的时代背景下，保障教育数据的合理使用和学生权益的有效维护，推动教育事业朝着更加健康、公平、可持续的方向发展。

综上所述，在 AI 赋能的教育时代，教师的角色发生了深刻的转变和拓展。从知识传授者到学习引导者，从情感交流与人文关怀的提供者到数据解读与教学策略调整者，从终身学习理念的践行者到伦理道德与隐私保护的守护者，教师需要不断适应新的角色要求，提升自身的综合素质和能力，以更好地应对教育领域的变革，为学生的成长和发展提供优质的教育服务。这不仅需要教师自身的努力，也需要教育部门、学校以及社会各界的支持与配合，共同构建一个适应 AI 时代的良好教育生态环境。

第 4 章
教师应对 AI 赋能的个性化教学能力培养

4.1 技术素养提升

在当今数字化转型加速的时代背景下,AI 技术已深入渗透到教育领域,成为推动教育变革的核心力量。教师作为教育活动的关键引领者,其技术素养的提升对于成功实施 AI 赋能的个性化教学具有不可替代的重要性。这不仅关乎教师能否熟练运用各类先进的教育工具与平台,更影响着他们在全新教育生态中能否有效引导学生成长与发展。

1. 了解 AI 教育工具与平台的功能特性

(1) 智能教学系统剖析

在 AI 深度融入教育教学的当下,智能教学系统犹如一座蕴藏无尽宝藏的数据金矿与智能引擎。平台的数据分析引擎恰似精密运转的中枢神经,能够以令人惊叹的速度和精度,实时捕捉学生在学习之旅中每一个细微的行为表现、每一项学习成果的达成以及每一种学习偏好的流露。从学习行为维度来看,它不仅精准记录学习时长,精确到每一分每一秒,还细致入微地追踪学习频率,是每日坚持不懈还是偶尔心血来潮,以及操作轨迹,如在学习界面上的点击顺序、停留时间等。这些看似琐碎的数据点,实则犹如拼图碎片,共同勾勒出学生学习习惯与思维路径的全貌。

学习成果方面涵盖的范畴广泛而深入。作业完成情况不仅仅是简单的对错评判,还包括对解题思路、步骤完整性的详细分析;测试成绩不再是孤立的数字,而是与班级整体水平、过往成绩趋势相结合,形成立体的学业评估画像;项目作品评价更是综合考量创意性、团队协作表现、任务完成质量等多维度因素,全面反映学生的综合素养与能力层级。而学习偏好的洞察则为个性化教学提供了关键的导航坐标,系统通过对学生在不同学科内容、教学方式、学习资源类型(如视频、音频、文本)等方面的选择倾向与互动反馈,精准定位每个学生独特的兴趣点与学习风格。

以大学物理课程为例,智能教学系统会依据学生在力学、电学、热学等不同板块的学习表现,绘制出个性化的知识掌握图谱。对于在电磁感应现象理解上存在困难的学生:系统会智能筛选出经典的实验演示视频,从直观的视觉体验入手,帮助学生建立起清晰的概念框架;随后推送由浅入深的练习题,从基础公式运用到复杂情境分析,每一道题目的难度系数和知识点覆盖都经过精心设计,并根据学生的答题情况实时调整后续练习的侧重点。例如,若学生在某一类型的电磁感应计算题上频繁出错,系统会自动增加同类型题目但变换物理情境的练习,强化学生对核心概念和解题思路的理解与应用能力。教师若要深入理解这一复杂而精妙的过程,必须深入探究其背后的算法原理。数据挖掘算法犹如一位敏锐的探险家,在海量数据的浩瀚海洋中,运用关联分析、聚类分析等手段,挖掘出隐藏在数据深处的学生学习行为模式与知识关联规律。例如,通过关联分析发现,经常观看物理实验视频且在相关知识点练习题上表现较好的学生,在课堂互动中更倾向于提出与实验原理拓展应用相关的问题,这为教师制定针对性的教学策略提供了宝贵的参考依据。

机器学习算法则是构建学生学习模型的智慧工匠,以监督学习、无监督学习等多种方式,基于海量数据进行模型训练。在物理学习模型中,它会根据学生的学习数据不断调整模型参数,以提高对学生学习状态预测的准确性。例如,通过对大量学生的学习数据进行训练,模型能够预测出学生在学习新的物理概念时可能遇到的困难点,并提前为教师提供预警,以便教师在教学过程中有针对性地进行讲解和引导。自然语言处理算法则在师生交互环节发挥着桥梁纽带作用,无论是学生在系统中提出的问题咨询,还是教师通过系统与学生进行的学习指导与交流,自然语言处理算法都能确保信息的准确传递与理解。例如,当学生输入关于物理公式应用场景的疑问时,系统能够快速理解学生的问题意图,并提供精准的解答和相关拓展知识推荐。这要求教师具备扎实的数学基础,概率论知识有助于教师理解数据挖掘算法中数据的概率分布与相关性分析,线性代数则为机器学习算法中的矩阵运算、向量空间等概念提供理论支撑。编程基础同样不可或缺,Python 语言在数据处理领域的强大功能,如数据清洗、分析库(Pandas、NumPy)的熟练运用,以及在算法实现方面借助机器学习框架(如 Scikit-learn)进行模型构建与训练的能力,使教师能够深入智能教学系统的后台,像一位技艺精湛的工程师,根据教学实际需求对算法参数进行精细优化调整,确保系统的运行与教学目标高度契合。

(2) AI 辅助教学软件探究

AI 辅助教学软件如同一群智能助手,在教育教学的各个环节中发挥着独特而重要的作用,如图 4-1 所示为匠邦 AI 教育。

以具有自动批改作业功能的软件作业帮为例,其批改规则的设定有一套严谨而复杂的评判标准体系。在文科类作业批改中,尤其是作文批改软件,它像是一位知识渊博、要求严格的文学评委。语法规则库如同其手中的语法标尺,精确衡量每一个语句的规范性,从主谓宾的搭配到各类从句的正确使用,无一遗漏;词汇使用频率数据则为其提供了词汇丰富度与准确性的判断依据,能够敏锐地察觉学生是否过度依赖常用词汇,还是能够巧妙运用生僻而精准的词汇提升文章的表达效果;文章结构模板则是其评判文章布局合理性的蓝图,从开头的引人入胜到中间论述的条理清晰,再到结尾的收束有力,都在其审视范围之内;不同文体的评价标准更是为其提供了多元化的视角,记叙文注重情节的完整性与生动性,议论文强调论点的明确性、论据的充分性和论证的逻辑性。

在批改过程中,软件会对作文进行逐字逐句的扫描分析。例如:当检测到"的""地""得"使用错误时,会精准标记并给出正确用法提示;对于词汇使用方面,若发现学生频繁

第4章 教师应对 AI 赋能的个性化教学能力培养

图 4-1　匠邦 AI 教育

使用"非常""很"等简单词汇,会建议使用更具表现力的词汇替换。在立意评估上,软件会通过语义分析技术,判断文章的主题是否明确、深刻,是否具有独特的思考视角。例如,对于一篇关于"友谊"的作文,软件会分析学生是仅仅停留在描述友谊的表面现象,还是能够深入挖掘友谊背后的信任、包容等深层次内涵,并给予相应的评价与指导。教师要深入熟悉这些批改规则的设定细节,不仅要明晰软件在常规教学情境下的评判逻辑,更要具备在特殊教学情境下灵活调整规则的能力。在创意写作课程中,教师如同一位艺术指导,需要根据课程目标对软件的批改规则进行巧妙调整。当培养学生的创新思维与独特表达成为教学重点时,教师可以降低语法错误的扣分权重,将更多的评价权重倾斜向创意元素。例如,对于学生大胆运用独特的修辞手法、新颖的叙事结构或别具一格的观点表达,教师可以通过调整软件参数,使其在批改过程中给予更高的肯定与鼓励,从而激发学生的创作潜能,使软件的批改结果更贴合课程教学的特殊需求,成为教师教学的得力助手而非刻板的评判工具。

(3) AI 教育平台解析

AI 教育平台作为教育教学的数字化舞台,集成了丰富多样且功能强大的智能辅导模块,为师生提供了一个互动性强、灵活性高的学习与教学空间,图 4-2 为北京航空航天大学在线教学平台。教师要熟练驾驭这一平台,首先须全面掌握其操作流程,这一流程犹如一场精心编排的演出流程,每个环节都紧密相连、相互影响。

在课程创建环节,平台的课程架构设计原则犹如建筑蓝图,教师需要深入理解其布局逻辑。合理划分课程章节如同构建大厦的楼层结构,须根据教学内容的内在逻辑与学生的认知规律进行精心规划。例如,在高等数学课程中,可按照代数、几何、统计等知识板块

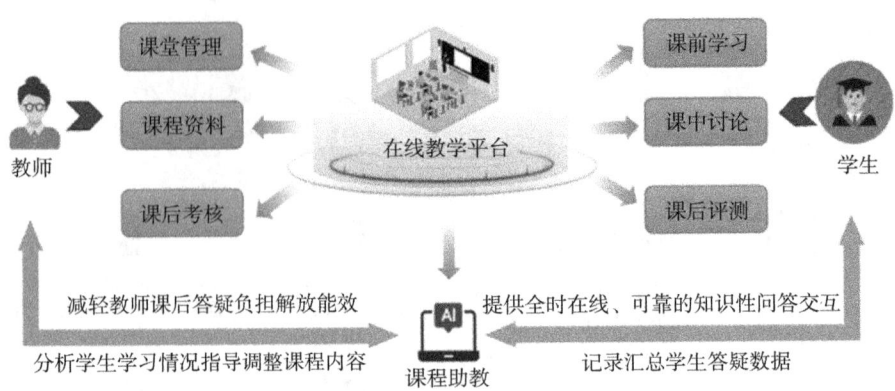

图 4-2　学转课堂在线教学平台

划分章节,再进一步细化为具体的知识点小节,如代数中的方程、函数等。设置知识点标签则如同为每个房间贴上清晰的标识,方便学生快速定位所需知识内容,也便于系统进行分类管理与智能推荐。

发布教学内容时,教师须掌握不同类型资源的上传格式要求,这如同遵循不同艺术作品的展示规范。视频资源须考虑分辨率与时长限制,分辨率要确保画面清晰,时长则要根据知识点的复杂程度与学生的注意力集中时间合理设置。例如:对于重点难点知识讲解视频,可适当延长时长,但也要避免过长导致学生疲劳;对于简单概念介绍视频,则应简洁明了,控制在较短时间内。文档资源要注重格式的规范性与兼容性,确保学生在不同设备上都能顺利打开阅读。测试题发布则需熟悉题型设置、难度层级分布以及时间限制等参数设置。例如,在英语课程测试题设置中,可根据教学进度设置听力、阅读、写作等不同题型,听力题可设置不同语速和口音的音频,阅读题可按照词汇量、文章体裁和难度系数分为不同等级,写作题可给定不同的话题要求和字数限制,并为整个测试设定合理的时间限制,以全面考查学生的英语综合能力。

设置学习任务时,任务类型的多样性为教学提供了丰富的手段。作业任务可布置书面作业、实践作业等多种形式,书面作业可要求学生完成练习题、撰写短文等,实践作业可安排实验操作、实地调研等内容。测验任务可设置单元测验、阶段测验等,用于检测学生在不同学习阶段的知识掌握情况。项目实践任务则鼓励学生以小组或个人形式完成综合性的项目,如在科学课程中要求学生设计并完成一个小型科学实验项目,从实验方案设计、实验实施到结果分析与报告撰写,全面锻炼学生的知识应用能力、团队协作能力和创新思维能力。教师在设置这些任务时,须明确每个任务的时间限制、提交方式和评分规则等参数。时间限制要考虑学生的学习负担与任务的难易程度,提交方式要便捷高效且便于教师管理,评分规则要公平公正且具有可操作性。例如:对于在线提交的作业,可设置自动截止时间,学生在截止时间前可多次修改提交;评分规则可根据作业的完成质量、准确性、创新性等多方面因素综合评定,可采用教师人工评分、系统自动评分或两者相结合的方式,确保评分结果能够真实反映学生的学习成果与努力程度。

2. 理解平台数据的存储与调用方式

（1）数据存储结构洞察

AI教育平台的数据存储犹如一座庞大而有序的数字图书馆，采用分布式数据库系统确保数据的妥善保管与高效利用。在这个数据图书馆中，学生信息表、学习行为记录表、学习成果表等各类数据表如同不同主题的书架，各自存放着特定类型的数据信息，且各表之间通过特定的关联关系紧密相连，形成一个有机的整体。

学生信息表犹如学生的个人档案库，存储着学生的基本身份信息，如姓名、学号、年龄、性别、联系方式等，以及入学时间、所在班级、专业等教育背景信息。这些信息为平台识别学生身份、进行个性化教学安排提供了基础依据。例如，根据学生的专业信息，平台可以为不同专业的学生推荐符合其专业需求的课程资源和学习路径。学习行为记录表则像是学生学习历程的详细日志，忠实地记录着学生在平台上的每一次操作行为。每一条记录都包含了时间戳、操作类型（如点击、浏览、提交作业、参与讨论等）、操作对象（如具体的课程页面、学习资源、作业题目等）等信息。例如，通过分析学生在某一课程页面的浏览时间和点击顺序，教师可以了解学生对该课程内容的关注重点与学习难点，为后续教学调整提供参考。学习成果表则是学生学业成就的展示橱窗，存储着学生的作业成绩、测试成绩、项目作品评价结果等信息。这些成绩数据不仅反映了学生对知识的掌握程度，还可以通过与其他学生的横向对比和自身的纵向对比，分析学生的学习进步情况与在班级中的学业水平位置。

各表之间的关联关系如同图书馆书架之间的索引连接，确保数据的完整性与可追溯性。例如，学生信息表中的学号字段与学习行为记录表、学习成果表中的学号字段相互关联，使得教师可以通过学号快速查询到某一学生的所有学习信息，包括其个人基本情况、学习行为轨迹以及学习成果表现。数据的索引机制则是这座数字图书馆的快速检索工具，通过对关键数据字段建立索引，如对学生信息表中的学号字段、学习行为记录表中的时间戳字段等建立索引，大大提高了数据查询的效率。当教师需要查询某一时间段内学生的学习行为数据时，索引机制能够使查询引擎迅速定位到相关数据记录，而无须对整个数据表进行遍历搜索，节省了大量的查询时间，确保教师能够及时获取所需数据，为教学决策提供快速准确的支持。

（2）数据调用方法掌握

教师在掌握平台数据存储结构的基础上，还须熟练掌握数据调用的方法与技巧，这如同掌握图书馆的借阅规则与检索技巧，能够精准地获取所需的知识宝藏。平台通常提供了丰富多样的查询语句或接口工具，教师须深入学习并灵活运用这些工具，根据教学需求准确地从数据库中提取特定学生或学生群体的数据。

例如，当教师想要了解某班级学生在特定时间段内的学习时长分布情况时，可使用平台提供的查询语句，按照班级名称和时间范围，从学习行为记录表中提取学生的学习时长数据。通过对这些数据的统计分析，教师可以绘制出学习时长分布直方图或折线图，直观地观察到学生的学习投入程度差异。如发现部分学生在特定时间段内学习时长明显较短，教师可以进一步分析这些学生的其他学习行为数据，判断是由于课程难度过高导致学习积极性受挫,还是存在其他外部因素干扰学习,从而有针对性地采取个别辅导、调整教学策略或与家长沟通等措施。

又如,当教师关注某个学生在某一学科知识点上的学习情况时,可通过调用接口工具,获取该学生在该知识点上的历次答题错误记录。这些错误记录详细记录了学生的错误答案、答题时间、错误类型等信息,为教师精准定位学生的知识薄弱点提供了有力依据。教师可以根据这些错误记录,为学生定制个性化的辅导方案,如针对某一类型的错误,提供专项练习题、推荐相关的学习资源或进行一对一的讲解辅导,帮助学生弥补知识漏洞,提高学习效果。在数据调用过程中,教师还须注意数据的准确性与完整性,避免查询条件设置不当或数据传输错误导致获取的数据有误,影响教学决策的科学性与有效性。

3. 提升技术素养的途径

提升技术素养的途径如图 4-3 所示。

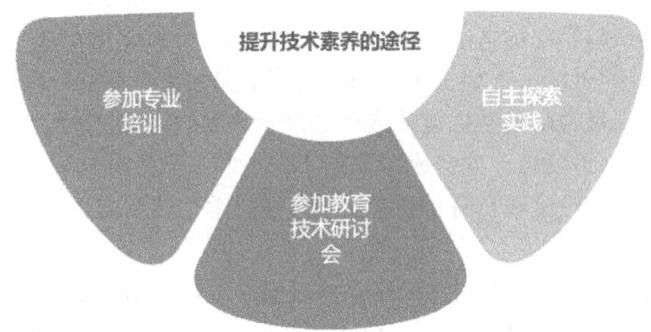

图 4-3　提升技术素养的途径

(1) 参加专业培训

教师提升技术素养的途径是多元的,参加专业培训是快速获取系统知识和技能的有效方式。专业培训课程通常由教育技术专家、AI 工程师以及资深教育从业者共同设计与授课。在培训内容方面,不仅涵盖了各类 AI 教育工具与平台的基本操作演示和功能介绍,还深入讲解其背后的技术原理、教育应用场景分析以及实践案例分享。例如,在关于智能教学系统的培训中,培训师会详细讲解系统所采用的深度学习算法框架,如 TensorFlow 或 PyTorch 的基本架构和应用案例,让教师了解如何利用这些框架构建个性化学习模型,同时,还会结合实际教学案例,展示如何根据不同学科特点和教学目标配置系统参数,以及如何解读系统生成的学生学习分析报告并据此制定教学策略。培训形式也多种多样,包括线下集中授课、线上直播课程、实践操作工作坊等,以满足教师不同的学习需求和时间安排。

(2) 参加教育技术研讨会

参加教育技术研讨会也是教师提升技术素养的重要途径。在研讨会上,来自全国各地乃至全球的教育研究者、教育技术开发者以及一线教师汇聚一堂,共同探讨教育技术领域的前沿热点问题和最新发展趋势。教师可以在研讨会上了解到国际上先进的 AI 教育理念与实践经验,如国外某知名学校如何利用 AI 技术构建沉浸式虚拟学习环境,开展跨学科的项目式学习,或者某教育科技公司最新研发的 AI 教育产品的创新功能与应用前景。同时,研讨会还提供了丰富的交流互动机会,教师可以与同行分享自己在教学实践中应用 AI 技术的心得体会,交流遇到的问题与挑战,并共同探讨解决方案。例如,在关于 AI 辅助教学软件应用的研讨小组中,教师们可以分享自己在使用不同作文批改软件时的经验,讨论如何提高软件批改结果的准确性和有效性,以及如何将软件批改与教师人工批改有机结合,实现优势互补。

(3) 自主探索实践

自主探索实践在教师技术素养提升过程中同样发挥着关键作用。教师可以利用业余时间深入研究各类 AI 教育工具与平台,通过实际操作和反复尝试,熟悉其功能和应用场景。例如,教师可以自行注册多个在线学习平台账号,创建虚拟课程并模拟学生的学习过程,从学生和教师的双重角度体验平台的各项功能。在这个过程中,教师可能会发现一些在培训和研讨中未涉及的问题或功能应用技巧,如某些平台的自定义学习路径设置功能在特定教学情境下的巧妙用法,或者平台与外部教育资源库的整合方式等。教师还可以积极参与开源教育技术项目,与全球的开发者社区合作,共同开发和完善 AI 教育工具与平台。例如,在开源的智能教学系统项目中,教师可以根据自己的教学经验提出功能需求和改进建议,并参与部分代码编写或测试工作,这不仅能够提升教师的技术能力,还能使教师深入了解系统的开发流程和技术架构,为更好地应用和优化这些工具与平台奠定坚实基础。

教师技术素养的提升是一个持续动态的过程,需要不断地学习、实践与反思。随着 AI 技术的不断发展和教育需求的日益多样化,教师必须保持敏锐的技术洞察力,持续跟进新技术在教育领域的应用,不断更新自己的知识体系和技能储备,才能在 AI 赋能的个性化教学舞台上发挥出卓越的引领作用,为学生创造更加优质、高效、个性化的学习体验,助力他们在数字化时代茁壮成长。

4.2 数据驱动教学

在 AI 赋能教育的新时代背景下,数据驱动教学已成为提升教学质量、实现个性化教学的核心要素之一。它借助大数据技术和先进的数据分析方法,深度挖掘学生学习过程中产生的海量数据,从而为教学决策提供精准依据,使教学活动能够紧密贴合学生的个体需求和学习特点。数据驱动教学的步骤如图 4-4 所示。

1. 数据收集

数据驱动教学的基础在于对学生学习数据的全面收集。这些数据来源广泛且形式多样,涵盖了学生在学习过程中的各个环节和层面。从在线学习平台的使用记录来看,包括学生的登录时间、学习时长、在不同学习模块的停留时间、对各类学习资源(如视频、文档、练习题等)的点击次数和浏览顺序等信息。例如,通过分析学生在数学在线课程平台上的学习数据,发现某学生在函数这一章节的视频学习中多次暂停、回放,且在相关练习题上花费了较长时间,这可能暗示该学生在函数知识的理解上存在一定困难。

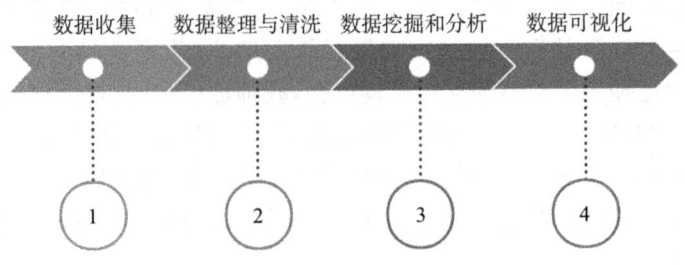

图 4-4 数据驱动教学步骤

课堂教学中的互动数据也是重要收集组成部分。如学生的课堂发言次数、提问内容、回答问题的准确性和深度、参与小组讨论的活跃度等。以文科类课堂为例:如果一个学生在诗歌赏析的小组讨论中表现积极,提出了独特的见解并能引用相关的文学典故进行佐证,这表明该学生在诗歌鉴赏方面具有较高的素养和兴趣;反之,如果学生在课堂上很少发言,且对教师提出的问题回答简短、模糊,可能提示教师需要进一步关注该学生的学习状态和知识掌握情况。

作业与考试数据更是直接反映学生学习成果和知识漏洞的关键指标。作业完成的正确率、错误类型分布、完成作业所花费的时间等数据能够帮助教师了解学生对知识点的掌握程度和应用能力。例如,在大学物理作业中,若发现大部分学生在力学中的牛顿第二定律应用题目上出现错误,且错误类型主要集中在受力分析不准确方面,教师就可以针对性地加强对这一知识点的讲解和练习。考试数据则更具综合性,通过对学生的考试成绩、各题型得分情况、成绩分布等进行分析,教师能够全面评估学生在某一阶段的学习效果,判断教学目标的达成情况,并发现教学过程中存在的问题。

2. 数据整理与清洗

在收集到海量的学生学习数据后,如何对这些数据进行有效的整理和清洗成为关键环节。数据整理旨在将分散、杂乱的数据进行分类汇总,使其更具条理性和系统性。例如,将学生的作业数据按照学科、章节、知识点进行分类,对于课堂互动数据依据不同的教学活动类型进行归类。在一堂融合了讲解、讨论、实验演示等多种教学活动的物理课堂上,将学生的发言内容、提问情况以及参与讨论的记录分别归入相应的教学活动类别中。例如:在讲解牛顿运动定律的过程中,学生针对定律概念提出的疑问以及教师的解答记录归入讲解类数据;而在关于牛顿运动定律应用的小组讨论环节中,学生的讨论发言内容、提出的不同观点以及最终讨论结果则归入讨论类数据;在实验演示环节中,学生对实验现象的观察记录、操作过程中的疑问与反馈则单独整理为实验类数据。通过这种分类方式,教师可以清晰地了解学生在不同教学活动中的表现与参与度,进而针对不同教学环节的教学效果进行评估与优化。

数据清洗则是数据驱动教学过程中的数据质量把关环节,其重要性犹如在信息洪流中构筑一道坚固的堤坝,确保只有准确、可靠的数据才能进入后续的分析与应用流程。在数据收集的复杂过程中,由于各种不可避免的因素,如设备故障、网络波动、学生误操作等,可能会产生一些噪声数据和错误信息,这些数据犹如混入纯净水源中的杂质,如果不加以识别与清除,将会严重影响数据分析结果的准确性与可靠性,进而误导教学决策。例如,在在线学习平台的数据收集中,可能会出现网络卡顿导致学生学习时长记录错误的情况,如学习时长显示为负数或者极大值等明显不合理的数据。在数据清洗过程中,教师需要运用一定的数据处理技术与逻辑判断方法,识别出这些异常数据。对于学习时长为负数的情况,可通过设定合理的时间范围阈值进行筛选与修正,如将小于零的学习时长数据修正为零或者根据平台日志记录中的正常数据范围进行合理估算。对于极大值的异常数据,可结合学生的其他学习数据进行综合判断,如该学生在同一时间段内的其他学习行为数据(如学习资源点击次数、答题记录等)是否支持如此长的学习时长,如果存在明显矛盾,则对该时间数据进行进一步核实或删除处理。又如,在作业数据收集中,可能会出现学生误操作(如重复提交作业、提交空白作业等)或者系统故障导致的错误数据。对于重复提交的作业数据,教师可以根据作业提交时间、内容相似度等因素进行去重处理,只保留一份有效作业数据进行分析。对于空白作业数据:如果是个别现象,可与学生进行沟通确认是否存在特殊情况;如果是批量出现的空白作业数据,则需要检查作业提交系统是否存在漏洞,并及时进行修复与数据清理。

3. 数据挖掘和分析

完成数据整理和清洗后,教师需要运用多种数据分析方法对数据进行深入挖掘和分析,如图 4-5。

图 4-5 数据分析方法

(1)描述性统计分析

描述性统计分析作为数据分析的基础与核心方法之一,犹如一位经验丰富的领航员,通过计算数据的均值、中位数、众数、标准差等关键统计指标,为教师绘制出一幅学生学习数据的全景概览图,使其能够快速把握数据的整体特征与分布情况,从而对学生的学习状况有一个初步但全面的认识。

以某班级学生的一次数学考试成绩数据为例,计算平均分能够直观地反映出该班级学生在此次考试中的整体数学水平。若平均分较高,说明班级整体在数学知识的掌握与应用方面表现较好;反之,则提示教师需要对教学效果进行反思与评估,查找可能存在的问题。例如,在一次函数单元测试中,如果班级平均分为 80 分,且大部分学生的成绩集中在 75~85 分之间,表明班级学生对函数知识的整体掌握较为扎实,但仍有部分学生可能需要进一步提高。

中位数则在数据分布存在偏态时发挥着重要作用。例如,在一个班级的英语考试成绩中,如果平均分较高,但中位数较低,可能意味着班级中有少数成绩极高的学生拉高了平均分,但大部分学生的实际成绩处于中等偏下水平。此时,教师不能仅仅被平均分迷感,而应关注中位数所反映的中间水平学生的学习情况,针对这部分学生制定相应的教学策略,如提供更多的基础知识巩固练习、加强辅导等。

众数则能够帮助教师了解数据中出现频率最高的数值或类别,在教育数据中,它可能反映出学生在某些知识点或题型上的集中表现。例如,在一次语文词语拼写测试中,如果"再接再厉"这个词语的错误率最高(即众数为该词语的错误拼写形式),这提示教师需要在语文基础知识教学中加强对易错词语的强调与练习,通过多种方式(如词语听写、造句练习、易错词语辨析讲解等)帮助学生正确掌握这些易错知识点。

标准差则是衡量数据离散程度的重要指标。在一个班级的物理考试成绩分析中:如果标准差较小,说明学生之间的成绩差异不大,教学效果相对稳定;如果标准差较大,则表示学生成绩分布较为分散,存在较大的个体差异。教师可以根据标准差的大小,进一步分析成绩差异较大的原因,是教学方法未能满足不同学生的学习需求,还是学生在学习能力、学习态度等方面存在较大差异。针对不同情况,教师可以采取分层教学、个别辅导等措施,满足不同层次学生的学习需求,提高教学效果。

(2)相关性分析

相关性分析在教育数据挖掘中犹如一把神奇的钥匙,能够帮助教师打开变量之间关联关系的神秘大门,揭示那些隐藏在数据背后影响学生学习效果的关键因素,从而为教学策略的优化与调整提供有力依据。

在学生的学习时间与学习成绩之间,相关性分析可以帮助教师确定两者之间是否存在显著的关联以及关联的方向与强度。例如,通过对一个学期内学生每天的学习时间记录与期末考试成绩进行相关性分析,如果发现存在正相关关系,即学习时间越长,学习成绩越高,这表明学习时间在一定程度上对学习成绩有积极的影响。但教师也不能简单地认为只要增加学习时间就能提高成绩,还需要进一步分析在不同学习阶段(如预习、复习、新知识学习等)学习时间的合理分配以及学习效率等因素对成绩的影响。例如,可能发现对于某些学科(如数学、物理等),在复习阶段增加适量的学习时间对提高成绩的效果更为明显,而对于另一些学科(如英语等),则需要在日常学习中保持较为稳定的学习时间投入。

不同学科成绩之间的相关性分析也具有重要的教学指导意义。以数学和物理学科为例,如果发现两者之间存在较高的正相关关系,这意味着学生在数学学习中所培养的逻辑思维能力、运算能力等对物理学习有着积极的迁移作用。教师可以在教学安排上充分利用这种相关性,加强数学知识在物理教学中的应用与联系。例如,在物理课程中的力学部分,涉及大量的数学运算与公式推导,教师可以在教学过程中引导学生回顾相关的数学知识(如代数方程求解、函数关系等),帮助学生更好地理解物理概念与规律,提高物理学习效果。同时,对于那些数学成绩较好但物理成绩不理想的学生,教师可以通过分析其在物理学习中数学知识应用的薄弱环节,进行有针对性的辅导,如加强物理问题中的数学建模训练、数学公式在物理情境中的应用讲解等,促进学生对两门学科的协同学习。

(3)聚类分析

聚类分析作为一种强大的数据分析方法,在教育领域中犹如一位智慧的分类大师,能够根据学生学习数据的多维度相似性,将学生划分为不同的群体或类别,使教师能够清晰地识别出不同学习特征与需求的学生群体,进而实施个性化的教学策略。

例如,根据学生的学习风格、学习进度、知识掌握情况等多维度数据进行聚类分析,可以将学生分为快速掌握型、稳步提升型、学习困难型等不同群体。快速掌握型学生通常在新知识学习过程中表现出较高的接受能力与理解速度,能够快速掌握重点难点知识,并在作业与考试中取得较好的成绩。对于这类学生,教师可以为其提供拓展性学习任务和资源,如推荐相关学科的前沿学术文章、组织参加学科竞赛培训、引导开展小型科研项目等,满足他们对知识深度与广度的更高追求,进一步挖掘其学习潜力,培养其创新思维与实践能力。

稳步提升型学生则在学习过程中保持较为稳定的学习节奏,知识掌握程度逐步提高。教师可以根据他们的学习进度,提供一些具有挑战性但又在其能力范围内的学习任务,如难度适中的综合练习题、项目式学习任务等,帮助他们巩固所学知识,进一步提升学习能力。同时,关注他们在学习过程中的进步与不足,及时给予鼓励与指导,保持他们的学习积极性与自信心。

基于数据分析的结果,教师能够精准地实施个性化教学干预。对于学习困难的学生,教师可以根据数据所揭示的具体知识薄弱点,为其提供定制化的辅导材料,如针对性的练习题、详细的知识点讲解视频或文档等,并调整教学进度,给予他们更多的学习时间和关注。例如,如果数据显示某学生在化学中的有机化学部分存在较多问题,教师可以专门为其整理有机化学的重点知识点总结、典型例题分析以及相关的实验演示视频,安排课余时间进行一对一辅导,帮助学生逐步攻克难关。

对于学有余力的学生,教师可以依据数据分析了解他们的学习优势和兴趣方向,为其推荐更具挑战性和深度的学习资源或项目。如在计算机编程课程中,对于那些在基础编程知识学习中表现出色且对算法设计有浓厚兴趣的学生,教师可以推荐他们参加在线的算法竞赛平台学习,参与开源项目的代码编写,或者引导他们自主开展小型的编程项目研究,进一步挖掘他们的潜力,培养其创新思维和实践能力。

4. 数据可视化

(1) 图表绘制

在数据驱动教学的领域中,数据可视化的图表绘制起着至关重要的作用,它能够将抽象的数据转化为直观的视觉形象,极大地提升数据信息的传递效率与理解深度,具体以"大数据财务分析与可视化"为例,如图 4-6 至 4-10 所示。

柱状图在呈现数据对比方面具有独特的优势。例如,在分析不同班级学生在某一学科的成绩分布时,可将每个班级的平均分、最高分、最低分以及各分数段的人数用柱状图表示。通过柱子的高低对比,能清晰地看出各个班级之间的成绩差异情况。若一个班级的平均分柱状图明显高于其他班级,这直观地表明该班级整体成绩较为优秀;而各分数段人数的柱状图则可以反映出班级学生成绩的集中趋势,是集中在高分段还是低分段,从而帮助教师快速了解班级的整体学习水平和学生个体差异程度,为后续的教学资源分配和教学策略调整提供依据。

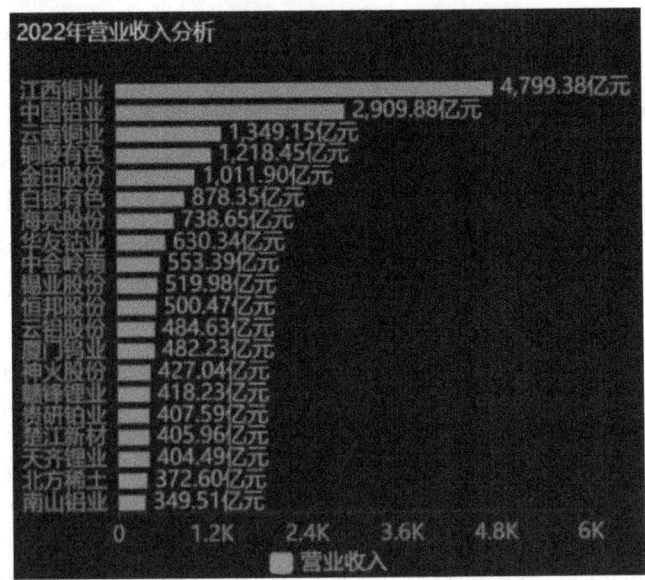

图 4-6 营业收入（柱状图）可视化

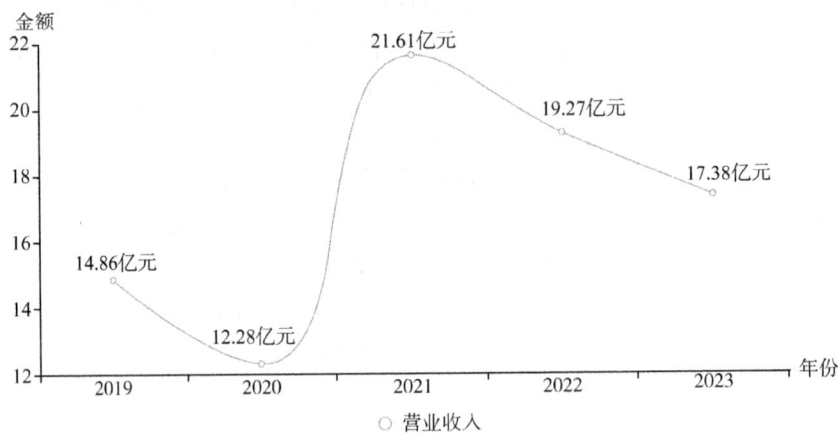

图 4-7 环比值下降（折线图）可视化

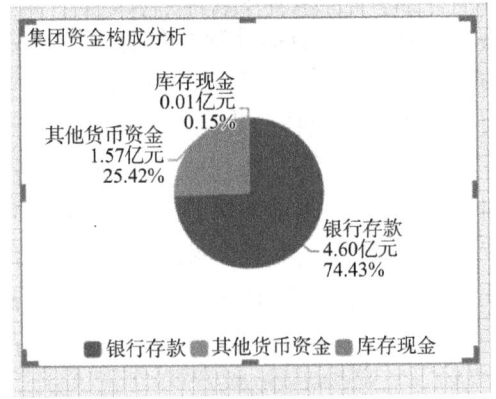

图 4-8 有息负债结构分析（饼图）可视化

第4章 教师应对AI赋能的个性化教学能力培养

图 4-9 存货周转天数(指标卡)可视化

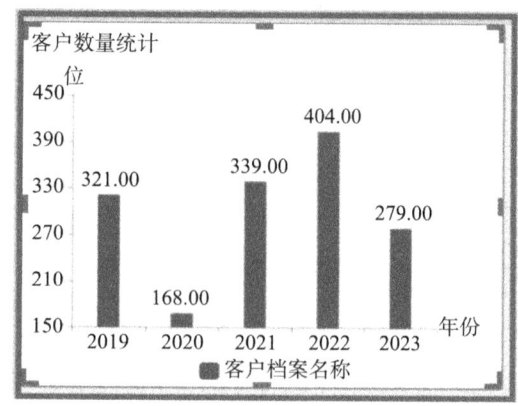

图 4-10 营业收入横向对比(柱状图)可视化

折线图则擅长展示数据随时间或其他连续变量的变化趋势。以学生在一个学期内的多次阶段性测试成绩为例,将每次测试的成绩连接成折线。如果折线呈现上升趋势,说明学生在该学科的学习上不断进步,教学方法可能较为有效;反之,如果折线波动较大且总体呈下降趋势,教师就需要深入分析其中的原因,是教学内容难度过高,还是学生在学习过程中遇到了其他干扰因素,如学习压力过大、学习兴趣下降等。此外,折线图还可以用于比较不同学生群体在相同时间段内的学习进展情况,例如对比普通班和实验班学生在某一课程改革实施后的成绩变化,以便评估课程改革的效果是否对不同层次的学生都产生了积极影响。

饼图主要用于展示数据的比例关系。在分析学生作业错误类型的分布时,可将各种错误类型(如概念理解错误、计算错误、书写错误等)所占的比例用饼图呈现。从饼图中,教师可以直观地看出哪种错误类型最为突出,例如,如果概念理解错误在饼图中所占的扇形面积最大,这就提示教师在后续教学中需要加强对概念的讲解与深化,可采用更多的实例分析、类比讲解等方法,帮助学生透彻理解相关概念,减少此类错误的发生。

散点图则有助于揭示两个变量之间的关系。比如在研究学生的学习时间与学习成绩之间的相关性时,以学习时间为横轴、学习成绩为纵轴绘制散点图。如果散点呈现出较为明显的上升趋势,说明学习时间与学习成绩之间可能存在正相关关系,即学习时间越长,成绩越高;若散点分布较为分散,则可能表示两者之间的相关性较弱,或者存在其他影响因素干扰了这种关系。教师可以根据散点图的分布情况,进一步分析那些偏离整体趋势的点所对应的学生,了解他们的特殊情况,如是否存在学习方法不当导致学习时间长但成绩不理想的问题,从而为这些学生提供个性化的学习指导。

（2）图形构建

除了传统的图表,图形构建在数据可视化中也具有不可替代的作用,它能够更深入地展示知识体系的内在结构以及数据之间的复杂逻辑关系,思维导图和知识图谱如图4-11和图4-12。

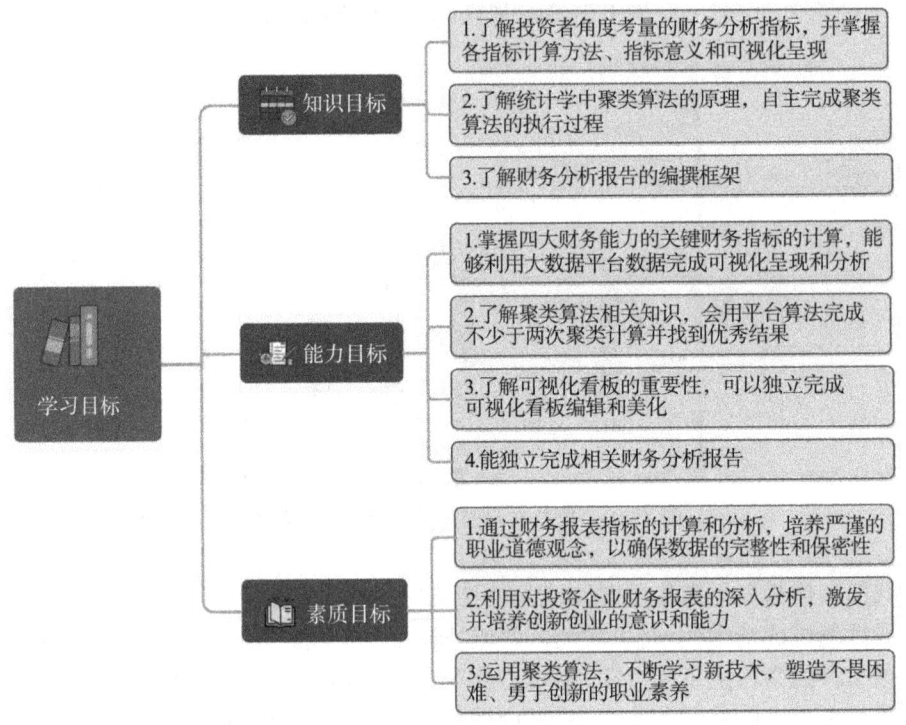

图 4-11　某思维导图

思维导图是一种非常有效的图形工具,可用于呈现学科知识的框架与联系。例如在构建数学学科的思维导图时,以核心概念如"函数"为中心节点,向外延伸出"一次函数""二次函数""反比例函数"等子节点,每个子节点又可以进一步细分出函数的定义、图像特征、性质、应用等分支。通过不同颜色、线条粗细等视觉元素的区分,可以清晰地表示出各个知识点的重要性以及它们之间的关联程度。对于学生来说,这样的思维导图能够帮助他们从宏观上把握数学知识体系,了解各个知识点在整体框架中的位置,发现自己知识掌握的薄弱环节。例如,某个学生在看到思维导图中"二次函数的图像与性质"这一节点时感到模糊不清,就可以有针对性地进行复习和深入学习。

第4章 教师应对 AI 赋能的个性化教学能力培养

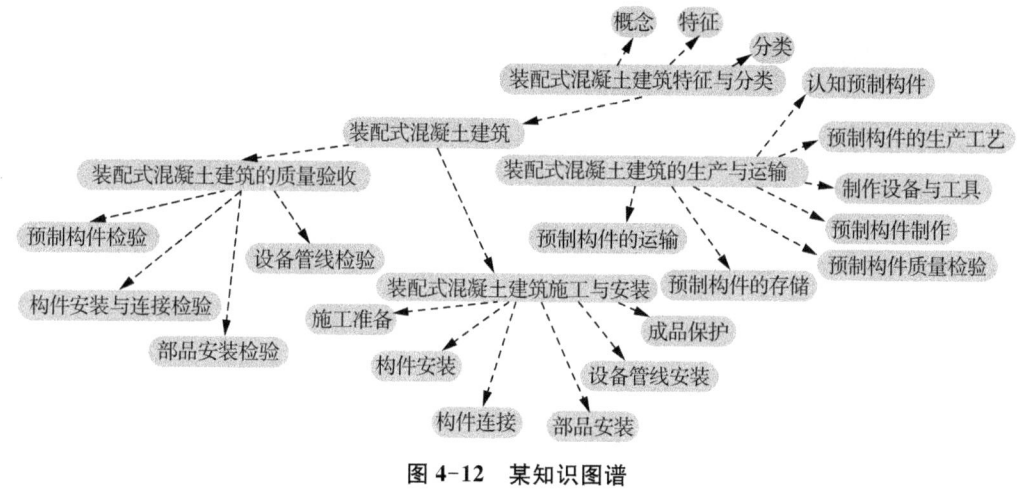

图 4-12 某知识图谱

知识图谱则侧重于展示知识之间的语义关系以及不同实体之间的联系,在教育领域,可用于构建学科知识网络或学生学习路径的可视化。例如,在历史学科中,以历史事件为节点,事件之间的因果关系、时间顺序等为连线构建知识图谱。教师可以利用知识图谱引导学生进行探究式学习,让学生沿着图谱中的连线深入挖掘历史事件背后的深层次原因和影响。同时,通过分析学生在知识图谱中的学习轨迹,教师可以了解学生对不同历史时期、不同类型知识的掌握情况和兴趣偏好。例如,如果发现某个学生在某个历史时期的节点上停留时间较长且相关知识点的掌握程度较高,教师可以为其推荐更深入的拓展阅读材料或研究课题,以满足学生的学习需求,进一步提升他们的历史素养。

(3) 报表生成

报表生成是数据可视化的另一种重要形式,它能够将数据以一种结构化、条理化的方式呈现出来,便于教师、学生和家长进行全面、深入的解读,如图 4-13。

一份完整的学生学习情况报表通常包含多个部分。在表头部分,会明确列出报表的名称、涵盖的时间段、学生的基本信息等内容,使读者能够快速了解报表的主题和范围,如"××班级学生第一学期数学学习情况报表",清晰地表明了报表所针对的班级和学科以及时间跨度。

主体内容部分则会详细展示各种数据指标和分析结果。例如,会列出学生在每次考试中的成绩、平时作业的完成情况(包括作业完成率、正确率、优秀率等)、课堂参与度的数据统计(如发言次数、提问数量、小组讨论贡献度等)以及通过数据分析得到的学生学习风格特点、知识掌握程度的评估结果等。这些数据可以以表格的形式呈现,使信息更加规整、清晰。同时,在报表中还可以加入一些简要的文字说明和分析,对数据背后的含义进行解读。例如,在学生成绩表格下方,注明某次考试成绩整体下降的原因分析,可能是考试难度增加、教学进度较快导致学生复习时间不足等,帮助读者更好地理解数据所反映的教学实际情况。

报表的结尾部分通常会给出一些总结性的建议和展望。根据学生的学习情况数据,教师可以提出针对性的教学改进措施,如针对成绩较差的学生群体提出加强辅导的计划,

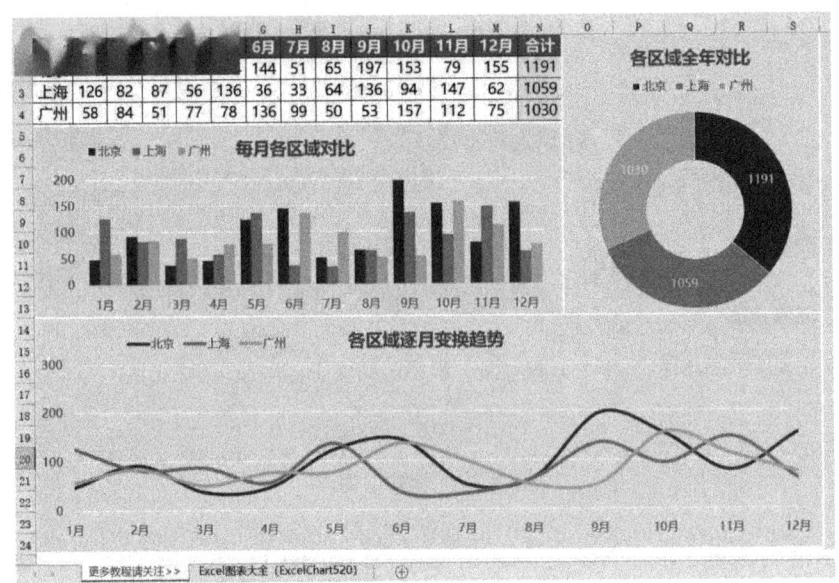

图 4-13 某生成报表可视化

针对学习方法不当的学生提供学习策略培训的建议等。对于学生和家长来说，这些建议能够指导他们在后续的学习过程中采取相应的行动，促进学生的学习进步。

5. 其他

在数据驱动教学的时代背景下，教师掌握基本的数据收集、整理、分析和可视化工具与技术是实施有效教学的基础前提。

Excel 作为一款广泛应用的电子表格软件，具有强大的数据处理功能。教师可以利用 Excel 进行数据的录入、整理和初步分析。例如，在收集学生的考试成绩后，可在 Excel 中快速创建成绩表格，通过函数公式计算平均分、中位数、标准差等统计指标，利用数据筛选和排序功能对学生成绩进行分类查看，如按照成绩高低排序查看优秀学生和成绩较差学生的分布情况，或者筛选出特定分数段的学生名单以便进行针对性的辅导。同时，Excel 还可以绘制简单的图表，如柱状图、折线图等，将分析结果直观地展示出来。

SPSS 则是一款专业的统计分析软件，它提供了更为丰富和深入的数据分析方法。教师可以使用 SPSS 进行复杂的统计分析，如相关性分析、回归分析、聚类分析等。在研究学生的学习行为数据与学习成绩之间的关系时，通过 SPSS 的相关性分析功能，可以准确地判断两者之间的相关程度和方向，为教学策略的制定提供科学依据。例如，如果发现学生的在线学习时长与学习成绩之间存在显著的正相关关系，教师可以考虑鼓励学生增加合理的在线学习时间，并优化在线学习资源的推荐策略。

Python 数据处理库（如 Pandas、NumPy）则为教师提供了更为灵活和高效的数据处理能力。Pandas 库可以方便地进行数据的读取、清洗、转换和合并操作。例如，在处理大规模的学生学习数据时，Pandas 可以快速地将来自不同数据源的数据整合到一起，去除重复数据和无效数据，对数据进行格式转换，使其满足分析的要求。NumPy 库则侧重于数值计算，在进行数据分析中的数学运算时发挥重要作用，如计算矩阵运算、统计量的计算等。教师通过学习 Python 数据处理库，可以编写自定义的数据分析脚本，实现更为个性化和深入的数据分析任务，例如，根据学生的学习数据构建预测模型，提前预测学生在未来学习中可能遇到的困难，以便采取预防措施。

随着数据在教学中的广泛应用，教师的数据伦理意识成为保障学生权益和教学健康发展的关键因素。在数据收集过程中，教师必须严格遵循相关法律法规和教育伦理规范。首先，要明确告知学生数据的收集目的、使用范围和存储方式。例如，在使用在线学习平台收集学生学习数据之前，通过平台公告、班级通知等形式向学生和家长详细说明数据将用于教学评估、个性化学习推荐、教学方法改进等目的，数据的使用范围仅限于本校的教学活动，并且会采用安全可靠的存储方式，如加密存储在学校的服务器中，确保数据不会被非法获取或滥用。同时，要获得学生和家长的知情同意，尊重他们的隐私权和数据控制权。可以采用签署知情同意书等形式，让学生和家长充分了解数据收集的相关事宜，并在自愿的基础上同意数据的收集与使用。在数据存储和传输过程中，教师要积极采取加密、备份等安全措施。加密技术可以将数据转化为密文形式存储和传输，即使数据被非法获取，也难以被破解和利用。例如，采用 SSL/TLS 协议对在线学习平台的数据传输进行加密，确保数据在网络传输过程中的安全性。定期备份数据则可以防止硬件故障、病毒攻击等意外情况导致的数据丢失。教师要与学校的信息技术部门合作，制订合理的数据备份计划，如每天进行增量备份，每周进行全量备份，并将备份数据存储在不同的位置，以提高数据的安全性和可靠性。在数据使用过程中，教师要始终以促进学生学习和发展为唯一目的，避免数据的滥用和不当使用。不能将学生数据用于商业目的或与教学无关的其他用途。例如，不能将学生的学习数据出售给第三方教育机构或用于广告推送等商业行为。同时，要保护学生的个人隐私，在数据分析和结果展示过程中，避免泄露学生的敏感信息，如学生的姓名、身份证号等。可以采用匿名化处理等方式，在不影响数据分析结果有效性的前提下，保护学生的隐私权益。例如，在进行学生成绩分析时，使用学号或代码代替学生的真实姓名，确保学生的个人身份信息不被公开。

数据可视化与教师数据素养在数据驱动教学中相辅相成、缺一不可。通过有效的数据可视化，能够将数据背后的信息清晰地传达给学生、家长和其他教育相关者，促进教学的沟通与协作；而教师具备良好的数据素养，则能够确保数据的收集、处理和应用符合教育教学的规律和伦理要求，为数据驱动教学的顺利实施提供坚实的保障。两者共同推动教育向着更加智能化、个性化的方向发展，为培养适应新时代需求的创新型人才奠定基础。

4.3 创新教学方法

在当今教育领域，随着人工智能技术的迅猛发展，融合 AI 技术的课程设计已成为教育创新的重要趋势与必然要求。这种创新的课程设计理念旨在打破传统教学模式的束缚，充分利用 AI 技术的优势，为学生创造更加丰富、高效、个性化的学习体验，以更好地培养适应新时代需求的创新型人才。

1. 课程设计规划阶段

在课程设计的规划阶段,教师需要深入调研和分析 AI 技术的各种功能与应用场景,精准地探寻其与教学目标、学生需求以及学科特点之间的契合点。教师在融合 AI 技术的课程设计中,应注重培养学生的 AI 素养和创新能力。设置基于 AI 项目的探究性学习任务,例如组织学生分组开展"利用 AI 技术改善校园环境"的项目研究。在项目实施过程中,学生需要运用所学知识,调研校园存在的问题,探索如何借助 AI 技术如智能传感器、数据分析软件等提出创新性的解决方案。这不仅使学生深入理解 AI 技术在实际生活中的应用价值,还锻炼了他们的团队协作能力、问题解决能力和创新思维,为学生适应未来社会的发展需求奠定坚实基础。比如,学生们可能会想到利用智能传感器来监测校园内的空气质量、噪声水平等环境指标,通过数据分析软件对收集到的数据进行分析,进而提出优化校园绿化布局、调整校园交通路线或改进校园建筑通风系统等具体方案,以改善校园环境质量。在这个过程中,学生们需要学习如何选择合适的 AI 技术工具,如何进行数据收集与分析,以及如何将技术与实际问题相结合,从而实现创新解决方案的提出与实施。以历学类课程为例,教师可以借助 AI 技术中的虚拟现实(VR)和增强现实(AR)技术,为学生打造沉浸式的历史学习体验。通过 VR 设备,学生仿佛能够穿越时空,亲身走进历史事件发生的现场,如置身于古代罗马的斗兽场,目睹角斗士们的激烈搏斗,感受当时紧张刺激的氛围,或者漫步在唐朝的长安街头,领略繁华都市的风貌,与古人进行虚拟互动,了解他们的生活方式、文化习俗等。这种沉浸式的学习体验能够极大地激发学生的学习兴趣和好奇心,使他们对历史知识的理解更加深刻、生动。

2. 知识传授环节

在知识传授环节,教师可充分发挥智能教学软件的强大功能,将抽象的知识以更加直观、形象、多样化的方式呈现给学生。例如,在物理课程中讲解电磁感应现象时,利用动画演示软件制作动态的电磁感应实验动画,展示磁场变化如何引起导体中电流的产生,以及电流方向与磁场方向、导体运动方向之间的关系。通过动画的慢放、暂停、局部放大等功能,让学生清晰地观察到每一个微观过程,帮助他们更好地理解电磁感应的原理。同时,教师还可以利用智能课件,根据学生的预习情况、知识掌握程度以及学习风格等因素,动态调整教学内容的呈现顺序、详略程度和讲解方式。对于那些在课前预习中已经对基本概念有所了解的学生,智能课件可以自动跳过简单的概念讲解,直接进入更深层次的原理分析和应用案例探讨环节;而对于学习基础相对薄弱的学生,则可以提供更多的基础知识回顾、实例演示和互动练习,帮助他们逐步跟上教学进度。

3. 课程练习与作业设计环节

课程练习与作业设计方面,AI 系统能够为教师提供强大的支持,实现练习和作业的个性化定制。教师可以依据教学大纲和课程标准,利用 AI 算法根据学生的个体差异生成具有针对性的练习题库。例如,在数学课程中:对于数学思维能力较强、基础知识掌握扎实的学生,AI 系统可以生成一些综合性强、难度较高的拓展性题目,如数学竞赛类题目或实际应用场景中的复杂数学建模问题,以进一步提升他们的思维能力和创新能力;而对于数学基础较为薄弱的学生,则侧重于生成一些基础知识巩固性的题目,如简单的四则运算、基本几何图形的计算与证明等,并根据学生的答题情况逐步增加题目难度,帮助他们稳步提升数学能力。

4. 作业批改环节

在作业批改环节,AI 自动批改系统不仅能够快速准确地判断学生作业的对错,还能详细分析学生的错误原因,提供个性化的学习建议和复习指导。例如,当学生在英语作业中出现语法错误时,批改系统能够指出具体的语法点错误,并推荐相关的语法学习资料和练习,帮助学生加强对该语法知识的理解和掌握。

5. 在课程评价环节

在课程评价环节,AI 技术为构建全面、精准的评价体系提供了有力支持。除了传统的考试成绩和作业完成质量评价外,AI 系统能够对学生的学习过程进行全方位监测与分析。通过记录学生在课堂互动中的参与度、发言质量、提问频率,以及在线学习平台上的学习时长、学习资源浏览偏好等多维度数据,运用数据挖掘和分析算法,绘制出学生的学习行为画像,综合评估学生的学习态度、学习策略和知识掌握程度。这样的评价结果更加客观、全面,能够为教师调整教学策略和为学生制订个性化学习计划提供科学依据。例如,如果 AI 系统分析发现某个学生在课堂上虽然发言次数较少,但在在线学习平台上对相关知识点的拓展阅读和视频学习时间较长,且在作业和考试中对该部分知识的掌握较好,这表明可能该学生是一个内向但自主学习能力较强的学生,教师可以在课堂上适当给予其更多的鼓励和引导,鼓励其积极参与课堂讨论,同时为其提供更多适合其自主学习风格的拓展性学习资源。

此外,教师还可以引导学生参与 AI 教育资源的创作与分享。例如,鼓励学生利用简单的编程工具和 AI 技术创作教育小游戏、互动式学习课件等,并将这些资源上传到学习平台或教育社区,与其他同学和教师共享。这不仅能够激发学生的学习积极性和创造力,还能促进学生之间的交流与合作,形成良好的学习生态环境。例如,学生可以制作一个关于历史事件的问答小游戏,利用 AI 技术实现根据玩家回答情况自动调整问题难度和提供提示信息的功能,然后将这个小游戏分享给其他同学,让大家在游戏中学习历史知识,提高学习兴趣。

为了确保融合 AI 技术的课程设计能够有效实施,教师还需要关注 AI 技术的更新与发展,及时调整课程设计方案。教育领域中的 AI 技术在不断演进,新的工具、平台和应用方法层出不穷。教师应积极参加相关的培训、研讨会和学术交流活动,保持对 AI 技术前沿动态的敏锐洞察力,将最新的技术成果融入课程设计中。例如,当新的 AI 教育平台推出了更先进的智能辅导功能或更便捷的教学资源创作工具时,教师应及时学习并应用到课程教学中,为学生提供更好的学习体验和教学服务。

总之,融合 AI 技术的课程设计是教育创新的重要方向,它要求教师在课程规划、知识传授、练习作业设计、课程评价等各个环节充分发挥 AI 技术的优势,注重学生 AI 素养和创新能力的培养,并持续关注技术发展动态,不断优化课程设计方案,从而为学生创造更加优质、高效、个性化的学习环境,助力他们在新时代的教育背景下茁壮成长,成为具有创新精神、实践能力和良好 AI 素养的全面发展人才。

4.4 沟通与合作能力

在 AI 赋能的教育环境中,教师的沟通与合作能力被赋予了全新的内涵,重要性也大大增加。这种能力不再局限于传统的师生、家校之间的交流互动,而是拓展到与 AI 系统的协同合作以及在多元主体参与的教育生态中的有效沟通与协作。

1. 与学生的沟通

(1) 在线学习平台即时通信

在 AI 技术深度渗透教育领域的当下,在线学习平台的即时通信功能已然成为师生沟通的得力助手,极大地拓展了师生交流的时空维度。传统的教学交流往往局限于课堂之上的有限时间,而如今,借助这一即时通信工具,教师能够与学生建立起一种更为紧密、便捷的互动关系。

无论是在工作日的繁忙时段,还是在周末或节假日的闲暇时光,学生只要在学习过程中遭遇困惑,即可迅速通过平台向教师发起求助。以中学物理学科的学习为例,学生在进行电学实验的预习时,可能对电路连接的原理和步骤存在疑问。他们只需在平台上简单描述问题,附上相关实验教材的截图或自己尝试绘制的电路草图,教师便能及时收到提醒并查看详情。教师凭借自身丰富的教学经验和专业知识,为学生详细讲解电路连接背后的物理原理,如欧姆定律在电路中的应用、不同电器元件的作用与特性等,并通过文字、语音甚至是简单的手绘示意图等多种方式,逐步引导学生理解正确的连接方式。这种即时性的沟通不仅能够高效地解决学生当下的学习难题,还能让学生感受到教师时刻关注着他们的学习进程,从而增强学习的信心和动力。

此外,在线学习平台的即时通信功能还支持群组讨论模式,这为教师开展小组学习活动提供了极大的便利。教师可以根据教学内容和学生的特点,将班级学生分成若干小组,针对特定的学习任务或课题进行线上讨论。例如,在语文文学作品赏析课程中,教师布置了关于某部经典小说主题探讨的小组任务。各小组成员在群组内积极交流自己的观点和感悟,分享从不同人物形象、情节发展、写作手法等方面挖掘出的主题内涵。教师则可以深入各个群组,观察学生的讨论过程,适时给予引导和启发。当小组讨论陷入僵局时,教师可以提出一些开放性的问题,如"小说中某个次要人物的存在对主题的深化有何独特作用?"以此激发学生的思维活力,推动讨论继续深入。通过这种方式,学生不仅能够在与同伴的交流互动中拓宽思维视野,提高合作学习能力,还能在教师的远程指导下,确保讨论方向的正确性和深度,从而更好地完成学习任务,提升文学鉴赏素养。

(2) 智能辅导系统数据驱动对话

智能辅导系统作为 AI 教育的重要应用之一,为教师与学生之间的深度沟通提供了丰富的数据资源和全新的对话契机。其记录的学生学习轨迹犹如一部详尽的学习成长史,涵盖了学生在各个学习环节的表现,从日常作业的完成情况、每次测验的答题详情,到在不同知识点学习时的停留时间、重复学习次数等,全方位地反映了学生的学习状态和知识掌握程度的动态变化。

教师通过深入分析这些数据,能够精准地洞察学生在学习过程中遇到的困难和瓶颈,进而与学生展开具有针对性的深度对话,共同探寻个性化的学习策略。以化学学科中的化学方程式配平学习为例,智能辅导系统可能显示某学生在面对复杂氧化还原反应方程式配平时,错误率较高且多次尝试后仍未掌握。教师通过查看系统提供的详细数据,包括学生在配平过程中对化合价变化的理解误区、不同元素原子守恒计算的错误类型以及尝试配平的步骤顺序等信息,与学生进行一对一的沟通交流。教师首先引导学生回顾氧化还原反应的基本概念,如电子转移的方向和数目确定方法,然后针对该学生在配平过程中出现的具体问题,如对某些特殊元素化合价的记忆模糊或在多步配平过程中的逻辑混乱,与学生共同探讨解决方案。教师可能会推荐一些记忆化合价的技巧,如利用元素周期表的位置关系和常见化合价规律进行记忆,并通过实际的例题演示,逐步引导学生掌握正确的配平思路和方法。在这个过程中,教师还会根据学生的反馈,实时调整辅导策略,如适当增加一些简单的练习题进行巩固练习,或者提供一些拓展性的配平案例,激发学生的学习兴趣和挑战欲望。

这种基于智能辅导系统数据的沟通模式,不仅能够帮助学生有效解决当前面临的学习问题,还能让学生在教师的引导下,逐渐掌握自我分析学习数据、发现问题并寻求解决方案的能力,从而培养学生的自主学习意识和终身学习能力。同时,通过这种深度对话,教师与学生之间建立起了一种更为紧密的学习伙伴关系,教师不再仅仅是知识的传授者,更是学生学习过程中的引导者和陪伴者,共同在知识的海洋中探索前行。

(3) 课堂 AI 学习工具分享互动

课堂教学在 AI 教育时代依然占据着核心地位,而教师积极鼓励学生在课堂上分享他们在使用 AI 学习工具过程中的独特体验和新奇发现,则为课堂注入了新的活力与创意元素,成为促进师生知识共享和情感交流的重要纽带。

当学生在课堂上踊跃展示自己利用 AI 绘画软件创作的与课文内容相关的精美画作时,这不仅是学生个人创造力和对课文理解深度的体现,更是一个绝佳的教学契机。教师应以高度的热情和敏锐的教学洞察力给予学生充分的肯定和赞扬,肯定他们在运用新技术进行学习探索过程中的努力和创新精神。例如,在语文古诗词教学中,学生通过 AI 绘画软件将诗词中描绘的意境生动地展现出来,如用细腻的笔触和丰富的色彩描绘出"大漠孤烟直,长河落日圆"所展现的塞外壮丽风光,或用淡雅的色调和简洁的线条勾勒出"采菊东篱下,悠然见南山"所传达的田园闲适氛围。教师在表扬学生的同时,可以引导其他同学共同欣赏这些画作,组织同学们围绕画作与诗词之间的联系展开讨论。让学生们分析画作中哪些元素精准地捕捉到了诗词的意境,又有哪些地方可能存在对诗词理解的偏差或独特的创意解读。通过这样的讨论,学生们能够更加深入地理解诗词的内涵,同时也能从同伴的创作中汲取灵感,激发自己的创新思维和艺术表达能力。

此外,教师还可以进一步拓展这种分享互动的形式和内容。例如,鼓励学生分享使用 AI 语音朗读软件辅助英语学习的经验,如如何通过调整朗读速度、语调来更好地模仿英语母语者的发音,以及如何利用软件的复读功能强化听力训练等。或者让学生展示利用

AI编程工具设计的与数学逻辑相关的小游戏,如通过编写简单的程序实现数字解谜游戏或几何图形拼图游戏,在游戏过程中加深对数学概念和逻辑思维的理解。通过这些多样化的AI学习工具分享活动,课堂不再是传统的教师单向传授知识的场所,而是成为一个充满活力、互动性强的学习社区,师生之间、学生之间在知识共享和情感交流的过程中,共同营造出积极向上、富有创意的学习氛围,促进全体学生的全面发展。

2. 与家长的沟通

(1) AI教学应用说明家长会

在AI教育的浪潮中,家长会作为家校沟通的重要传统形式,被赋予了新的使命和内涵。教师通过定期召开家长会,向家长详细阐释AI技术在教学中的具体应用情况,成为消除家长对新技术应用的疑虑、增进家长对学校教学工作理解与信任的关键环节。

在家长会上,一份精心准备的数据报告和生动翔实的案例展示能够直观地呈现学生在AI辅助教学下的显著学习成果,让家长切实感受到AI技术为孩子学习带来的积极变革。以小学数学教学为例,教师可以在家长会上展示班级学生在使用AI个性化学习系统前后的数学成绩对比数据。通过绘制成绩提升曲线,家长可以清晰地看到孩子们在不同学习阶段的进步情况,如某些学生在使用系统后的一个学期内,成绩从班级的中等偏下水平逐步上升至中上等水平,且成绩波动逐渐减小,稳定性增强。同时,教师还可以通过案例展示,深入剖析个别学生在AI辅助下学习兴趣和学习方法的转变过程。例如,有位学生原本对数学学习较为抵触,认为数学枯燥乏味且学习难度较大。在引入AI个性化学习系统后,系统根据该学生的学习基础和兴趣偏好,为其推荐了一系列趣味性强、难度适中的数学学习资源,如数学动画短片、互动式数学游戏等。通过这些个性化的学习资源,学生逐渐对数学产生了兴趣,开始主动参与学习。教师在家长会上分享这一案例时,可以详细介绍系统如何根据学生的答题情况和学习行为数据,精准地推送适合该学生的学习内容,以及教师在这个过程中如何与系统协同配合,关注学生的学习动态并给予及时的指导和鼓励。通过这样的数据报告和案例展示,家长能够全面了解AI技术在教学中的应用方式和实际效果,从而消除对新技术的担忧和疑虑,更加积极地支持学校开展AI教育教学工作。

(2) 家庭AI教育建议分享

除了在家长会上展示AI教学成果外,教师还肩负着向家长提供家庭AI教育实用建议的重要责任,旨在帮助家长更好地融入孩子的AI学习过程,形成家校共育的强大合力。

教师可以根据不同学科的特点和学生的年龄阶段,为家长推荐一系列适合家庭使用的在线教育平台或APP,并详细指导家长如何根据孩子的实际情况选择合适的学习内容。例如,对于小学低年级的学生,教师可能推荐一些以趣味性和互动性为主的语文识字、数学启蒙类APP,如通过动画演示、儿歌演唱等形式帮助孩子认识汉字、学习简单的数学运算。教师向家长介绍如何在APP中设置学习时间和难度级别,以适应孩子的学习节奏和能力水平。同时,提醒家长关注孩子在使用过程中的用眼卫生,如合理安排学习时间、确保学习环境光线适宜等,并强调网络安全问题,如教导孩子不要随意点击陌生链接、避免在网上泄露个人信息等。

对于中学阶段的学生,教师则可以推荐一些与学科课程紧密结合的在线学习平台,如提供同步课程讲解、课后作业辅导、学科知识拓展等功能的平台。教师指导家长如何利用平台的学习数据分析功能,了解孩子在各个学科知识点上的掌握情况,以便在家中给予针对性的辅导和督促。例如,在英语学科学习方面,教师可以建议家长与孩子一起利用平台的口语练习功能,进行亲子英语对话练习,提高孩子的英语口语表达能力。同时,家长可以根据平台提供的错题集和薄弱知识点分析,与孩子一起制订复习计划,帮助孩子巩固知识,提高学习成绩。通过这些家庭AI教育建议的分享,家长能够更加科学、有效地参与到孩子的AI学习过程中,与学校、教师携手共进,为孩子的成长提供全方位的支持和保障。

3. 与AI系统的有效互动

（1）教学信息输入与模型构建

在AI教育的复杂生态系统中,教师与AI系统的有效互动起始于向系统准确提供教学目标和学生信息,这一环节犹如为智能教学大厦奠定坚实的基石,直接决定了AI系统后续辅助教学的精准性和有效性。

在每学期初,教师需要将课程的详细教学大纲全面录入智能教学系统,包括课程的总体教学目标、各个章节的教学重点和难点,以及预期学生在每个知识点上应达到的学习水平等信息。例如,在高中物理课程中,对于力学部分的教学,教师要明确告知系统教学重点在于牛顿运动定律的理解与应用、物体的受力分析方法等,教学难点则可能涉及非惯性参考系下的力学问题以及多个物体相互作用时的复杂受力分析。同时,教师还须将学生的基本学情信息输入系统,如学生的年龄范围、整体学习基础(如入学成绩分布、以往学科知识掌握情况等)、学习风格特点(如视觉型、听觉型、动觉型学习风格的学生比例)等。这些信息将帮助AI系统构建起一个更为精准、个性化的教学模型。

基于教师提供的教学目标和学生信息,AI系统能够运用先进的算法和大数据分析技术,为每个学生量身定制合适的学习路径和教学计划。对于学习基础较为薄弱的学生,系统可能会在基础知识的讲解和巩固练习方面分配更多的学习资源和时间,如提供更多的基础概念讲解视频、简单易懂的例题练习以及详细的答案解析和学习反馈。而对于学习能力较强、学习进度较快的学生,系统则会推荐一些拓展性的学习内容,如学科前沿知识介绍、高难度的竞赛题型练习等,满足他们的学习需求,激发他们的学习潜力。例如,在数学课程学习中,对于对数学有浓厚兴趣且成绩优异的学生,系统可能会推荐他们学习高等数学中的部分基础概念和方法,如导数的初步应用、简单的积分运算等,并提供相关的在线学习资源和实践项目,如利用数学建模解决实际生活中的优化问题,从而拓宽学生的数学视野,培养他们的创新思维和实践能力。

（2）系统反馈理解与策略调整

教师与AI系统的互动并非单向的信息输入,更重要的是能够理解系统的反馈和建议,并根据这些信息灵活调整教学策略,从而实现人机协同教学的优化与升级。

智能教学系统基于对学生学习数据的实时监测和深度分析,会不断向教师提供各种反馈和建议,这些信息涵盖了从教学内容的调整、教学方法的改进,到学生学习状态的评估和个性化辅导方案的制定等多个方面。例如,当系统通过分析学生在某一知识点上的答题正确率、答题时间以及反复出错的类型等数据后,建议教师在课堂教学中增加更多的案例分析或互动练习时,教师需要对这一建议进行深入的分析和思考。教师首先要结合自己的教学经验和对学生的直观了解,判断该建议是否符合班级学生的实际学习情况。如果教师认为系统的建议具有合理性,那么接下来就要考虑如何具体实施。教师可能会根据系统推荐的案例类型,结合本地学生的生活实际和文化背景,对案例进行适当的改编和补充,使其更具吸引力和实用性。例如,在经济学课程教学中,如果系统建议增加关于市场供求关系的案例分析,教师可以选取本地市场上的一些实际商品供求变化案例,如当地特色农产品在不同季节的价格波动情况,或者热门电子产品在市场需求高峰期和低谷期的销售策略调整等,让学生更容易理解抽象的经济学概念,并能够将其应用到实际生活中。

然而,在实际教学过程中,教师也可能会发现系统的建议与实际教学情况存在一定的偏差。例如,系统推荐的某些互动练习可能难度过高或形式过于复杂,导致学生参与度不高或无法达到预期的教学效果。在这种情况下,教师不能盲目地遵循系统建议,而是要与系统进行有效的"沟通"。教师可以通过调整系统的参数设置,如修改练习的难度级别、改变互动方式等,或者补充特定的教学资源,如自制的教学短视频、详细的文字讲解资料等,使系统的辅助更加贴合教学实际需求。同时,教师还可以将在教学实践中发现的问题和改进措施反馈给系统开发者,帮助系统不断优化算法和模型,提高其对教学场景的适应性和辅助教学的精准性。通过这种教师与 AI 系统之间的双向互动、相互优化,能够充分发挥教师的教育智慧和 AI 系统的技术优势,共同为学生提供高质量、个性化的教学服务,推动教育教学质量的稳步提升。

4. 与他人合作交流

在 AI 赋能教育的多元主体参与的教育生态中,教师还需要与其他教育工作者、教育技术开发者等进行广泛的合作与交流。教师之间可以分享在 AI 教学实践中的成功经验和遇到的问题,共同探讨解决方案,形成教师群体的智慧共享。例如,不同学科的教师可以合作开展跨学科的 AI 教学项目,将文科类、美术、计算机等学科知识融合在一起,利用 AI 技术创作多媒体作品,培养学生的综合素养和创新能力。教师与教育技术开发者之间的合作则能够促进 AI 教育工具和平台的不断完善。教师可以将在教学实践中发现的软件漏洞、功能需求等反馈给开发者,开发者根据这些反馈进行优化升级,使 AI 教育产品更加符合教育教学的实际需求。

总之,在 AI 赋能的教育环境中,教师的沟通与合作能力是实现优质教育教学的关键因素之一。教师要积极适应新的沟通与合作模式,不断提升自己在师生、家校、人机以及多元主体之间的沟通与协作能力,才能充分发挥 AI 技术的优势,为学生创造更加良好的学习环境,推动教育向着更加智能化、个性化、协同化的方向发展。

4.5 持续学习机制

在当今快速发展的 AI 教育领域,建立持续学习机制对于教师而言已成为不可或缺的职业素养和发展要求。随着人工智能技术的日新月异,新的研究成果、应用模式和教育理念不断涌现,教师唯有通过持续学习,才能紧跟时代步伐,有效应对 AI 赋能教育带来的各种挑战与机遇,为学生提供与时俱进的优质教育服务。

1. 关注 AI 教育领域的前沿研究成果

(1) 学术期刊订阅

在 AI 教育蓬勃发展的今天,学术期刊犹如一座蕴藏着无尽智慧与创新成果的宝库,对于教师而言,订阅相关的学术期刊是深入了解该领域前沿动态的重要基石。《人工智能教育国际期刊》(International Journal of Artificial Intelligence in Education)专注于报道全球范围内 AI 教育的深度研究成果,涵盖了从人工智能技术基础理论在教育场景中的创新性应用,到大规模实证研究验证 AI 教育干预效果等多方面内容。例如,近期的研究可能聚焦于如何运用先进的深度学习算法解析学生在复杂学习环境下的行为模式,通过对海量学习行为数据的深度挖掘,构建更为精准的个性化学习模型,从而为每个学生量身定制独一无二的学习路径。教师通过研读此类文章,能够深入理解深度学习算法在教育领域的应用潜力,学习到如何优化算法参数以适应不同学科、不同年龄段学生的学习特点,进而将这些先进的理念与方法融入日常教学实践中。

《教育技术研究与发展》(Educational Technology Research and Development)则从更广泛的教育技术视角出发,探讨 AI 技术与其他教育技术手段的融合与创新应用。该期刊经常刊登有关智能辅导系统设计与开发的研究论文,详细阐述如何利用自然语言处理技术、知识图谱构建等多种 AI 技术打造具有高度交互性和适应性的智能辅导平台。例如,研究人员可能会介绍如何通过自然语言处理技术中的语义理解模型,使智能辅导系统能够准确理解学生以自然语言表述的问题,并根据学生的知识背景和学习进度,从庞大的知识库中筛选出最具针对性的解答和学习建议。教师阅读这些文章后,能够更好地掌握智能辅导系统的内在工作原理,学会如何评估和选择适合自己教学需求的智能辅导工具,并针对系统的不足提出创新性的改进思路,以提升辅导效果和学生的学习体验。

(2) 学术会议与研讨会

学术会议和研讨会是 AI 教育领域的思想盛宴,汇聚了全球范围内的教育精英、科研先锋和一线实践专家。国际人工智能教育大会(AIED)作为该领域的顶级盛会,每年都会吸引来自世界各地的学者和教育从业者。在大会的主题演讲环节,知名专家往往会对 AI 教育的宏观发展趋势进行前瞻性的剖析,探讨诸如 AI 如何重塑未来教育生态、教育公平在 AI 时代面临的机遇与挑战等具有深远意义的议题。例如,专家可能会深入分析在不同经济发展水平地区,AI 教育资源的分配差异以及可能导致的教育不公平现象,并提出基于政策引导、技术创新和社会合作的综合性解决方案。教师参与此类主题演讲的聆听与讨论,能够站在全球教育发展的宏观视角,审视自己在日常教学中如何践行教育公平原则,积极探索利用 AI 技术为不同背景学生提供平等教育机会的有效途径。

在大会的分组研讨和工作坊中,来自不同国家和地区的一线教师和研究人员则会分享他们在 AI 教育实践中的具体案例和创新方法。以中学数学教学为例,有的教师可能会展示如何利用 AI 数据分析工具精准定位学生在数学概念理解、解题能力等方面的薄弱环节,进而制订个性化的辅导计划,通过有针对性的练习和实时反馈机制,显著提高学生的数学学习成绩和学习兴趣。同时,在关于 AI 教育技术创新应用的工作坊中,教育技术研发人员会介绍最新的 AI 教育产品和技术进展,如虚拟现实(VR)、增强现实(AR)技术与数学教学的融合应用案例,展示如何通过沉浸式的学习环境,让学生更加直观地理解抽象的数学概念和几何图形。教师参与这些分组研讨和工作坊,能够深入了解同行们在 AI 教育实践中的成功经验和面临的实际问题,与他们进行面对面的交流与互动,共同探讨解决方案,从而拓宽自己的教学思路,获取灵感和启发,将先进的实践经验带回自己的课堂教学中。

国内的教育技术研讨会则更侧重于结合本土教育实际情况,探讨 AI 技术在不同教育层级、不同学科领域的落地应用。例如,在基础教育阶段的研讨会上,教师们会分享如何将 AI 语音识别技术应用于语文、英语等语言学科的听说教学中,通过智能语音评测系统,实时反馈学生发音的准确性、语速、语调等方面的表现,并提供个性化的发音训练建议。在高等教育领域的研讨会上,学科教师与教育技术专家则会共同探讨如何利用 AI 智能实验平台开展理工科实验教学,解决传统实验教学中实验设备不足、实验操作危险性高、实验数据处理复杂等问题。教师通过参与国内的教育技术研讨会,能够更好地将 AI 教育技术与本土教育需求相结合,探索出具有中国特色的 AI 教育实践模式,为提高我国教育教学质量贡献力量。

2. 参加 AI 教育相关的培训课程和工作坊

(1) AI 技术基础知识学习

参加 AI 教育相关的培训课程,教师首先能够系统地学习人工智能的基本概念、原理和算法,这是深入理解和应用 AI 教育工具的前提基础。在培训课程中,对于机器学习这一核心领域,教师将深入学习监督学习、无监督学习和强化学习的基本原理与应用场景。以监督学习为例,教师会了解到如何通过已标记的数据样本训练模型对新的数据进行准确的分类或预测。在实际教学应用中,这一技术可用于学生作业自动批改系统的开发,通过对大量已批改作业数据的学习,模型能够识别学生答案的正确性,并给出相应的评分和反馈。教师通过学习监督学习的算法原理,如线性回归、决策树、支持向量机等,能够更好地理解这些模型在作业批改过程中的决策依据,从而对系统的批改结果进行合理的评估和优化,确保批改的准确性和公正性。

无监督学习则侧重于从无标记的数据中发现潜在的模式和结构。在教育数据挖掘中,无监督学习算法可用于学生学习行为聚类分析,例如将具有相似学习习惯、学习进度和兴趣偏好的学生划分为同一群体。教师学习无监督学习算法,如聚类分析中的 K-Means 算法、层次聚类算法等,能够深入了解如何根据学生的学习数据特征进行有效的群体划分,进而针对不同群体学生的特点制定差异化的教学策略。例如:对于学习积极性高、自主学习能力强的学生群体,可以提供更多的拓展性学习资源和挑战性学习任务;而对于学习基础相对薄弱、学习动力不足的学生群体,则侧重于对其进行基础知识的巩固和学习兴趣的激发。

强化学习通过智能体在环境中不断试错以获取最大奖励的方式进行学习,这一概念在教育领域的智能教学系统设计中有重要应用。例如,智能教学系统可以被视为一个强化学习智能体,它根据学生的学习表现(奖励信号)调整教学策略(行动),以实现学生学习效果的最大化。教师学习强化学习原理,如 Q-Learning 算法、深度 Q 网络(DQN)等,能够理解智能教学系统如何根据学生的实时反馈动态优化教学内容推送、学习路径规划等功能,从而更好地与智能教学系统协同工作,为学生提供更优质的教学服务。

(2)AI 教育工具高级应用掌握

在掌握了 AI 技术基础知识后,培训课程和工作坊将重点聚焦于各种 AI 教育工具的高级应用技能培训,使教师能够熟练运用这些工具优化教学过程,提升教学质量。以智能教学系统为例,教师将学习如何进行个性化设置,根据不同课程的教学目标、学生群体的特点以及教学进度要求,灵活调整系统的参数和功能模块。例如,在语文课程教学中,教师可以根据教学大纲对阅读、写作、古诗词赏析等不同教学板块的要求,在智能教学系统中设置相应的教学重点和难点提示,使系统在为学生提供个性化学习资源推荐和学习路径规划时,更符合语文课程的教学特色。同时,教师还可以根据班级学生的整体学习水平和个体差异,调整系统的学习难度适应机制,确保每个学生都能在合适的学习挑战水平下进行学习,避免因难度过高或过低而影响学生的学习积极性。

对于 AI 辅助教学软件,教师将深入学习其功能拓展和创新应用方法。以一款 AI 数学辅助教学软件为例,教师不仅要掌握其基本的数学公式编辑、图形绘制、解题步骤演示等功能,还要学会如何利用软件的拓展功能开展创新性教学活动。例如,该软件可能具备数学模型构建与动态演示功能,教师可以利用这一功能引导学生自主探索数学概念之间的内在联系,通过改变模型参数,观察数学现象的变化规律,培养学生的数学思维能力和创新实践能力。此外,教师还将学习如何与软件开发者或其他教师合作,根据教学实际需求定制开发特定的功能模块,如针对本地数学竞赛的专项训练模块或与学校校本课程紧密结合的特色教学模块,使 AI 辅助教学软件更好地服务于学校的个性化教学需求。

在在线学习平台的培训中,教师将重点学习如何进行优化管理,提高平台的教学支持能力和学生学习体验。这包括学习如何合理组织课程资源,根据课程的知识体系结构和学生的学习顺序,将教学视频、电子教材、练习题、讨论话题等资源进行分类整理和有序呈现,方便学生快速查找和学习。教师还将掌握如何利用平台的数据分析功能,实时监测学生的学习行为和学习进度,及时发现学生在学习过程中遇到的问题和困难,并通过平台的通知、消息推送等功能与学生进行及时有效的沟通和辅导。例如,当平台数据分析显示某个学生在某一章节的学习中多次出现错误且学习时间过长时,教师可以主动向该学生发送个性化的学习建议和辅导资料,帮助学生克服学习障碍,顺利推进学习进程。

3. 加入专业的教育技术社区或在线学习小组

(1)实时交流互动

专业的教育技术社区或在线学习小组为教师提供了一个开放、便捷的交流平台,使他们能够实时分享自己在 AI 教学实践中的宝贵经验与棘手困惑,与同行们展开深入的探讨与合作。在教育技术社区中,当教师发起关于如何在文科类教学中有效利用 AI 技术提高学生阅读能力的讨论话题时,来自不同地区、不同学校的文科教师将纷纷分享自己的实践心得。有的教师可能会介绍他们使用的智能阅读软件,如该软件如何通过文本分析技术对文章的结构、主题、关键信息等进行精准提取,并以可视化的方式呈现给学生,帮助学生快速把握文章要点;同时,软件还能根据学生的阅读水平和阅读习惯,推荐合适的阅读材料,并在阅读过程中提供实时的词汇解释、背景知识介绍等辅助功能,以有效提高学生的阅读速度和理解能力。然而,教师们也会在讨论中提及遇到的问题,如某些智能阅读软件在对文学作品的情感分析和文化内涵解读方面存在不足,导致学生在阅读文学经典时难以深入体会作品的深层情感和文化价值。针对这一问题,教师们会共同探讨解决方案。有的教师可能建议结合人工阅读指导与软件辅助的方式,在软件提供基础阅读分析的基础上,教师通过课堂讨论、文学鉴赏课等形式,引导学生深入挖掘作品的情感和文化内涵;还有的教师可能会推荐一些在情感分析方面表现较好的其他智能阅读工具或插件,供大家尝试使用,通过这种集思广益的方式,共同解决教学实践中遇到的问题,提升文科类阅读教学的质量。

(2) 研究论文研读

在在线学习小组中,组织开展关于 AI 教育最新研究论文的研读活动是教师提升自身学术素养和研究能力的重要途径。当小组成员共同研读一篇关于基于多模态数据融合的学习评价方法的研究论文时,他们首先会深入剖析论文的研究方法。例如,论文中可能采用了视频分析技术记录学生的课堂表现,包括面部表情、肢体动作等非语言信息,同时结合学习管理系统记录的学生学习行为数据,如作业完成情况、在线学习时长、参与讨论次数等,以及通过知识测试获取的学生知识掌握程度数据,将这些多模态数据进行融合分析,构建更为全面、精准的学习评价模型。小组成员在研读过程中,会详细讨论每种数据模态的采集方法、数据预处理步骤以及如何运用先进的数据分析算法进行数据融合与模型构建。例如:对于视频数据的采集,如何确保拍摄角度、光线等因素不影响面部表情和肢体动作的准确识别;在数据预处理阶段,如何对不同来源的数据进行标准化处理,使其具有可比性;在模型构建方面,采用何种机器学习算法或深度学习架构能够更好地处理多模态数据的复杂性和异构性等问题。

通过对论文创新点的讨论,教师们能够及时了解到 AI 教育研究领域的前沿技术和创新理念。例如,该论文的创新点可能在于提出了一种新的多模态数据融合权重分配算法,能够根据不同学习阶段和学习任务的特点,动态调整各模态数据在评价模型中的权重,从而更精准地反映学生的学习状态和学习效果。教师们在讨论中会思考如何将这一创新算法应用到自己的课程评价体系中,结合本校学生的实际情况和教学目标,对算法进行优化和改进。例如,在不同学科课程中,根据学科特点和教学重点,确定哪些模态数据应给予更高的权重。在数学课程评价中,可能更注重学习行为数据和知识测试数据的权重,因为数学学习更强调逻辑思维和知识应用能力;而在艺术课程评价中,则可能适当提高视频数据中反映学生创作过程表现的权重,以更好地评价学生的艺术创造力和实践能力。

在交流学习心得环节,教师们会分享自己从论文研读中获得的启发和思考,以及如何将论文中的研究成果与自己的教学实践相结合。有的教师可能会受到论文的启发,计划在自己的课堂教学中引入更多的多模态数据采集设备,如使用智能摄像头记录学生课堂表现,利用学习分析平台收集学生的多源学习数据,尝试构建具有本校特色的学习评价体系;还有的教师可能会思考如何将多模态数据融合评价方法与现有的教学评价方式进行有机整合,避免过度依赖技术而忽视教师的主观评价和学生的自我评价,从而实现技术与教育教学的深度融合,促进学生的全面发展。通过这种研究论文研读活动,教师们在在线学习小组中相互学习、相互启发,不断拓宽自己的学术视野,深化研究思路,为提升自己在 AI 教育领域的教学研究水平奠定坚实的基础。

在 AI 教育的浪潮中,教师的持续学习机制犹如一艘航船的动力引擎,推动着教师在不断变化的教育海洋中破浪前行。只有不断学习、不断探索、不断创新,教师才能在 AI 赋能的教育舞台上发挥出更大的作用,书写教育事业的新篇章。

参考文献

[1] 吕碧君,谢健. 大数据财务分析与可视化[M]. 天津:天津大学出版社,2025.
[2] 张怡,杨道宇,马莉. 建筑产业现代化概论[M].3 版. 天津:天津大学出版社,2024.

第 5 章
AI 赋能个性化教学的实施策略与保障措施

5.1　学校层面的政策支持与资源配置

1. 政策支持

（1）AI 教育战略规划

学校制定的 AI 教育战略规划犹如航海图，为全校在 AI 赋能个性化教学的征程中指引方向。在规划的时间维度设定上，3~5 年是一个较为合理且具有可操作性的周期。以数学学科为例，在第一年，学校可设定目标为在初中全年级数学课程中初步引入 AI 个性化学习辅助工具，实现个性化学习覆盖比例达到 30%。具体而言，通过智能学习系统为学生提供个性化的作业布置和知识点推送，使学生能够依据自身的学习进度和薄弱环节进行有针对性的练习。到了第三年，计划将个性化学习系统覆盖比例提升至 60%，不仅在作业层面，还在课堂教学环节中深度融入 AI 技术，如利用智能教学软件根据学生的课前预习数据调整课堂教学重点，针对多数学生存在困惑的知识点进行详细讲解和互动式探讨。在成绩提升幅度方面，设定在第一年使参与 AI 教学实验班级的数学平均成绩较上一年度提升 5%，同时关注知识掌握程度的量化指标，例如通过阶段性测试中知识点的得分率来衡量，要求重点知识点的得分率提高 8%。第五年则期望达成个性化学习系统在数学学科全年级的全面覆盖，且平均成绩提升 15% 以上，知识掌握程度在各个知识板块都有显著提升，优秀（80 分及以上）学生比例提高 20%。

对于英语学科，战略规划可以侧重于语言技能的提升。在初始阶段，借助 AI 口语测评软件和个性化阅读训练平台，为学生制定每日口语练习和阅读计划，目标是在第一年使学生的英语口语流利度评分平均提高 10%，阅读理解准确率提升 15%。随着时间的推移，逐步增加写作批改与指导的 AI 应用，在第三年实现英语写作成绩平均提高 12%，并且通过 AI 技术对学生的英语听力理解进行精准分析和训练，使听力部分的得分率提高 18%。到了规划期末，全面提升学生的英语综合应用能力，让学生在各类英语竞赛和考试中取得更优异的成绩，如在全国中学生英语能力竞赛中获奖人数增加 50%。

自然科学类学科则可利用 AI 技术丰富实验教学和理论知识的传授。在第一年，利用虚拟实验平台辅助学生进行实验预习和复习，确保学生对实验原理的理解准确率达到

80%以上,实验操作的成功率提高20%。中期目标是通过AI智能辅导系统帮助学生更好地理解科学概念和规律,在第三年使学生在科学学科的综合测试中,概念理解部分的得分率提升15%,应用分析部分的得分率提升20%。最终达成科学素养的全面提升,学生能够运用所学知识解决实际生活中的科学问题,在科技创新活动中的参与度和成果数量显著增加。

(2) 教学管理政策

教学管理政策包括教师教学自主权的赋予和AI教学评估与激励机制的建立。

在教学管理政策上给予教师充分的自主权是AI教学创新的关键。例如,在文科类课程教学中,教师依据AI系统对学生古诗词背诵和理解的数据分析,发现部分学生在理解古诗词意境方面存在困难。教师便可自主调整教学内容顺序,将原本后置的古诗词赏析专题提前,深入讲解诗词中的意象、意境营造手法以及作者的情感表达。在课堂时间分配上,减少对学生已熟练掌握字词知识的讲解时间,增加针对意境理解的互动讨论环节,如组织学生分组讨论古诗词与现代诗歌在意境表达上的异同,引导学生通过绘画、写作等方式表达自己对古诗词意境的理解,从而强化学生的薄弱环节。再如,在物理课程中,教师根据AI反馈的学生对力学和电学知识的掌握情况,若发现学生在电学实验操作和电路分析上存在较多问题,可灵活调整教学计划。将原本计划的力学拓展实验课程暂时搁置,集中一周时间开展电学实验专项训练,从实验仪器的使用、电路连接的基本规则到复杂电路的故障排查,进行系统的教学和实践操作指导。同时,在课堂教学方法上,教师可以结合AI模拟的电路实验动画,让学生更直观地看到电流的流动路径、电阻的分压作用等抽象概念,然后再进行实际实验操作,提高教学效果。

学校设立的AI教学评估小组应具备多元的评估视角。除了对教师教学成果的评估,还应关注教学过程中的AI应用创新点。例如,评估教师是否能够巧妙地将AI技术与传统教学方法有机结合,创造出新颖的教学模式。对于在教学过程中创新性地使用AI技术,如开发了基于本地文化特色的AI教学案例库,或者利用AI技术开展跨学科融合教学并取得良好效果的教师,给予高额的绩效加分和奖金激励。荣誉称号的评选也应注重其示范引领作用,"AI教学先锋教师"不仅要自身教学成绩突出,还需能够将自己的经验和方法分享给其他教师,带动整个教师团队的AI教学水平提升。例如,该教师定期组织校内的AI教学公开课,展示如何利用AI智能辅导系统进行分层教学,针对不同学习水平的学生设置不同难度层次的学习任务,并通过系统的实时反馈调整教学进度和辅导策略,为其他教师提供可借鉴的实践范例。

(3) AI教育资源整合与共享政策

学校搭建的AI教育资源共享平台应具备便捷的操作界面和丰富的功能模块。在教学课件共享方面,教师可以上传自己精心制作的涵盖各个学科、各个年级的AI辅助教学课件。例如,一位数学教师制作的关于函数图像与性质的课件,其中整合了多种AI绘图工具,能够动态展示函数图像随着参数变化而变化的过程,同时还插入了相关知识点的微课视频讲解。其他教师下载后,可根据自己班级学生的实际情况进行修改和完善,如调整例题的难度、增加本地实际应用案例等。

案例库的共享更是资源整合的重点。以史学类学科为例,教师们可以共同构建一个历史事件分析案例库,将不同历史时期的重大事件从政治、经济、文化等多个维度进行分析,并利用AI技术制作成互动式案例。如在"辛亥革命"教学案例中,通过AI技术嵌入相关历史图片、影视资料片段以及人物传记等拓展资源,使学生可以点击不同的板块深入了解辛亥革命的背景、过程、影响以及对当今社会的启示。教师们在教学过程中可以不断丰富和更新这个案例库,使案例更加生动、全面。

教师之间关于AI应用技巧心得的分享也不可或缺。例如,一位信息技术教师在使用AI编程教学软件过程中,总结出一套如何引导学生快速掌握编程逻辑的教学技巧,如利用AI游戏化编程平台激发学生兴趣,逐步引导学生从简单的游戏规则编写到复杂的算法设计。他将这些心得分享在平台上,其他学科教师在开展与编程相关的跨学科教学时,如物理学科中的实验数据处理编程教学,就可以借鉴这些方法,提高教学效率。

2. 资源配置

学校层面的资源配置如图5-1所示。

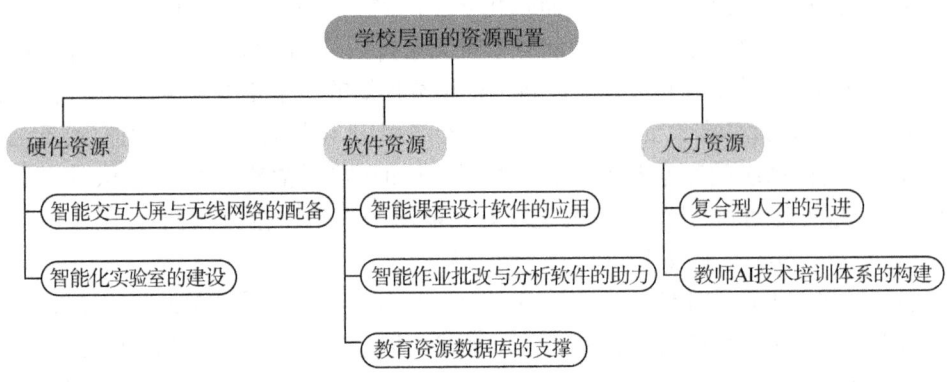

图5-1 学校层面的资源配置

(1) 硬件资源

智能交互大屏的引入彻底改变了传统课堂的教学模式。以地理课堂为例,教师在讲解地球的公转和自转时,可以利用大屏的高清显示功能,展示地球公转和自转的三维动画,学生可以清晰地看到地球在不同季节的光照情况、昼夜长短变化以及不同纬度地区的太阳高度角变化。同时,学生可以使用触摸笔在大屏上直接标注出重要的地理坐标、画出地球运动的轨迹,还可以分组在大屏上展示自己对地理现象成因的分析思维导图,实现高效的互动教学。

无线网络的全覆盖确保了学生在使用智能终端设备时的流畅性。在校园的图书馆学习区域,学生们可以使用平板电脑随时随地访问学校的在线学习资源库,查阅与自己课程相关的电子书籍、学术论文,观看名师讲座视频。在课间休息时,学生们也可以利用无线网络在智能学习APP上完成一些碎片化的学习任务,如进行英语单词打卡、数学小测验等,充分利用了课余时间,提高了学习效率。

在生物学科的智能化实验室中,学生可以利用AI虚拟实验平台进行复杂的生物遗传实验模拟。例如,在探究孟德尔遗传定律的实验中,学生可以通过虚拟实验平台设置不同基因型的亲本,观察子代的基因型和表现型比例变化,并且可以反复进行实验,改变实验参数,如亲本的基因型组合、杂交的代数等,深入理解遗传定律的内涵。在实际操作实验前,学生通过虚拟实验平台对实验步骤、可能出现的实验结果以及实验仪器的使用方法有了充分的了解,大大提高了实际实验的成功率。例如,在使用显微镜观察细胞结构时,学生可以先在虚拟平台上熟悉显微镜的操作流程,包括物镜和目镜的切换、焦距的调节等,然后在实际实验中能够更加熟练地操作,减少操作不当对实验结果的影响,同时也降低了实验仪器损坏的风险。

(2) 软件资源

以初中文科类课程为例,智能课程设计软件根据教学大纲对阅读、写作、古诗词、文言文等不同板块的要求,结合学生入学时的文科类基础测评数据,如字词掌握量、阅读理解能力水平、写作表达能力等,为教师生成个性化的课程框架。在阅读教学方面,如果学生的现代文阅读能力较弱,软件会推荐教师选取一些具有代表性的现代文作品,如鲁迅的《故乡》《孔乙己》等,并设计从文章结构分析、人物形象塑造、主题思想挖掘到阅读技巧训练等一系列教学活动。在写作教学中,根据学生的写作风格和常见问题,软件会安排不同类型的写作训练任务,如记叙文写作中注重细节描写的训练、议论文写作中逻辑结构搭建的练习等,并规划好教学进度,如每周进行一次作文讲评,每两周完成一篇完整的作文创作任务等。

在数学作业批改与分析中,该软件发挥着巨大作用。当学生完成作业后,软件能够迅速批改,不仅指出答案的对错,还能详细分析错误类型。例如,如果学生在代数方程求解中出现错误,软件会判断是移项错误、合并同类项错误还是系数计算错误,并统计出此类错误在班级中的出现频率。教师根据这些反馈,可以针对学生普遍存在的问题在课堂上进行集中讲解,对于个别学生的特殊错误,可以通过软件生成的个性化辅导建议,让学生进行有针对性的课后练习。例如,对于某个学生在函数图像绘制方面的错误,软件会推荐一些专门针对函数图像性质和绘制方法的练习题,并提供详细的解题思路和步骤示范,帮助学生纠正错误,加深对知识点的理解。

在音乐教育资源数据库中,为学生提供丰富的音乐素材。从不同风格的音乐作品,如古典音乐中的贝多芬交响曲、莫扎特奏鸣曲,民族音乐中的二胡名曲《二泉映月》、古筝曲《渔舟唱晚》,到现代流行音乐中的优秀作品,应有尽有。同时,数据库还包含音乐理论知识讲解视频,如音符的时值、节拍的划分、和声的构成等基础知识,以及音乐创作技巧分享课程,如旋律的创作方法、歌词的写作要点等。不同音乐基础的学生,可以根据自己的兴趣和水平选择合适的学习内容。例如:对于初学者,可以从基础的音乐理论知识学习和简单的儿歌演唱练习开始;而对于有一定音乐基础的学生,可以深入学习乐器演奏技巧,通过观看大师的演奏视频,模仿练习,并尝试进行音乐创作,利用数据库中的创作软件工具,将自己的音乐灵感转化为实际的音乐作品。

(3) 人力资源

学校引进的具有 AI 技术背景和教育教学经验的复合型人才在多个方面发挥着引领作用。例如,在信息技术与课程整合方面,他们能够帮助历史教师将 AI 虚拟现实技术融入历史教学中。如在讲述古代战争史时,利用虚拟现实技术让学生仿佛置身于古代战场,亲身体验战争的残酷和历史的沧桑变迁,增强学生的学习体验感和对历史知识的理解深度。在智能教学系统的优化方面,复合型人才可以根据教师和学生在使用过程中反馈的问题,如系统界面操作不够便捷、学习资源推荐不够精准等,对系统进行技术升级和功能完善。例如:优化系统的搜索算法,使教师和学生能够更快速地找到所需的教学资源;改进系统的智能推荐模型,根据学生的学习行为数据和兴趣偏好,更精准地推送个性化学习资源。

学校组织的教师 AI 技术培训应形成一个系统的体系。校内培训方面,邀请 AI 教育领域专家学者举办的讲座可以涵盖多个主题。例如,关于 AI 深度学习算法在教育数据挖掘中的应用讲座,专家详细介绍如何利用深度学习算法分析学生的学习行为数据,挖掘学生的学习模式和潜在需求,为教师制定个性化教学策略提供数据支持。在培训活动中,还可以组织教师进行实践操作培训,如学习使用 Python 语言进行简单的教育数据处理和分析,通过实际案例让教师掌握数据收集、清洗、分析的基本步骤和方法。

校外培训则侧重于让教师接触更前沿的 AI 教育理念和技术应用。选派教师参加国际教育技术研讨会,教师在会议上可以了解到不同国家在 AI 教育方面的最新政策导向、实践案例和研究成果。例如,学习到国外一些学校如何利用 AI 智能机器人开展个性化学习辅导,如何将 AI 技术与项目式学习、探究式学习深度融合等先进经验。参加培训的教师回校后,通过校内的教学研讨活动、工作坊等形式,将所学知识和技能分享给其他教师。例如,举办"国际 AI 教育前沿经验分享会",参加培训的教师详细介绍国外学校在 AI 课程设计、教学评价方面的创新做法,并结合本校实际情况提出可借鉴的建议,促进全体教师 AI 教育水平的共同提升。

5.2 教师培训与激励机制的建立

1. 教师培训

教师培训的内容如图 5-2 所示。

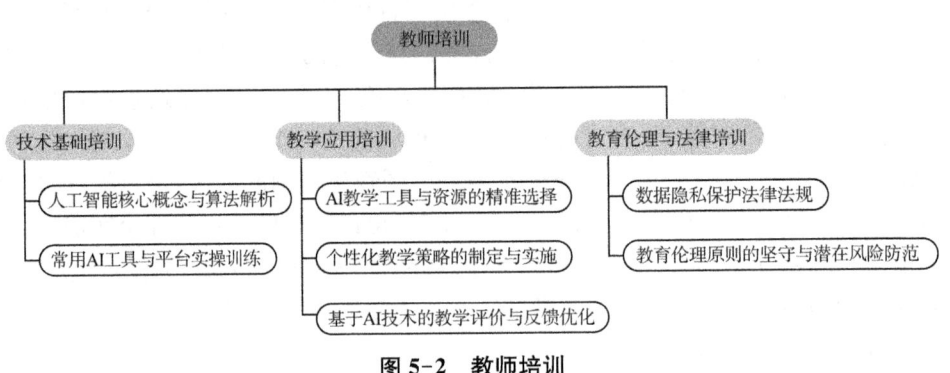

图 5-2 教师培训

(1)技术基础培训

a. 人工智能核心概念与算法解析

在人工智能基本概念的培训中,深入理解机器学习、深度学习、自然语言处理和计算机视觉等领域的内涵对于教师至关重要。以机器学习为例,其涵盖的监督学习、无监督学习和强化学习有着截然不同的特性与应用场景。在监督学习中,教师需要明白如何通过已标记的数据样本,如学生以往的考试成绩及对应的学习表现标签,来训练模型进行准确的预测。例如,当试图预测学生在即将到来的数学考试中的成绩等级时,可以将学生过去的作业完成情况、课堂表现得分以及之前考试成绩等作为特征,运用线性回归或决策树等监督学习算法构建模型。通过大量数据的训练,模型能够依据新输入的学生学习行为数据,对其考试成绩等级作出相对精准的预测,从而帮助教师提前识别可能面临学习困境的学生,以便及时实施干预措施,如提供额外的辅导课程或个性化学习资料。

无监督学习则侧重于挖掘数据中的内在结构和模式,在教育领域可用于学生群体的分类与特征发现。例如,通过对学生在在线学习平台上的学习行为数据进行聚类分析,如学习时间分布、学习资源偏好、互动频率等维度的数据,无监督学习算法(如 K-Means 聚类)能够将具有相似学习行为模式的学生划分到同一群组。教师由此可以深入了解不同学生群体的学习习惯和需求特点,进而为各群体设计更具针对性的教学活动或提供个性化的学习建议。

强化学习在教育情境下的应用也别具意义。想象一个智能学习系统作为强化学习的主体,它根据学生的学习反馈(如答题正确与否、学习进度的快慢等)来调整教学策略(如提供不同难度级别的学习材料、调整练习的频率和类型等),以最大化学生的学习效果。教师理解这一过程后,能够更好地与智能教学系统协同工作,依据系统的动态调整策略为学生提供更精准的指导和支持。

b. 常用 AI 工具与平台实操训练

掌握常用的 AI 工具和平台是教师将 AI 技术融入教学的关键一步。Python 编程语言作为数据处理和分析的强大工具,教师需要学习其基础语法、数据结构以及常用的数据分析库(如 Pandas 和 NumPy)的使用方法。例如,在处理学生的学习成绩数据时,利用 Pandas 库可以方便地读取、清洗和整理数据,通过 NumPy 进行数值计算,如计算学生成绩的平均分、标准差等统计指标,进而分析班级整体的学习水平和学生个体的成绩波动情况。

对于知名的智能教学平台,如科大讯飞的智慧课堂平台,教师要熟练掌握其丰富的功能模块。在创建课程方面,教师能够根据教学大纲和课程目标,灵活设置课程的章节结构、教学内容呈现形式(如文字、图片、视频等多媒体资源的整合)以及教学活动安排(如课堂讨论、小组项目等)。在布置作业环节,教师可以利用平台的智能题库功能,根据教学进度和学生的实际水平选择合适的作业题目,并设置个性化的作业要求,如针对不同学习层次的学生布置不同难度的题目,或者规定作业的提交时间和答题规范等。而平台的学情分析功能更是为教师提供了全面深入了解学生学习状况的窗口,教师可以实时查看学生的作业完成情况、答题正确率、学习时长等数据,通过可视化的报表和图表,直观地把握学生对各个知识点的掌握程度、学习进度的快慢以及学习兴趣的集中点,从而为后续的教学调整提供有力依据。

(2)教学应用培训

a. AI 教学工具与资源的精准选择

在文科类教学中,智能作文批改系统的有效运用能够极大地提升教学效率和质量。

以语文作文教学为例，当学生完成作文提交后，智能批改系统迅速启动，不仅能够精准地检测出语法错误、词汇拼写错误以及词汇使用的恰当性等基础层面的问题，还能从文章的宏观结构入手，分析段落之间的逻辑连贯性、开头结尾的呼应性以及文章整体的布局合理性。在立意深度评价方面，系统通过对作文主题的理解和挖掘，判断学生是否能够深入思考主题内涵，是否能够从独特的视角展开论述。对于语言表达流畅性，系统会分析语句之间的衔接是否自然、修辞运用是否恰当、语言风格是否符合文体要求等多个维度，并给出详细且具有建设性的评价和建议。教师依据这些反馈，能够针对每个学生的作文特点进行有针对性的指导，引导学生从字词锤炼、结构优化、立意升华等多个方面逐步提升作文水平。

b. 个性化教学策略的制定与实施

借助学生的学习数据画像制订个性化教学计划是 AI 技术在教学应用中的核心体现。以学生的学习兴趣为例，如果通过对学生在在线学习平台上的学习资源浏览记录、搜索关键词以及参与讨论的话题偏好等数据的分析，发现某个学生对历史文化类知识有着浓厚的兴趣，教师则可以在教学过程中引入更多相关的拓展阅读材料、历史纪录片片段或者组织历史文化主题的小组研究项目，激发学生的学习热情和主动性。对于学习风格的考量同样重要，视觉型学习风格的学生，他们对图像、颜色、图表等视觉信息敏感。对于他们，教师在教学中可以增加图片、视频、思维导图等教学资源的使用比例。例如，在讲解地理知识时，通过展示世界各地的自然风光图片、地理现象的动态视频以及绘制详细的地理概念思维导图，帮助学生更好地理解和记忆地理知识。而对于逻辑思维较强的学生，教师可以提供一些具有挑战性的逻辑推理题、数学建模项目或者哲学思辨类的讨论话题，如在数学教学中引入数学竞赛真题或实际生活中的数学建模案例，鼓励学生运用所学知识进行深入分析和解决，培养他们的高阶思维能力和创新实践能力。

c. 基于 AI 技术的教学评价与反馈优化

利用大数据分析技术进行教学评价与反馈是 AI 赋能教学的重要环节。在学生的学习过程评价中，通过收集学生在课堂互动中的参与度数据（如发言次数、提问频率、参与小组讨论的贡献度等）、在线学习平台上的学习行为数据（如学习资源的点击量、学习时长、重复学习次数等）以及作业和考试中的答题过程数据（如答题时间、修改次数、解题思路等），全面且细致地刻画学生的学习过程。例如，在分析学生的数学解题过程中，如果发现某个学生在某类题型上花费的时间较长且修改次数较多，可能意味着该学生在这个知识点上存在理解困难或解题方法不当的问题。教师可以据此及时给予针对性的辅导，提供相关的解题技巧讲解和练习题强化训练。

在学习结果评价方面，大数据分析不仅仅局限于传统的成绩评定，而是从多个维度综合考量学生的学习成果。例如，除了考试成绩外，还可以分析学生在完成项目式学习任务中的表现，包括团队协作能力、创新思维能力、问题解决能力等维度的评价。通过对这些多维度数据的整合分析，教师能够更全面地了解学生的学习成效，发现学生的优势和不足之处，并及时给予鼓励性的反馈和建设性的改进建议，促进学生的全面发展。

（3）教育伦理与法律培训

a. 数据隐私保护法律法规的深入理解与践行

随着 AI 在教育领域的广泛应用，学生数据隐私保护成为至关重要的问题。教师必须深入学习相关法律法规,如《中华人民共和国网络安全法》明确规定了网络运营者在收集、使用个人信息时应遵循的合法、正当、必要原则,以及保障信息安全的义务。在教育数据收集过程中,教师要确保所收集的数据是实现教学目的所必需的,并且要明确告知学生和家长数据收集的目的、范围、方式以及存储期限等信息,获得他们的书面同意。例如,在使用在线学习平台收集学生的学习行为数据时,要在平台的用户协议或隐私政策中清晰地阐述这些信息,并在学生首次使用平台时进行弹窗提示,要求学生和家长仔细阅读并确认同意。

《教育部机关及直属事业单位教育数据管理办法》则进一步细化了教育数据在存储、使用、共享等环节的安全管理要求。教师在存储学生数据时,要采用安全可靠的存储方式,如加密存储、定期备份等,防止数据丢失或被非法获取。在使用学生数据时,要严格按照事先告知的目的和范围进行操作,不得擅自将数据用于其他目的,如商业营销或个人研究等。在数据共享方面,如果需要与第三方机构共享学生数据,如教育研究机构进行教学研究合作或教育技术公司进行系统优化分析,必须对第三方机构的资质和数据安全保障能力进行严格审查,签订详细的数据共享协议,明确双方的权利义务、数据使用范围、安全保护措施以及数据泄露后的责任追究等条款,确保学生数据在共享过程中的安全性和合法性。

b. 教育伦理原则的坚守与潜在风险防范

教师在 AI 教学过程中要始终坚守教育伦理原则,避免对学生造成负面影响。在使用智能评价系统时,要认识到其局限性,不能仅仅依赖系统给出的评价结果而忽视学生的个体差异和全面发展。例如,智能评价系统可能在评价学生的书面作业或考试答案时能够快速给出量化的分数和分析,但对于学生在学习过程中的努力程度、学习态度的转变、创新思维的展现等方面难以全面准确地评估。教师要结合自己的课堂观察、与学生的面对面交流等方式,综合考量学生的学习表现,给予全面客观的评价,避免过度依赖智能评价系统而导致对学生的评价片面,而打击学生的学习积极性。

尊重学生的个性差异和自主学习权利是教育伦理的重要体现。教师在利用 AI 技术进行教学时,要根据学生的不同特点和需求提供个性化的教学服务,而不是一刀切地推行统一的教学模式。例如,在使用智能教学系统为学生推荐学习资源时,要充分考虑学生的兴趣爱好、学习能力和学习进度,确保推荐的资源是适合学生个体的,能够激发学生的自主学习兴趣。同时,在课堂教学中,要鼓励学生积极参与讨论、提出自己的观点和想法,尊重学生的自主选择和探索精神,为学生营造一个宽松自由的学习氛围。

此外,教师还要关注 AI 教学过程中的知识产权问题。在使用 AI 生成的教学资源时,要明确其版权归属和使用权限。例如,一些 AI 绘画工具生成的图片或 AI 写作助手生成的文本,虽然可以为教学提供便利,但教师要了解这些资源是否可以免费用于教学用途,是否需要注明出处或获得授权。教师自己开发的 AI 教学课件或教学软件,要及时申请知识产权保护,如软件著作权登记等,防止被他人未经授权的使用或抄袭,维护自己的合法权益和教学创新成果。

2. 激励机制

激励机制内容如图 5-3 所示。

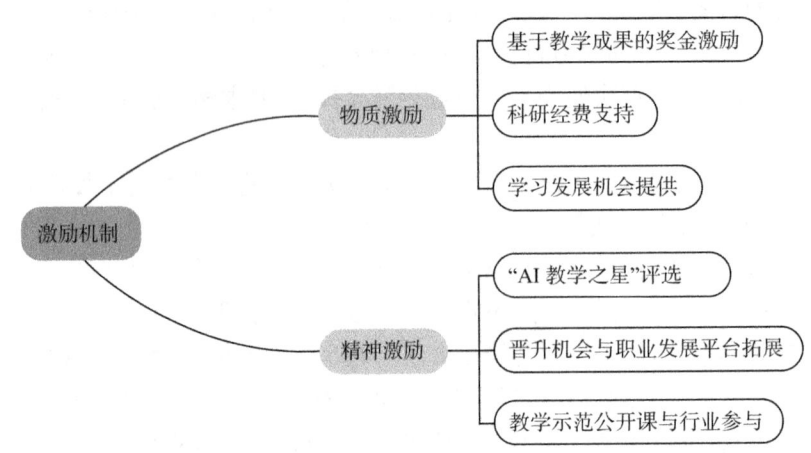

图 5-3 激励机制

(1) 物质激励

a. 基于教学成果的奖金激励

学校设立的 AI 教学奖励基金旨在对教师在 AI 赋能个性化教学实践中的显著成果给予及时且有力的物质肯定。在衡量教师利用 AI 技术提升班级学生整体成绩方面，学校应构建一套科学、全面且透明的评估体系。例如，不仅关注平均分的提升幅度，还须综合考量优秀率（如 90 分及以上学生所占比例）、及格率的变化，以及学生成绩分布的合理性，如是否减少了低分段学生的占比并扩大了中高分段的群体规模。对于那些通过巧妙运用 AI 个性化学习系统，深度分析学生学习数据，精准定位知识薄弱点，进而制定并实施针对性教学策略，使得班级学生在一学期内数学平均成绩提升 10 分以上，且优秀率从原本的 15% 跃升至 25%，及格率提高 10 个百分点的教师，学校可给予 8 000 元至 12 000 元不等的高额奖金奖励。这一奖金数额的设定既体现了对教师卓越贡献的认可，又具有足够的吸引力，能够在教师群体中激发强烈的竞争意识和创新动力。

在学科竞赛领域，教师的指导作用对于学生借助 AI 技术取得优异成绩至关重要。以全国青少年信息学奥林匹克竞赛（NOI）为例，当教师带领学生团队在竞赛中斩获金牌时，学校除了颁发荣誉证书外，应给予教师 5 000 元的竞赛专项奖金。这一奖金不仅是对教师在竞赛指导过程中所付出的大量时间、精力和专业智慧的补偿，更是对其能够将 AI 技术与竞赛培训有机结合，挖掘学生潜力，培养学生创新思维和实践能力的高度赞赏。例如，教师可能引导学生利用 AI 算法优化程序设计，通过智能数据分析工具精准定位竞赛知识点的薄弱环节，从而开展有针对性的训练，最终助力学生在高手如云的竞赛中脱颖而出。

b. 科研经费支持

为积极参与 AI 教学研究和课程开发的教师提供充足的科研经费支持，是学校推动

AI教育创新发展的关键战略举措。在教师开展AI教育相关课题研究时,学校应依据课题的性质、规模和预期影响力进行分类资助。对于校级AI教育探索性课题,如"基于AI智能辅导系统的初中英语听说读写一体化教学模式研究",学校可提供1万元至3万元的科研启动资金,用于支持教师开展前期的文献调研、小规模教学实验以及购买必要的研究工具和软件。对于具有一定创新性和实践推广价值的市级课题,如"AI技术驱动下的高中跨学科融合教学策略与实践研究",学校则应加大资助力度,提供5万元至8万元的科研经费,助力教师组建研究团队,开展大规模的教学实践调查,收集和分析丰富的教学数据,并邀请专家进行指导和评估。

当教师成功申请到国家级或省部级AI教育科研项目时,学校的配套经费资助更是彰显了对教师科研实力的坚定信任和全力支持。以国家社会科学基金教育学重大课题"人工智能赋能教育变革的理论与实践研究"为例,若教师能够成功获批该项目的子课题,学校应按照1∶1.5的比例给予配套经费资助,确保教师拥有充足的资金来开展深入、系统的研究工作。在项目执行过程中,科研经费可用于组织学术研讨会、开展国际合作交流、购置先进的研究设备以及支付研究成果的出版和推广费用等。而在项目完成后,根据项目所取得的成果转化效益,如是否形成了具有广泛影响力的AI教学理论体系,是否开发出了可商业化推广的AI教育产品或服务等,学校可给予教师项目成果转化收益的30%至60%分成奖励。这一激励机制将教师的科研成果与个人经济利益紧密挂钩,可极大地激发教师开展高水平AI教育科研工作的积极性和创造力。

c. 学习发展机会提供

学校为教师提供参加国内外AI教育学术会议和培训课程的机会,并全额承担相关费用,是促进教师专业成长和知识更新的重要途径。在国际AI教育学术会议方面,如国际人工智能与教育大会(AIED),学校每年应选拔3至5名具有潜力和创新精神的教师参加。参会教师在会议期间能够与来自全球各地的顶尖教育专家、学者以及教育科技企业代表进行面对面的交流与合作。他们可以聆听关于AI教育最新研究成果的主题报告,如"基于深度学习的个性化学习路径优化算法研究""AI教育中的伦理困境与应对策略"等,深入了解国际前沿的AI教育理念、技术应用趋势以及教学实践创新模式。同时,教师还可以参与各类研讨会、工作坊和海报展示活动,分享自己的教学经验和研究成果,获得国际同行的宝贵反馈和建议,从而拓宽自己的学术视野,提升在国际AI教育领域的知名度和影响力。

在国内培训课程方面,学校可组织教师参加由知名高校或专业教育培训机构举办的AI教育高级研修班。例如,北京大学教育学院举办的"AI技术在教育领域的深度应用与创新实践研修班",课程内容涵盖AI基础理论知识强化、智能教学工具的深度应用技巧、基于AI的教学评价与管理策略以及AI教育创新项目的设计与实施等多个模块。教师通过参加这些高质量的培训课程,能够系统地学习国内领先的AI教育技术和方法,与国内一流的教育专家和一线优秀教师进行互动交流,获取丰富的教学案例和实践经验,进而将所学知识和技能迅速应用到自己的教学工作中,推动学校AI教学水平的整体提升。

(2) 精神激励

a. "AI 教学之星"评选

定期开展的"AI 教学之星"评选活动在学校的 AI 教学文化建设中扮演着核心角色，具有强大的激励和示范效应。评选过程应遵循严格、公正、透明的原则，由学校教学管理部门、教师代表、学生代表以及校外教育专家共同组成评选委员会。评选标准应涵盖教学效果、教学创新、学生评价、同行认可度以及对学校 AI 教学发展的贡献等多个维度。在教学效果方面，考察教师所教班级学生在知识掌握程度、能力提升水平以及学习态度转变等方面的综合表现；在教学创新方面，关注教师是否能够创造性地将 AI 技术融入教学环节，如开发独特的 AI 教学活动、设计新颖的教学课件或运用创新的教学方法等；学生评价通过学生的问卷调查、课堂反馈以及学业成绩提升的自我感受等方式进行收集；同行认可度取决于教师在学科组内的教学分享、合作交流以及对其他教师的专业引领作用；对学校 AI 教学发展的贡献包括参与学校 AI 教学规划制定、教学资源建设以及教师培训等方面的工作成效。

对于评选出的"AI 教学之星"，学校应通过全方位、多层次的宣传渠道进行表彰和展示。在学校官网首页设置专门的"AI 教学之星风采展示"专栏，详细介绍获奖教师的个人简介、教学成果、创新经验以及学生的评价和祝福。校报应开辟专版，以深度报道的形式讲述"AI 教学之星"的教学故事，分享他们在 AI 教学实践中的智慧结晶和心路历程。校内宣传栏则张贴大幅照片和简洁而富有感染力的事迹介绍，让全校师生在校园内随时随地都能感受到这些优秀教师的榜样力量。这种广泛而深入的宣传，不仅能够极大地提高获奖教师的知名度和美誉度，让他们在学校师生群体中赢得崇高的尊重和赞誉，更能够激发广大教师向他们学习的热情和动力，在全校范围内营造出积极向上、勇于创新的 AI 教学良好氛围。

b. 晋升机会与职业发展平台拓展

为"AI 教学之星"及其他在 AI 教学领域表现突出的教师提供更为广阔的晋升机会和多元化的职业发展平台，是学校构建长效激励机制的重要组成部分。在教师职称评定过程中，学校应制定明确且具有针对性的倾斜政策。对于在 AI 教学方面取得突出成绩的教师，如成功构建并实施具有显著成效的 AI 教学模式，显著提升学生的学习效果和综合素质，且在区域内产生一定影响力的，在职称评定时可适当放宽对论文发表数量和科研项目级别要求，而将更多的权重赋予其教学成果和创新实践。例如，在中级职称晋升高级职称的评定中，对于此类教师，可将教学成果的权重从常规的 40% 提高至 50%，同时降低论文发表数量要求的 20%。在岗位晋升方面，学校应优先考虑具有丰富 AI 教学经验和卓越管理能力的教师担任学校的 AI 教学管理职务，如 AI 教学中心主任、学科教研组组长等。这些岗位不仅能够让教师在更大的范围内发挥自己的专业优势和领导才能，推动学校 AI 教学工作的全面规划、组织协调和质量监控，还能够为他们提供更多的资源和平台，进一步提升其在教育领域的影响力和话语权。

此外，学校应积极推荐这些优秀教师参与地区或全国性的 AI 教育行业协会、学术组织的活动，并鼓励他们在其中担任重要职务。例如，推荐教师成为省级 AI 教育协会的常务理事或学术委员会委员，参与协会组织的教育政策研讨、教学标准制定、教材编写审核以及专业培训活动等。通过这些平台,教师能够与行业内的顶尖专家、学者和教育管理者进行深入交流与合作,及时了解行业发展动态和前沿趋势,将最新的理念和方法带回学校,同时也能够将学校的优秀经验和成果在行业内进行推广和传播,提升学校在 AI 教育领域的知名度和美誉度,为学校的长远发展赢得更多的机遇和资源。

c. 教学示范公开课与行业参与

组织"AI 教学示范公开课"活动是促进教师之间交流合作、共同提升 AI 教学水平的有效平台。学校应定期安排"AI 教学之星"或其他在 AI 教学方面具有独特见解和丰富经验的教师开设示范公开课,并邀请全校教师现场观摩学习。在公开课的教学设计上,授课教师应充分展示如何将 AI 技术与教学内容深度融合,打造高效、互动、个性化的课堂教学模式。例如,在语文课堂上:教师可利用 AI 智能写作评价系统对学生的作文进行实时批改和反馈,引导学生根据系统的建议进行修改和完善;同时,借助 AI 语音识别技术开展朗读训练,让学生在朗读过程中及时得到发音准确性和情感表达的评价与指导。在教学过程中,教师还应注重展示如何运用 AI 教学工具激发学生的学习兴趣和主动性,如通过智能互动课件、虚拟现实(VR)或增强现实(AR)教学资源等,让学生在沉浸式的学习体验中深入理解知识,培养创新思维和实践能力。

在公开课结束后,学校应组织教师进行深入的研讨和交流。授课教师分享自己的教学设计思路、AI 技术应用技巧以及教学过程中的心得体会,观摩教师则提出自己的疑问、见解和建议。通过这种互动交流,教师们能够相互学习、相互启发,共同探索 AI 教学的最佳实践路径。同时,学校还应鼓励教师参与 AI 教育行业的标准制定、教材编写等工作,提升教师在行业内的引领地位和影响力。例如,选派教师参与教育部组织的 AI 教育课程标准制定工作,教师可结合自己的教学实践经验,为课程目标的确定、教学内容的选择、教学方法的建议以及评价标准的制定等方面提供有价值的参考意见。在教材编写方面,教师可将自己在 AI 教学中积累的优秀案例、创新教学活动以及对学生学习效果的实证研究成果融入教材内容,使教材更具时代性、实用性和创新性,为全国的 AI 教育教学提供高质量的教学资源和示范引领。

5.3 学生数据保护与隐私安全的策略

1. 数据收集与管理

数据收集与管理如图 5-4 所示。
(1)合法合规收集
a. 全面的信息告知与同意获取机制

在当今数字化教育环境下,数据收集的合法性与合规性是保障学生权益的基石。学校和教师作为数据收集的主体,承担着向学生及其家长全面、清晰地传达数据收集相关信息的重要责任。以一款综合性智能学习平台为例,在学生首次登录使用时,平台会以弹窗形式展示详细的隐私政策告知页面。该页面采用通俗易懂的语言,避免专业术语的堆砌,以便学生和家长能够轻松理解。告知内容不仅涵盖了数据收集的具体目的,如:为了实现精准的个性化学习推荐,平台会依据学生对不同学科知识点的学习时长、反复学习次数以

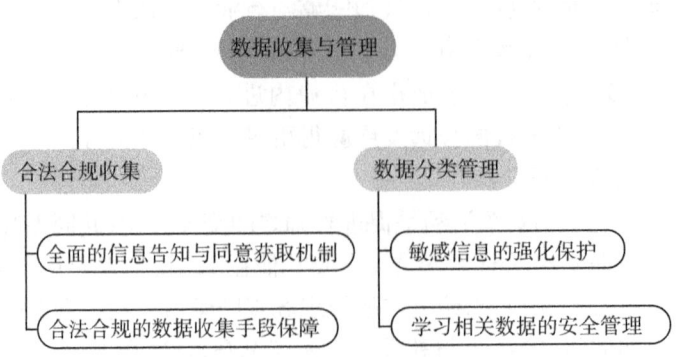

图 5-4 数据收集与管理

及答题的正确率等学习行为数据,为其量身定制专属的学习路径,推荐合适难度层次的学习资料;用于教学效果评估时,会综合分析班级整体学生的学习数据,包括作业完成的平均时长、各知识点的得分率分布等,以衡量教师教学策略的有效性;在学习过程分析方面,则会追踪学生在平台上的操作轨迹,如学习资源的点击顺序、在特定知识点上的停留时间等,从而发现学生学习过程中的困难点和兴趣点。

同时,对于数据收集的范围界定也极为细致,如:明确列举出涵盖的个人基本信息,如姓名、学号、年级、班级等用于身份识别和学籍管理;学习行为数据的具体类型,如学习时间精确到每次登录平台的起始与结束时刻,学习内容浏览记录详细记录了学生所查看的课程视频、文档资料名称及浏览时长,答题情况包括每道题目的作答答案、答题时间以及是否经过修改等;以及设备信息,如使用的终端设备类型(是手机、平板还是电脑)、操作系统版本、IP 地址等,这些信息有助于平台了解学生的使用环境,保障学习服务的稳定性和安全性。

关于数据的使用期限,假设设定为自收集之日起五年,在这五年期间,数据将在合法合规的框架内被用于上述提及的教育教学相关目的。一旦存储期限届满,平台将严格按照相关法律法规和内部规定,启动数据销毁程序。数据销毁过程会进行详细记录,确保数据被彻底删除且无法恢复,以防止数据的不当留存和潜在滥用。在获取同意方面,除了平台弹窗告知外,还会提供纸质的知情同意书供学生和家长签署。这份同意书不仅是一份法律文件,更是学校和家长之间关于数据使用的信任契约,明确双方在数据保护与利用过程中的权利和义务。

b. 合法合规的数据收集手段保障

确保数据收集方式的合法合规性是数据安全链条上的关键环节。学校和教师必须坚决杜绝任何不正当的数据获取手段,如未经授权的网络爬虫技术。网络爬虫在未经许可的情况下肆意抓取学生数据,可能会导致数据的泄露和滥用,严重侵犯学生的隐私权益。例如,某些不法分子可能会利用网络爬虫针对学校的在线学习平台进行攻击,窃取学生的登录账号、密码以及学习记录等信息,进而用于非法目的,如身份盗窃或恶意篡改学生学习数据。恶意软件窃取同样是一种严重的违规行为,恶意软件可能隐藏在看似正常的学习应用程序或文件中,一旦被学生下载或打开,就会在后台秘密收集学生数据并发送给不法分子。

为了防止这些非法数据收集手段的侵害,学校和教育平台应采取一系列技术和管理措施。在技术层面,部署先进的防火墙和入侵检测系统,实时监控网络流量,及时发现并阻止任何可疑的网络爬虫活动或恶意软件入侵尝试。例如:防火墙可以设置规则,限制特定来源的大量数据请求,防止网络爬虫的大规模数据抓取;入侵检测系统则能够通过分析网络数据包的特征,识别出与恶意软件通信的异常流量模式,并及时发出警报。在管理方面,加强对教师和相关工作人员的数据安全培训,提高他们的数据安全意识,使其能够识别和防范常见的数据安全风险。例如,培训教师如何识别正规的教育软件和可能存在安全隐患的恶意软件,教导他们不要随意点击来自不明来源的链接或下载可疑文件,避免自身操作不当导致学生数据泄露。同时,建立严格的数据收集流程规范,要求所有数据收集行为必须经过学校数据管理部门的审批和授权,确保数据收集活动在合法合规的轨道上进行。

(2) 数据分类管理

a. 敏感信息的强化保护

个人敏感信息由于其特殊性,对学生的隐私和安全具有至关重要的影响,因此需要实施最为严格的保护措施。以身份证号为例,它作为学生身份的唯一标识,一旦泄露可能会导致学生的身份被冒用,引发一系列诸如金融诈骗、虚假学籍注册等严重问题。家庭住址和联系方式的泄露则可能使学生面临人身安全威胁或遭受骚扰。健康状况信息属于个人隐私范畴,其泄露可能侵犯学生的人格尊严并对其未来的学习、生活产生负面影响。

针对这些个人敏感信息,学校采用高强度的加密算法如 AES(Advanced Encryption Standard)和 RSA(Rivest-Shamir-Adleman)算法进行加密存储。AES 算法具有加密速度快的特点,适用于对大量数据进行快速加密处理,能够确保学生敏感信息在存储过程中的保密性。RSA 算法则基于非对称加密原理,具有公钥和私钥分离的特性,在数据传输和密钥交换过程中提供了更高的安全性保障。这些加密后的敏感信息被存储在专门的安全服务器中,该服务器应具备物理隔离、访问控制、入侵检测等多重安全防护机制。物理隔离措施可防止外部人员通过物理手段直接接触服务器,如将服务器放置在专门的机房,并设置严格的门禁系统,只有经过授权的人员才能进入机房。访问权限的设置极为严格,仅限于极少数经过授权的管理人员和教师,如:班主任因学生管理工作需要可能会被授权访问部分学生的敏感信息,但也必须在严格的监管下进行操作;学校数据安全管理员则负责整个数据安全体系的维护和管理,拥有对敏感信息的较高权限,但同样受到内部审计和监督机制的约束。

在使用这些个人敏感信息时,学校建立了一套严格的审批流程。例如,当班主任需要使用学生的家庭住址信息以便进行家访安排时,必须提前填写《学生敏感信息使用申请表》,详细说明使用目的、使用人员、预计使用时间等信息,并提交给学校数据管理部门进行审批。数据管理部门在收到申请后,会对申请的合理性和必要性进行审核,只有在审核通过后,班主任才能在规定的时间和范围内使用该信息,并在使用过程中进行详细记录,包括实际使用的时间、具体操作内容等,以便后续审计和追溯。

b. 学习相关数据的安全管理

学习成绩数据和学习行为数据在教学过程中扮演着重要角色,虽然相对于个人敏感信息其敏感度略低，但仍须确保其安全性和完整性，以保障教学活动的正常开展和教学质量的评估。学习成绩数据反映了学生在各个学科知识掌握程度上的表现，是衡量教学效果和学生学习成果的关键指标。例如，在学校的教务管理系统中存储着学生的历次考试成绩、作业成绩以及平时测验成绩等信息。为了防止这些数据被非法篡改或泄露，系统采用了多种安全技术手段。在数据存储方面，对成绩数据进行定期备份，存储在不同地理位置的服务器上，以防止单一服务器故障或遭受攻击而导致数据丢失。同时，采用适当的加密技术，如数据库加密技术，对成绩数据进行加密存储，确保即使数据库被非法访问，数据也无法被轻易解读。

在访问控制方面，只有任课教师、班主任和教务管理人员在经过身份认证后才能访问和查看相关数据。身份认证过程采用多因素认证方式，如密码、指纹识别、动态验证码等相结合，提高身份认证的安全性。例如，任课教师在登录教务管理系统查看学生成绩时，首先需要输入自己的用户名和密码，然后进行指纹识别验证，系统还会向教师的手机发送动态验证码，只有在输入正确的验证码后才能成功登录系统。在数据传输过程中，采用SSL/TLS等加密协议进行加密传输，确保数据在网络传输过程中不被窃取或篡改。SSL/TLS协议通过对数据进行加密和数字签名，保证数据的保密性、完整性和真实性，使得数据在从服务器传输到教师终端设备的过程中始终处于安全状态。

学习行为数据同样具有重要价值，它能够为教师提供学生学习过程的详细信息，帮助教师了解学生的学习习惯、兴趣点和困难点，从而优化教学策略。例如：学生在智能学习平台上的学习时间分布可以反映出学生的学习积极性和时间管理能力；学习内容浏览记录能够揭示学生对不同学科知识的兴趣偏好；答题情况分析则有助于教师发现学生在知识理解和应用方面的薄弱环节。对于这些学习行为数据，学校也采取了相应的安全管理措施。在数据收集阶段，确保数据来源的合法性和准确性，避免收集到错误或虚假的数据。在数据存储过程中，采用类似于学习成绩数据的安全技术，如加密存储和定期备份，防止数据丢失和泄露。在数据使用方面，根据教学和管理的需要进行合理授权，例如，学科教研组长可以获取本学科学生的学习行为数据汇总分析报告，以便了解学科教学的整体情况，制订学科教学改进计划，但不能查看单个学生的详细学习行为数据，以保护学生的隐私。同时，对数据的使用过程进行记录和审计，确保数据被合理、合法地使用，防止数据被滥用或用于其他不当目的。

2. 数据使用与共享

数据使用与共享如图5-5所示。

（1）限定使用范围

a. 教育教学用途的精准界定与遵循

在数据驱动的教育时代，明确学生数据的使用范围对于保障学生隐私权益至关重要。学生数据犹如一把双刃剑，若使用得当，能够极大地助力教育教学质量的提升；反之，若被滥用，则可能对学生的隐私造成严重侵害。因此，学校必须坚定不移地将学生数据的使用限定在教育教学相关活动的范畴之内。

个性化学习方案制定是学生数据在教育教学中的关键应用领域之一。通过深入分析

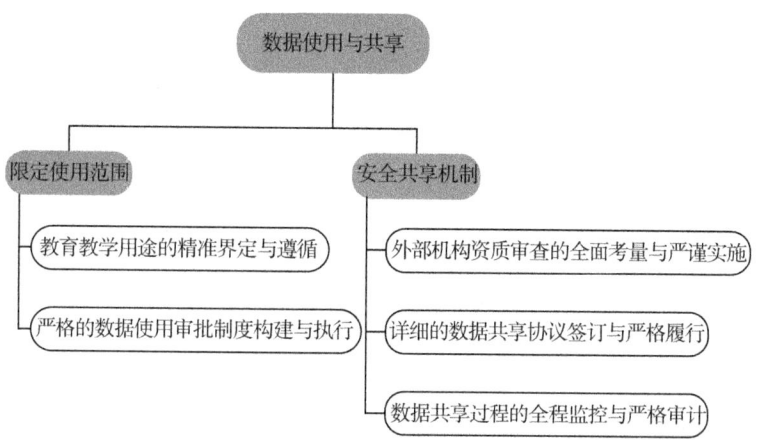

图 5-5　数据使用与共享

学生的学习行为数据,如学习时间的分布规律、不同学科知识点的掌握程度、学习资源的偏好类型等,教师能够为每个学生量身定制独一无二的学习路径。例如,对于在数学学科中代数部分表现出色但几何部分较为薄弱的学生,教师可以依据数据精准地为其推荐更多针对性的几何学习资源,包括专项练习题、几何概念讲解视频以及互动式几何学习软件等,从而帮助学生弥补知识短板,实现学习效果的最大化。

教学质量评估同样离不开学生数据的支持。学校借助学生的学习成绩数据、课堂参与度数据、作业完成情况数据等多维度信息,能够全面、客观地衡量教师的教学成效以及教学方法的有效性。例如,通过对比不同班级学生在相同知识点上的掌握情况,分析学生在接受不同教学策略后的成绩提升幅度、学习兴趣变化等指标,学校管理层可以及时发现教学过程中存在的问题,并为教师提供有针对性的专业发展建议,促进教学质量的持续提升。

学生学业辅导也是学生数据的重要应用场景。当学生在学习过程中遇到困难时,教师可以利用学生的学习数据迅速定位问题根源,进而提供精准的辅导。例如,如果学生在英语阅读理解方面频繁出错,教师可以通过分析学生的阅读速度、词汇理解准确率、对不同文体阅读材料的应对能力等数据,为学生制订个性化的阅读训练计划,推荐适合其阅读水平的文章,并给予阅读技巧指导,如何快速定位关键信息、如何推断生词含义等,帮助学生逐步提高阅读理解能力。

然而,学校必须坚决杜绝将学生数据用于商业目的或其他与教育无关的用途。在当前市场经济环境下,学生数据具有潜在的商业价值,一些第三方教育培训机构或广告公司可能试图获取这些数据以牟取私利。例如:某些教育培训机构可能希望购买学生的学习成绩数据和学科薄弱环节信息,以便精准地向学生推销他们的培训课程;广告公司可能对学生的兴趣爱好数据感兴趣,企图借此推送相关商业广告。这种行为严重侵犯了学生的隐私权益,也违背了教育的公益属性和伦理道德。因此,学校应建立严格的内部监督机制,加强对数据使用的审核与监管,确保学生数据始终在合法合规的教育教学轨道上使用。

b. 严格的数据使用审批制度构建与执行

为了确保学生数据使用的规范性和安全性,学校必须建立一套严谨的审批制度。教师或管理人员在使用学生数据之前,无论数据用途为何,都必须提交书面申请,详细说明使用目的、使用方式、使用期限等关键信息。例如,一位教师若计划使用学生的学习行为数据来优化课堂教学策略,他需要在申请书中明确阐述具体的教学问题所在,如学生在课堂互动环节参与度不高,他打算如何利用数据找出原因并制定相应的改进措施,计划使用哪些具体的数据指标(如学生在课堂提问环节的发言次数、参与小组讨论的活跃度等),以及预计使用数据的时长(如一个学期内持续分析和调整教学策略)。

学校数据管理部门在收到申请后,应组织专业人员对申请进行严格审核。审核过程不仅要考量申请用途与教育教学的相关性,还要评估数据使用方式的合理性和安全性。例如,对于涉及大规模数据提取或复杂数据分析的申请,要审查教师是否具备相应的数据处理能力和安全防护意识,是否采取了足够的数据保密措施,如数据存储在何处、是否加密处理、使用后如何销毁等。只有在审核通过后,教师或管理人员才能获得数据使用授权。

在数据使用过程中,学校还应加强对使用情况的实时监控。建立数据使用日志记录系统,详细记录每一次数据访问的时间、人员、操作内容等信息,以便追溯和审计。例如,如果发现某位教师在获得数据使用授权后,实际使用数据的方式与申请书中描述不符,如擅自扩大数据使用范围,将原本仅用于课堂教学分析的数据用于个人研究项目,学校应立即采取措施制止,并根据情节轻重给予相应的处罚,如警告、暂停数据使用权限等,同时对数据使用情况进行全面审查,确保数据没有被泄露或滥用。

(2) 安全共享机制

a. 外部机构资质审查的全面考量与严谨实施

在某些特定情况下,学校与外部机构共享学生数据是推动教育教学研究与创新、提升教育服务质量的必要举措。然而,由于学生数据的敏感性,在共享之前必须对外部机构进行严格的资质审查,确保其具备合法合规的身份、良好的商业信誉以及强大的数据安全保护能力。

合法身份是外部机构参与数据共享的基本前提。学校应要求外部机构提供相关的营业执照、组织机构代码证等官方注册文件,以核实其是否依法注册成立,经营范围是否涵盖与教育教学研究或合作相关的业务领域。例如,一家教育研究机构若希望与学校共享学生数据以开展关于新型教学方法有效性的研究,学校首先要审查其营业执照上的业务范围是否包含教育研究相关内容,确保其具有从事该项研究的合法资格。

良好的信誉是衡量外部机构可靠性的重要指标。学校可以通过多种途径了解外部机构的信誉情况,如查询商业信用评级机构的报告、参考行业内的口碑评价、了解其过往合作项目的执行情况等。例如,如果一家教育技术供应商在行业内存在多次数据泄露事件或因合同违约而被投诉的记录,那么学校显然不应与其共享学生数据。相反,如果一家机构在教育领域长期享有良好声誉,与其他学校或教育机构的合作均取得了显著成果且无不良记录,那么它在数据共享合作中的可信度就相对较高。

在数据安全保护方面,外部机构必须具备相应的能力和完善的措施。学校应要求外部机构提供其数据安全管理体系认证材料,如 ISO 27001 信息安全管理体系认证证书等,以证明其在数据安全管理方面遵循国际标准和最佳实践。同时,对外部机构的数据安全防护技术设施进行实地考察和评估,包括数据存储设备的安全性、网络防护体系的健全性、数据访问控制机制的有效性等。例如,考察其数据中心是否具备物理隔离、防火、防水、防盗等安全防护措施,网络系统是否部署了先进的防火墙、入侵检测系统、加密通信设备等,数据访问是否采用严格的身份认证、授权管理和审计机制等,确保外部机构能够为共享数据提供与学校相当甚至更高水平的安全保障环境。

b. 详细的数据共享协议签订与严格履行

在确定外部机构具备数据共享资质后,学校必须与其签订一份详尽的数据共享协议,明确双方在数据共享过程中的权利和义务,为数据安全提供法律保障。

数据共享的目的是协议的核心内容之一。双方应明确阐述共享数据是为了特定的教育教学研究项目或合作计划,如共同开发智能教学系统、开展跨校际的教学质量对比分析等,并详细说明该目的如何与学生的教育利益相关联。例如,在一份关于合作开发个性化学习推荐系统的数据共享协议中,明确指出共享学生的学习行为数据和成绩数据是为了构建更精准的推荐模型,提高学生的学习效率和学习体验,且该系统仅在参与合作的学校内部使用,不会用于其他商业或非教育目的。

共享范围的界定应精确且清晰。明确规定哪些学生数据将被共享,如学生的基本信息(姓名、学号、年级、班级等)、学习成绩数据(考试成绩、作业成绩、平时测验成绩等)、学习行为数据(学习时间、学习资源浏览记录、答题情况等)的具体范围和详细程度。例如,仅共享某一特定学科、特定时间段内的学习成绩数据,或者仅共享学生在特定学习平台上的部分学习行为数据,避免共享不必要的数据,降低数据泄露风险。

共享方式应在协议中详细说明。包括数据传输的具体技术手段,如:采用加密传输协议(如 SSL/TLS 协议)确保数据在传输过程中的保密性,使用专线传输方式提高数据传输的稳定性和安全性;数据存储的要求,如外部机构应将共享数据存储在专门的安全服务器中,与其他业务数据进行物理隔离或逻辑隔离,并按照规定的备份策略进行数据备份;数据访问的限制,如外部机构应建立严格的身份认证和授权机制,只有经过授权的特定人员才能访问共享数据,且访问过程应进行详细记录等。

共享期限也应明确约定。确定数据共享从何时开始,到何时结束,避免数据在合作结束后仍被外部机构非法持有或使用。例如,对于一个为期两年的教育教学研究合作项目,数据共享期限应严格限定在这两年内,合作结束后,外部机构应按照协议规定及时删除或销毁共享数据。

此外,协议还应涵盖数据安全保护措施的详细要求。外部机构应承诺采取一系列数据安全防护措施,如定期进行数据安全风险评估、及时更新数据安全防护技术设备、对员工进行数据安全培训等,确保共享数据的安全性。同时,明确数据泄露后的责任追究机制,规定一旦发生数据泄露事件,外部机构应承担的法律责任和赔偿义务,包括但不限于向学生和学校公开道歉、承担因数据泄露导致的一切经济损失、接受法律规定的相应处罚等。

c. 数据共享过程的全程监控与严格审计

在数据共享过程中,学校不能仅仅依赖数据共享协议的约束,还应建立一套完善的监控和审计机制,对共享出去的数据进行全程跟踪和监控,确保外部机构严格遵守协议规定。

采用先进的技术手段对数据传输和存储过程进行实时监控。例如,利用数据加密技术和数字签名技术,确保数据在传输过程中的完整性和真实性,防止数据被篡改或伪造;通过部署数据监控软件,实时监测外部机构的数据访问行为,如记录数据访问的时间、IP地址、访问人员账号、访问的数据内容等信息,一旦发现异常访问行为,如大规模数据下载、频繁的数据查询请求来自异常IP地址等,立即发出警报并采取相应措施,如暂停数据共享、要求外部机构作出解释和整改等。

定期对外部机构的数据使用情况进行审计。学校应组建专业的审计团队或委托第三方审计机构,按照数据共享协议的要求,对外部机构的数据使用情况进行全面审计。审计内容包括数据是否按照约定的用途使用、数据存储环境是否符合安全标准、数据访问控制机制是否有效运行、是否存在数据泄露风险等。例如:审计人员可以检查外部机构的数据分析报告,查看是否存在使用共享数据进行商业营销或其他非教育目的的迹象;检查其数据存储服务器的安全设置和日志记录,验证数据访问控制的有效性;对外部机构的员工进行数据安全知识问卷调查或访谈,了解其对数据安全政策的知晓度和执行情况等。

根据监控和审计结果,学校应与外部机构保持密切沟通,及时解决发现的问题。如果发现外部机构存在违反数据共享协议的行为,学校应依据协议规定采取相应的处罚措施,如要求其立即停止违规行为、限期整改、赔偿损失等;如果问题较为严重,学校应考虑终止数据共享合作关系,并依法追究外部机构的法律责任。同时,学校应将监控和审计结果向学生和家长进行适当通报,保障他们的知情权,增强他们对学校数据管理工作的信任。

3. 数据安全技术保障

数据安全技术保障如图 5-6 所示。

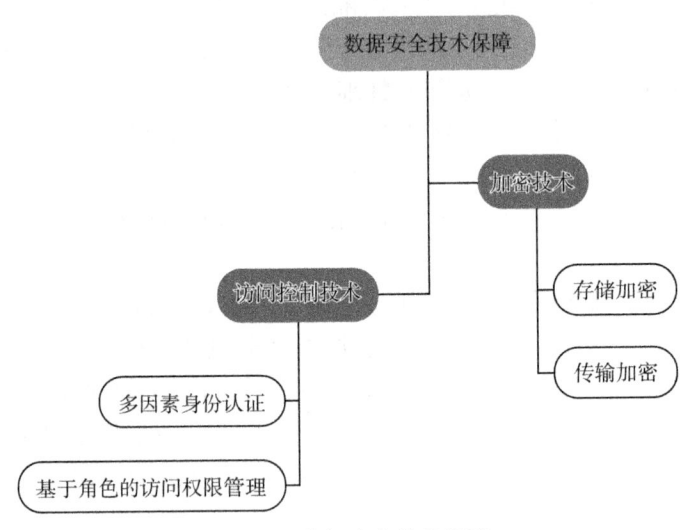

图 5-6 数据安全技术保障

(1) 加密技术

a. 存储加密

在学生数据的存储环节,加密技术起着至关重要的作用,犹如为数据穿上了一层坚不可摧的铠甲。全盘加密技术是一种全面且强力的防护手段,它对服务器硬盘上的所有数据进行加密,无论是操作系统文件、应用程序数据还是学生的各类信息,都被转化为密文形式存储。以 Windows BitLocker 为例,它在服务器启动时就开始发挥作用,通过加密硬盘上的各个扇区,使得即使硬盘被不法分子窃取,在没有正确的解密密钥或密码的情况下,硬盘中的数据也如同乱码一般无法被解读。这一过程涉及复杂的加密算法和密钥管理机制,加密算法会将数据进行多次变换和编码,密钥则作为解密的关键,只有拥有合法密钥的授权人员才能将密文还原为原始数据。

文件级加密技术则提供了更具针对性的保护。对于一些包含高度敏感学生数据的特定文件,如学生的个人身份信息文件、成绩档案文件等,可以单独采用文件级加密。例如,使用专门的文件加密软件,为每个重要文件设置独立的加密密钥。这样,即使服务器遭受攻击,黑客成功获取了部分文件,但由于缺少对应的解密密钥,这些文件中的数据依然无法被窃取。而且,文件级加密可以根据文件的重要性和敏感性灵活设置加密级别和密钥管理策略,例如,对于学生成绩文件,可以设置定期更换密钥,进一步增强数据的安全性。

在实际应用中,学校可以结合全盘加密和文件级加密的优势。例如,先对服务器硬盘进行全盘加密,确保整体数据的安全性,然后针对学生数据中的关键文件,如包含学生家庭住址、联系方式等敏感信息的文件,再进行文件级加密,形成双重加密防护。同时,为了防止加密密钥的丢失或被盗,学校需要建立严格的密钥管理系统。密钥应存储在安全的硬件设备中,如硬件加密狗或专门的密钥管理服务器,并采用多重备份和异地存储的方式,确保在遇到硬件故障、自然灾害或人为攻击等意外情况时,密钥仍然能够安全可用。此外,密钥的生成、分发、更新和销毁都应遵循严格的安全流程,由专人负责管理,并进行详细的记录和审计,以保证密钥的安全性和可追溯性。

b. 传输加密

当学生数据在不同系统或平台之间流动时,如从智能学习平台向学校教务管理系统传输学生的学习记录和成绩数据,传输加密技术就成为保障数据安全的关键环节。SSL/TLS 加密协议作为一种广泛应用的网络传输加密标准,通过在客户端和服务器端之间建立安全的加密通道,确保数据在传输过程中的保密性、完整性和真实性。在学生使用浏览器登录学校在线学习平台的过程中,浏览器会与平台服务器进行 SSL/TLS 握手协商,双方确定加密算法和密钥交换方式。随后,所有在浏览器和平台之间传输的数据,包括学生的账号密码、学习行为数据、作业提交内容等,都将被加密后传输。例如,当学生输入账号密码点击登录时,密码并不会以明文形式在网络中传输,而是经过 SSL/TLS 协议加密后变成一串密文,只有平台服务器使用对应的解密密钥才能将其还原为原始密码进行验证。这样,即使网络中存在黑客监听,他们获取到的也只是无法理解的密文,无法窃取学生的账号密码信息,从而有效防止了学生数据在传输过程中的泄露和被篡改。

VPN 技术则为数据传输提供了另一种安全保障方式,特别在远程访问学校内部网络资源时发挥着重要作用。例如,教师在家中需要访问学校教务管理系统中的学生数据以进行教学准备工作时,可以通过 VPN 连接到学校内部网络。VPN 会在教师的设备和学校网络之间建立一条虚拟的专用通道,所有通过这条通道传输的数据都将被加密。这不仅可以保护数据在公共网络(如互联网)中的传输安全,还可以隐藏教师设备的真实 IP 地址,增加攻击者追踪的难度。在实际使用中,学校可以部署企业级的 VPN 解决方案,为教师和其他授权人员分配专用的 VPN 账号和密码,并采用多因素身份认证技术进一步增强 VPN 连接的安全性。例如,在输入账号密码后,还需要输入动态验证码或使用生物识别技术(如指纹识别)进行身份验证,确保只有合法授权的人员才能够建立 VPN 连接并访问学校内部网络中的学生数据。

为了确保 SSL/TLS 协议和 VPN 技术的有效运行,学校需要定期对其进行安全配置检查和更新。随着网络安全威胁的不断演变,加密算法也在不断升级和改进。学校应及时更新 SSL/TLS 协议所使用的加密算法,淘汰那些已经被证明存在安全漏洞的算法,采用更强大、更安全的加密算法,如 AES-GCM 等。对于 VPN 设备,也要及时安装安全补丁,更新证书,确保其能够抵御各种新型的网络攻击,如中间人攻击、DDoS 攻击等,为学生数据在网络传输过程中提供持续可靠的安全保障。

(2)访问控制技术

a. 多因素身份认证

多因素身份认证技术通过结合多种不同类型的身份验证因素,大大提高了对访问人员身份识别的准确性和安全性。密码作为传统的身份验证方式,虽然具有一定的便利性,但存在被破解、泄露或被盗用的风险。短信验证码则为身份验证增加了一层动态的安全防护。当教师登录学校教务管理系统时,系统会向教师预先绑定的手机发送一条包含验证码的短信。这个验证码通常具有时效性,一般在几分钟内有效,且是随机生成的,难以被预测。例如,教师在输入用户名和密码后,必须在规定时间内输入正确的短信验证码才能成功登录系统。这就意味着即使不法分子获取了教师的密码,由于没有手机验证码,他们仍然无法登录系统访问学生数据,从而有效防止了密码泄露导致的数据被盗用风险。

指纹识别技术作为生物识别因素,具有独特性和不可伪造性的优势。教师在登录过程中使用指纹识别设备进行身份验证时,设备会读取教师手指的指纹特征,并与系统中预先存储的指纹模板进行比对。只有指纹匹配成功,且密码和短信验证码也正确的情况下,才能完成登录。这种基于生物特征的身份验证方式大大提高了身份认证的安全性,因为指纹是每个人独一无二的生理特征,几乎不可能被复制或伪造。

U 盾则是一种硬件形式的身份认证设备,它内置了加密芯片,存储着用户的私钥和证书等重要信息。当教师使用 U 盾进行登录时,U 盾会与系统进行交互,利用私钥对登录请求进行数字签名,系统则通过验证数字签名来确认教师的身份。U 盾的安全性在于其硬件设备本身的物理防护和加密机制,即使教师的电脑被黑客入侵,由于 U 盾的存在,黑客也难以获取其中的私钥信息,从而无法假冒教师身份访问学生数据。

在实际应用中,学校可以根据数据的敏感程度和访问需求,灵活组合这些多因素身份认证方式。例如:对于普通教师访问自己所教班级学生的学习数据,可以采用密码 + 短信验证码的方式;对于涉及学生敏感信息(如个人身份信息、家庭背景等)的访问,如班主任查看学生家庭住址信息时,则要求使用密码+指纹识别+ U 盾的三重身份认证方式,确保只有经过严格身份验证的合法授权人员才能访问高度敏感的数据,最大限度地降低数据被非法访问的风险。

b. 基于角色的访问权限管理

基于角色的访问权限管理是根据不同人员在学校教育教学管理中的职责和工作需要,为其分配精确且合理的访问权限的一种有效方式。任课教师主要负责所教班级学生的教学工作,因此他们只需访问自己所教班级学生的学习数据,包括学生的课堂表现记录、作业完成情况、考试成绩等,以便了解学生的学习进度和效果,制订针对性的教学计划和辅导策略。例如,一位数学任课教师只能查看自己所教班级学生在数学学科上的学习数据,而无法访问其他班级或其他学科的学生数据,这样可以避免教师因权限过大而接触到不必要的数据,减少数据泄露的风险点。

班主任作为班级管理的核心人员,需要全面了解班级全体学生的基本信息和学习情况,以便更好地开展班级管理工作和与家长进行沟通。他们可以访问班级学生的基本信息,如姓名、年龄、家庭住址、联系方式等,以及学生在各个学科的学习数据汇总情况,如整体学习成绩分布、各学科的学习优势和薄弱环节等。但班主任对于学生数据的修改权限应受到一定限制,例如,他们可以对学生的一些基本信息(如联系方式的更新)进行修改,但对于学生的成绩等重要数据的修改则需要经过更严格的审批流程,如提交申请给学校教务部门审核通过后才能进行修改,以确保数据的准确性和完整性。

学校数据管理员承担着整个学校学生数据的管理和维护职责,他们需要访问全校学生的数据,以便进行数据的整理、备份、统计分析等工作。然而,由于其权限较大,对数据管理员的数据修改和删除操作必须设置严格的审批流程。例如,当数据管理员需要对学生数据进行大规模修改(如系统升级导致数据格式转换)或删除(如学生转学或退学后的数据处理)时,需要提前提交详细的操作申请,说明操作的原因、涉及的数据范围、预期的结果等信息,经学校管理层(如教务主任、校长等)审批通过后,在监督机制下进行操作,并对操作过程进行详细记录,以便事后审计和追溯。

为了确保访问权限的合理性和安全性,学校需要定期对访问权限进行审查和更新。随着学校人员岗位的变动、教学管理需求的变化以及网络安全形势的发展,原有的访问权限设置可能不再适用。例如:当一位教师从任课教师岗位调整为班主任岗位时,其访问权限应相应地进行调整和扩展;当学校引入新的教学管理系统或数据管理政策发生变化时,也需要对全体人员的访问权限进行重新评估和更新。学校可以建立定期的访问权限审查机制,如每学期或每年进行一次全面审查,及时发现并调整那些不再符合人员职责或存在安全风险的访问权限,确保学生数据始终处于精准且安全的访问控制之下。

5.4 评估与反馈体系的完善

1. 评估体系

在评估主体上,打破传统单一教师评价模式,构建教师、学生、AI系统协同的多元评价主体。教师凭借教学经验,对学生的学习态度、课堂参与度、团队协作能力等进行主观评价;学生通过自评与互评,反思自身学习过程与成果,增强自我认知与批判性思维;AI

系统依托大数据分析,对学生的知识掌握程度、学习进度、答题准确率等客观数据进行量化评估。三者优势互补,形成更全面的评价视角。

评估内容涵盖知识掌握、能力发展与学习过程三个关键维度。知识掌握方面,通过AI智能出题,根据学生过往学习数据,生成难度适配、知识点精准覆盖的测试题目,动态追踪学生对不同知识点的理解深度与应用能力;能力发展维度,关注学生问题解决、创新思维、自主学习等核心素养的提升,AI可分析学生在项目式学习、案例研讨中的表现,评估其能力发展水平;学习过程评估则借助学习行为记录工具,分析学生的在线学习时长、资源使用频率、提问互动情况等,洞察学习过程中的优势与不足。

评估方式实现形成性评估与总结性评估相结合。形成性评估贯穿教学全程,AI实时采集学生学习数据,如作业完成情况、课堂练习反馈等,及时发现学习问题并推送针对性的学习建议与资源,帮助学生调整学习策略;总结性评估在单元、学期等阶段节点开展,全面衡量学生阶段性学习成果,为后续教学计划的制订提供依据。同时,引入增值性评估,对比学生入学与当前的学习数据,分析AI个性化教学对学生成长的增值效果,评估教学策略的有效性。

在评估结果的应用上,AI对评估数据进行深度挖掘与可视化呈现:为教师提供直观的班级学情分析报告,助力教师优化教学内容与方法,制定差异化教学方案;为学生生成个性化学习诊断报告,明确学习薄弱点与努力方向,实现精准化学习;学校管理层可依据评估数据,分析各学科、各班级的教学质量,为教学资源调配、教师绩效考核、教学政策制定提供科学决策依据。此外,建立评估反馈的闭环机制,确保评估结果能切实转化为教学改进与学生发展的动力,持续优化AI赋能的个性化教学实践。

2. 反馈体系

(1)及时反馈机制

借助AI技术搭建的智能学习系统,能够对学生学习情况进行全方位、实时性的监测与分析,从而为学生和教师提供及时且精准的反馈。在学生完成作业或练习的瞬间,智能批改功能立即启动。以数学作业为例,系统不仅能够迅速判断答案的对错,还能深入分析错误原因。若学生出现计算错误,系统会精准指出是四则运算中的哪一步出现失误,如乘法运算中的数位错误或加法运算中的进位遗漏。对于概念理解错误,系统会详细解释相关数学概念的内涵与外延,并结合学生的错误答案进行对比分析,帮助学生清晰地认识到自己的理解偏差。解题思路错误的分析则更为深入,系统会展示正确的解题思路框架,并指出学生在思考过程中偏离的环节与原因。

基于这些精准的错误分析,系统为学生推送的反馈内容极具针对性。例如,当学生在数学作业中出现函数图像绘制错误时,系统会推送专门讲解函数性质与图像关系的知识点讲解视频,视频中会通过动画演示、实例分析等多种方式加深学生对函数图像变化规律的理解。同时,系统还会生成类似题型的练习题,如改变函数表达式中的参数,让学生进行巩固练习。并且,为学生提供个性化的学习建议,如建议学生回顾相关函数的定义与公式,多观察函数图像在不同参数下的变化特点,尝试自己总结归纳函数图像绘制的要点与易错点等。

对于教师而言，智能学习系统生成的学情报告犹如教学导航仪。它详细汇总了班级学生的整体学习情况，包括平均成绩、成绩分布、各知识点的掌握比例等信息，同时清晰地呈现出薄弱知识点的分布状况。例如，在物理课程的学情报告中，教师可以直观地看到班级学生在电学实验部分的错误率较高，在力学原理应用方面也存在较多困惑。根据这些反馈，教师能够及时调整教学策略。若发现大部分学生在某个章节的知识点上掌握不够扎实，教师可以在课堂上进行针对性的复习和强化训练。比如，针对学生在电学实验中的问题，教师可以重新演示实验过程，强调实验步骤中的关键细节与注意事项，组织学生分组讨论实验中可能出现的问题及解决方案。或者教师根据学情调整教学进度，增加相关案例讲解和互动练习。例如，在讲解力学原理时，引入更多生活中的力学现象案例，如桥梁建筑中的力学结构、汽车行驶中的力学原理等，让学生通过实际案例加深对力学知识的理解与应用能力，同时增加课堂互动练习环节，鼓励学生运用所学力学知识分析案例中的问题，提高学生的课堂参与度与知识掌握程度。

（2）个性化反馈内容

根据学生的个体差异，智能学习系统为学生提供丰富多样且极具个性化的反馈内容。对于学习成绩优秀、学有余力的学生，反馈内容侧重于拓展性知识和挑战性任务的推荐，旨在激发他们的创新思维与科研潜力。以对物理学科充满热情且成绩出众的学生为例，系统会推荐量子物理领域的前沿科普文章，如《量子纠缠：超越时空的神秘联系》等，这类文章能够让学生接触到物理学界的最新研究成果与思想前沿，拓宽他们的科学视野。同时，推荐简单的实验研究项目，如"利用家庭材料探究光的偏振现象"实验项目，鼓励学生自主设计实验方案、进行实验操作与数据分析，培养他们的实践动手能力与科学探究精神。此外，还会引导学生阅读相关学术论文，如《新型超导材料的研究进展》等，让学生初步了解学术论文的结构、研究方法与表达方式，为他们未来从事科研工作奠定基础。

而对于学习困难的学生，反馈内容则聚焦于基础知识的巩固和学习方法的指导，助力他们逐步提升学习能力。在英语学习中，对于那些在单词记忆方面存在困难的学生，系统会提供多种记忆技巧的讲解视频。例如，联想记忆法的视频中会展示如何通过单词的发音、拼写、词义等特征进行联想记忆。如"ambulance"（救护车）这个单词，发音类似"俺不能死"，通过这种诙谐的联想，帮助学生深刻记住单词的拼写与含义。词根词缀记忆法的视频则会详细讲解常见词根词缀的含义与用法，如"un-"表示否定，"-able"表示"能够……的"，通过对词根词缀的组合分析，帮助学生快速理解与记忆大量单词。系统还会根据学生的具体情况制订个性化的单词背诵计划，如根据学生的遗忘曲线规律，合理安排单词复习时间间隔，每天设定适量的单词背诵任务量，并定期检查背诵效果。例如，每天早上通过智能学习系统推送20个新单词让学生背诵，晚上对当天背诵的单词进行复习测试，根据测试结果调整第二天的背诵计划，确保学生能够扎实地掌握单词基础知识，逐步提高英语学习能力。

同时，反馈内容还涵盖对学生学习态度和学习习惯的评价与建议，促进学生全面发展。例如，对于学习时间安排不合理的学生，系统会提醒学生合理规划学习时间，制定科学的学习时间表，如将学习时间划分为多个小块，每块时间专注于一个特定的学习任务，避免长时间连续学习导致疲劳与注意力下降。对于学习心态不稳定的学生，如在考试前容易焦虑的学生，系统会提供心理调节的建议与方法，如通过深呼吸练习、积极的自我暗示等方式缓解考试焦虑情绪，帮助学生保持良好的学习心态，以更积极、健康的状态投入学习中。

5.5 家校合作

1. 沟通与协作机制

（1）建立沟通平台

a. 在线教育平台

学校建立的专门在线教育平台为家校信息共享提供了更为全面和深入的渠道。家长通过登录平台，可以查看学生的详细学习数据，这对于了解孩子的学习状况具有重要意义。在学习成绩分析方面，平台不仅展示学生的考试成绩和排名，还能通过数据分析技术提供成绩趋势图，让家长直观地看到孩子在一段时间内的学习成绩变化。例如：若学生在某科目上的成绩呈现稳步上升趋势，家长可以了解到孩子在该学科的学习方法可能较为有效，继续鼓励孩子保持；若成绩出现波动或下滑，家长则可以与教师共同探讨原因，如是否近期学习压力过大、某个知识点未掌握扎实等。

学习时间分布数据也能为家长提供有价值的信息。平台记录学生在各个学科学习资源上的使用时间，家长可以据此了解孩子的学习精力分配情况。例如，如果发现孩子在数学学习上花费的时间较少，但成绩又不理想，家长可以与孩子沟通，了解其是否在数学学习上遇到困难或存在畏难情绪，进而引导孩子合理调整学习时间和学习策略。

知识点掌握情况的呈现更是在线教育平台的一大亮点。通过智能算法对学生的作业、测验、考试等数据进行分析，平台能够精准地确定学生对各个知识点的掌握程度，并以可视化的方式展示给家长。比如，以知识图谱的形式展示学生在英语语法、词汇、阅读理解、写作等各个知识板块的掌握情况，红色区域表示未掌握或掌握薄弱的知识点，绿色区域表示已熟练掌握的部分。家长可以根据这些信息，与教师协商为孩子制订个性化的学习计划，有针对性地进行知识巩固和拓展。

b. 视频会议软件

利用视频会议软件定期召开线上家长会，为家校双方提供了一个面对面交流的虚拟空间，为家长和教师共同讨论学生的学习问题和成长规划提供了极大的便利。在学期初的线上家长会中，教师向家长介绍本学期的教学计划是关键环节。教师详细阐述各学科的教学大纲、教学进度安排以及教学方法的创新之处，特别是 AI 教学工具的使用方法。例如：教师向家长展示如何利用智能学习系统为学生提供个性化的学习路径，根据学生的学习数据自动推送适合的学习资源，如针对数学薄弱的学生推送专项练习题和知识点讲解视频；介绍如何通过 AI 辅助的课堂互动工具，如在线抢答、小组讨论平台等，提高学生的课堂参与度和学习兴趣。同时，教师也会明确对学生的学习期望，如在知识掌握、能力提升、学习态度等方面的目标设定，让家长心中有数。

家长则可以在视频会议中充分表达自己的疑问和建议。例如，家长可能对 AI 教学工具的使用存在担忧，担心孩子过度依赖智能设备或受到网络不良信息的影响，此时教师可以详细解释学校在网络安全和设备使用管理方面的措施,如设置网络防火墙、限制学生使用智能设备的时间和范围等,消除家长的顾虑。家长也可以根据自己对孩子的了解,提出在家庭辅导方面的想法和计划,与教师共同制订学生的学习目标和家庭辅导计划。比如,家长发现孩子在阅读方面有浓厚的兴趣但写作能力有待提高,与教师协商后,确定在家庭中增加写作练习的频次,并请教师推荐一些适合的写作指导书籍或在线课程,同时教师在学校教学中也会给予更多的写作训练和指导。

(2)组织协作活动

a. 亲子阅读活动

开展亲子阅读活动是学校促进学生阅读能力提升和家庭文化建设的有效举措。在亲子阅读过程中,家长和学生共同阅读同一本书,并在阅读后进行交流和分享。这种交流和分享不仅能够加深孩子对书籍内容的理解,还能锻炼他们的表达能力和思维能力。同时,亲子阅读也为家长和孩子提供了一段亲密的相处时光,加强了亲子关系和家庭文化氛围的营造。在温馨的家庭环境中,家长和孩子一起沉浸在书籍的世界里,分享彼此的喜怒哀乐,增进了彼此的情感交流,使家庭成为孩子成长的温暖港湾。

b. 家长志愿者活动

组织家长志愿者活动为家长深入了解学校教育教学工作提供了宝贵机会,同时也为学校提供了丰富的人力和资源支持。在协助教师组织校外实践活动方面,家长志愿者可以发挥重要作用。例如,在学校组织的博物馆参观活动中,家长志愿者可以帮助教师维持队伍秩序,确保学生的安全。同时,一些具有专业知识背景的家长还可以充当临时讲解员,为学生提供更深入、专业的讲解。如一位从事历史研究的家长在参观历史博物馆时,可以为学生详细介绍文物背后的历史故事、文化内涵以及时代背景,使学生的参观学习更具收获。

在参与学校图书馆管理工作中,家长志愿者可以协助图书馆管理员整理图书、进行图书借阅登记、开展图书推荐活动等。他们可以根据自己的阅读经验和对学生阅读兴趣的了解,为图书馆挑选适合学生阅读的新书,丰富图书馆的馆藏资源。例如,一位热爱文学的家长可以推荐一些近年来出版的优秀青少年文学作品,为学生提供更多的阅读选择。

担任社团活动指导也是家长志愿者的重要职责之一。学校的各类社团活动丰富多样,如音乐社团、美术社团、体育社团等。具有音乐特长的家长可以指导音乐社团的学生进行乐器演奏技巧训练、合唱排练等;擅长美术的家长可以在美术社团中教授绘画技巧、组织创意绘画活动;热爱体育的家长则可以在体育社团中传授运动技能、组织体育比赛等。通过家长志愿者的参与,社团活动更加丰富多彩,学生也能在不同领域获得更专业的指导和学习机会,拓宽了自己的兴趣爱好和技能领域。

c. 家长培训讲座

举办家长培训讲座是学校提升家长教育水平和对 AI 教育认识的重要途径。邀请教育专家或学校骨干教师为家长讲解家庭教育知识、AI 教育理念和方法,能够帮助家长更好地应对孩子成长过程中的各种问题。在家庭教育知识方面,讲座涵盖了多个重要主题。例如,关于孩子心理健康教育的讲座,专家向家长介绍如何识别孩子在成长过程中的心理问题,如焦虑、抑郁、叛逆等情绪的表现特征,以及如何与孩子进行有效的心理沟通,帮助孩子建立健康的心理防线。比如,当孩子面临考试压力出现焦虑情绪时,家长可以通过倾听孩子的心声、给予积极的心理暗示、引导孩子进行适当的放松活动等方式,缓解孩子的焦虑情绪。

在 AI 教育理念和方法的讲解中,教师向家长介绍 AI 技术在教育领域的应用现状和发展趋势。例如,展示智能教学系统如何根据学生的学习数据进行个性化学习分析和推荐,让家长了解到 AI 可以为孩子提供更精准的学习指导。同时,针对家长在孩子使用智能设备学习过程中遇到的问题,如沉迷游戏、视力下降等,举办专门的讲座提供解决方案。讲座中介绍如何设置智能设备的家长控制功能,限制孩子使用游戏和娱乐应用的时间;如何引导孩子正确使用智能设备进行学习,如利用学习类 APP 进行知识巩固和拓展、通过在线课程进行自主学习等。通过这些家长培训讲座,家长的教育水平得到提升,对 AI 教育的认识更加深入,能够更好地配合学校开展教育教学工作,共同为孩子的成长创造良好的教育环境。

2. 开展家长教育争取家长支持

(1) 开展家长教育

a. AI 教育工具功能详解

在当今数字化教育浪潮中,为家长提供有关 AI 教育工具的深度培训显得尤为关键。以智能学习 APP 为例,其功能丰富多样且极具价值。在个性化学习计划制订方面,教师或培训人员向家长演示如何依据孩子的学习状况、学科优劣势以及学习目标来制订专属计划。首先,家长须输入孩子的基本信息,如年级、学科成绩、学习兴趣等数据,然后,APP 便能通过智能算法分析,生成涵盖学习内容、学习时长、学习频率等多维度的个性化计划。例如,对于英语学科薄弱但对科学知识有浓厚兴趣的孩子,APP 可能会推荐每天早晨进行 20 分钟英语单词背诵与语法学习,晚上则安排 30 分钟的科学纪录片观看与相关知识拓展阅读。

学习进度与学习报告查看功能也是家长关注的重点。培训过程中,家长学会如何在 APP 中便捷地查看孩子的学习进度,如已完成的课程章节、知识点掌握程度的可视化图表以及作业和测试的完成情况统计。学习报告则更为详尽地呈现孩子在一段时间内的学习表现,包括学习效率的变化趋势、各学科知识点的得分率分析以及与同年龄段孩子的学习水平对比等信息。例如,家长通过查看学习报告发现孩子在数学的几何图形知识点上得分率较低,便可针对性地与孩子沟通,了解学习困难所在,或与教师协商后续辅导策略。

在线学习平台的操作技巧培训同样不可或缺。家长需要熟悉平台的登录流程、课程资源查找方式以及学习互动功能的使用。例如,在登录平台后,家长要能熟练地帮助孩子在海量课程资源中筛选出适合的课程,如根据学科分类、课程难度等级、授课教师评价等多方面因素进行综合考量。在学习互动方面,家长要了解如何引导孩子参与平台上的讨论区、问答社区以及小组学习项目。比如,当孩子在学习语文课文时,家长可以鼓励孩子在讨论区发表对课文主题的理解与感悟,与其他同学进行思想碰撞,同时也能从他人的分享中获取更多的学习思路与启发。

b. AI教育理念与方法阐释

深入向家长介绍AI教育的核心理念与方法,是实现家校教育无缝对接的重要环节。个性化教学理念的传达使家长理解学校如何根据每个孩子的独特性进行教学资源分配与教学策略制定。例如,学校通过AI技术分析孩子的学习风格(如视觉型、听觉型、动觉型等)、学习节奏(快速吸收知识型或渐进式学习型)以及兴趣爱好倾向,为其量身打造教学内容与教学方式。对于视觉型学习风格的孩子,教学材料可能更多地以色彩丰富的图片、生动形象的视频等形式呈现;对于听觉型学习风格的孩子,则会增加语音讲解、故事音频等资源。家长了解这些后,在家庭学习环境中也能有意识地采用相应的方式辅助孩子学习,如为视觉型孩子购买更多的科普画册,为听觉型孩子提供英语听力故事素材等。

自适应学习方法的介绍让家长明白孩子在学习过程中如何根据自身的学习情况动态调整学习路径。在学校的智能学习系统中,当孩子在某个知识点上表现出理解困难或频繁出错时,系统会自动调整后续的学习内容,提供更多的基础巩固练习、详细的知识点讲解视频或者推荐更适合的学习辅助工具。家长知晓这一机制后,可以更好地配合学校,在家庭学习中鼓励孩子按照系统的引导逐步提升,而不是盲目追求学习进度。例如,当孩子在数学运算中的小数乘法知识点上出现较多错误时,家长可以根据学校学习系统的提示,在家中安排孩子进行针对性的小数乘法专项练习,并利用一些实物演示(如货币计算、长度测量等)帮助孩子理解小数乘法的实际应用意义,强化孩子对该知识点的掌握。

c. 网络安全与信息素养教育

在AI教育背景下,网络安全与信息素养教育成为家长培训的重要组成部分。在个人隐私保护方面,培训教导家长帮助孩子树立隐私意识。例如,告知孩子在使用智能学习设备和在线学习平台时,不要随意透露个人敏感信息,如家庭住址、电话号码、身份证号等。同时,家长要学会查看学习APP和平台的隐私政策,了解数据收集、使用和存储的方式,确保孩子的隐私得到合法合规的保护。比如,当下载一款新的学习APP时,家长要与孩子一起仔细阅读隐私条款,明确哪些数据会被收集,这些数据将用于何种目的,以及数据是否会被共享给第三方等信息,若发现隐私政策存在不合理之处,应谨慎选择使用该APP。

防范网络诈骗教育也是重中之重。随着网络技术的发展,网络诈骗手段日益多样且隐蔽。家长需要了解常见的针对学生和家长的诈骗形式,如虚假的学习资料销售骗局、以退费为诱饵的诈骗套路以及冒充学校或教师进行的诈骗行为等。在培训过程中,通过实际案例分析,向家长传授识别诈骗的方法和应对策略。例如,若收到声称是学校老师要求缴纳某项费用的信息,家长应第一时间与孩子的班主任或学校相关部门进行核实,切勿轻易转账汇款。同时,教导孩子不要轻易点击来自陌生人的链接或下载可疑文件,避免陷入网络诈骗陷阱。

正确筛选网络信息能力的培养对于孩子的健康成长同样不可或缺。在信息爆炸的时代,网络上的信息良莠不齐。家长要引导孩子学会辨别信息的真伪、优劣和适用性。例如,在孩子使用搜索引擎查找学习资料时,家长可以教孩子如何查看信息来源的可靠性,如优先选择知名教育机构、学术网站或官方媒体发布的信息。对于一些未经证实的谣言或虚假信息,要教育孩子保持警惕,不要轻易相信和传播。比如,在学习科学知识时,若孩子在网上看到一些违背科学常识的信息,家长要引导孩子通过查阅专业书籍或咨询教师来验证信息的准确性,培养孩子严谨的科学态度和批判性思维能力。

(2) 引导家长参与

a. 陪伴学习与讨论

在孩子使用智能学习设备进行在线学习时,家长的陪伴与积极参与具有不可忽视的作用。当孩子沉浸于在线课程学习时,家长陪伴在旁并参与学习内容的讨论,能够极大地激发孩子的学习兴趣与思维活力。例如,在孩子观看历史纪录片作为历史课程的拓展学习时,家长可以适时地提出一些问题,如"你觉得这个历史事件对当时的社会产生了哪些深远影响?""如果当时的决策者采取了不同的策略,历史可能会发生怎样的改变?"这些问题能够引导孩子深入思考纪录片中的内容,从不同角度分析历史事件,而不仅仅是被动地接受知识。

b. 家庭学习计划制订

家长与教师共同制订家庭学习计划是实现孩子全面发展的有效途径,尤其是对于学习基础较弱的孩子而言。在与教师沟通后,家长深入了解孩子在学校的学习表现,确定需要重点巩固的知识点和技能。对于学习时间的安排,家长要根据孩子的日常作息和学习精力进行合理规划。例如,将学习任务分散到不同的时间段,避免孩子长时间连续学习产生疲劳和厌倦情绪。通过科学合理的时间安排,孩子能够在保持良好学习状态的同时,全面提升学习成绩和综合素质。

c. 自主学习能力培养

注重培养孩子的自主学习能力是家长在 AI 学习时代的重要使命。当孩子遇到学习困难时,家长不再是直接告知答案,而是引导孩子学会利用 AI 学习工具和网络资源自主解决问题。以孩子在数学作业中遇到复杂应用题为例,家长可以先引导孩子仔细阅读题目,分析题目中的已知条件和所求问题,然后鼓励孩子使用智能学习 APP 中的解题思路提示功能。孩子在 APP 的引导下,可能会逐步学会运用画图法、列方程法或者逻辑推理法来解决问题。家长在一旁观察孩子的思考过程,适时给予一些启发和鼓励,如"你看这个条件是不是可以转化为另一种形式?""你尝试从不同的角度思考一下这个问题呢?"。通过这种方式,孩子逐渐掌握自主解决问题的方法和技巧,自主学习能力得到提升。

在培养孩子自主学习能力的过程中,家长还要鼓励孩子独立探索知识。例如,在孩子对某个科学现象产生兴趣时,如彩虹的形成原理,家长可以引导孩子利用互联网搜索相关信息,查阅科普书籍、观看科学实验视频等,让孩子自己去探索彩虹形成的条件、光的折射和反射原理以及不同颜色光的特性等知识。在这个过程中,孩子不仅学到了知识,更重要的是学会了如何获取知识、整理知识和运用知识,为其终身学习奠定了坚实的基础。同时,家长要为孩子创造一个良好的自主学习环境,如提供安静的学习空间、丰富的学习资源(如图书、学习工具、智能设备等)以及适当的激励机制,当孩子在自主学习中取得进步或有新的发现时,及时给予表扬和奖励,增强孩子的自信心和自主学习的动力。

第 6 章
AI 赋能个性化教学的未来展望

6.1 技术创新对个性化教学的持续推动

1. AI 精准学习模型构建

（1）数据采集维度的拓展与整合

在个性化教学的未来愿景中，AI 构建的学生学习模型将以更为广泛和深入的数据采集为基石。传统的学习行为数据，如学习时长、答题正确率、学习资源点击频率等，无疑是了解学生学习状况的重要依据。然而，随着技术的不断进步，新型数据来源的纳入将极大地丰富对学生学习状态的刻画。

学习时的脑电波活动数据便是极具潜力的新型数据源之一。通过可穿戴式脑电波监测设备，能够实时捕捉学生在学习过程中的大脑神经活动状态。例如：当学生处于高度专注状态时，其脑电波中的 α 波通常较为活跃；而当出现注意力分散或疲劳时，θ 波和 δ 波的比例可能会有所增加。借助这些脑电波特征数据，AI 系统可以精准地判断学生的学习专注度和疲劳程度，从而适时调整教学节奏和内容。比如，若检测到学生在长时间学习后出现疲劳迹象，如 θ 波增多，系统可自动插入一段短暂的休息提示或轻松的复习回顾环节，以帮助学生恢复精力，提高学习效率。

社交互动数据同样不容忽视。在学习社区或小组项目中，学生的协作表现与影响力数据能够反映出其团队合作能力、沟通能力以及在群体学习环境中的角色定位。例如：通过分析学生在在线学习论坛中的发帖数量、回帖质量、被点赞次数等指标，可以了解其在知识交流与分享方面的积极性和贡献度；在小组项目协作中，对学生承担的任务量、任务完成质量、与小组成员的互动频率等数据进行挖掘，能够评估其团队协作能力和领导潜力。这些社交互动数据与学习行为、知识掌握程度等数据相结合，有助于 AI 系统全面了解学生的学习风格和个性特点，为个性化教学策略的制定提供更全面的视角。

（2）基于全面数据的学习表现预测与困难预警

基于多维度的丰富数据，AI 系统将能够以更高的精度预测学生在不同学习任务和场景下的表现。通过机器学习算法对海量历史数据和实时数据的分析，建立起复杂的预测模型。例如，在数学学科中，对于即将学习某个新的知识点或面临某种类型的数学问题时，AI系统可以根据学生以往在相关基础知识上的掌握情况、学习类似知识点的速度和效率以及在面对挑战时的心理和行为表现（如脑电波反映的专注度变化、答题时的犹豫程度等），预测学生在该知识点学习过程中的理解速度、可能出现的错误类型以及最终的掌握程度。

这种精准的预测能力使得AI能够提前察觉学生可能面临的学习困难。例如，当预测到学生在即将学习的物理力学中的牛顿第二定律应用部分可能会出现理解困难时，系统可以提前为学生推送相关的基础知识回顾资料、生动形象的动画演示视频，或者安排一次与教师或学习伙伴的线上互动讨论，以帮助学生提前做好知识储备和心理准备，降低学习难度，提高学习成功率。

（3）个性化学习路径的精细定制与动态调整

根据对学生学习表现的预测和困难预警，AI系统将为每个学生量身定制更为精细、个性化的学习路径。对于学习能力较强、喜欢探索性学习的学生，学习路径将侧重于知识的深度拓展和前沿探索。例如，当学生在学习计算机编程中的某种算法时，若表现出较强的理解能力和自主探究欲望，系统会自动推送该算法在人工智能领域的最新应用案例研究论文、相关领域专家的深度专题讲座视频，甚至为学生提供一个基于该算法的小型互动式虚拟实验项目开发环境，鼓励学生深入研究算法的优化和创新应用，培养其创新思维和科研能力。

而对于学习节奏较慢、基础知识相对薄弱的学生，学习路径则会着重于基础知识的巩固和逐步提升。系统会提供更为细致的基础概念讲解，通过多种形式，如动画演示、实例对比、互动式练习等，帮助学生加深对基础知识的理解。例如，在英语语法学习中，对于那些在基础语法规则上尚未完全掌握的学生，系统会生成一系列循序渐进的练习题目，从简单的语法填空、句子改错到较为复杂的短文写作中的语法应用，逐步提高学生的语法运用能力。并且，学习路径并非一成不变，而是根据学生的实时学习反馈进行动态调整。如果学生在某个环节的学习过程中出现了意外的困难或明显的进步，系统会立即重新评估学生的学习状态，对后续的学习路径进行相应的优化和调整，确保学习路径始终贴合学生的实际需求。

2. 强化学习算法助力智能教学系统

（1）学生实时反馈在教学策略调整中的核心作用

在智能教学系统中，强化学习算法的应用使得系统能够根据学生的实时反馈动态调整教学策略和内容呈现方式。学生的实时反馈涵盖了多个方面，包括对知识的理解程度反馈、学习兴趣和偏好反馈以及学习情绪和态度反馈等。例如，在学习过程中：学生通过答题正确率、答题时间、对知识点的提问频率等方式间接反馈其对知识的理解程度；通过对不同类型学习资源（如视频、文字、互动游戏等）的选择和停留时间反映其学习兴趣和偏好；通过学习过程中的表情识别（借助摄像头技术）、鼠标点击行为的急躁或沉稳程度等则可以在一定程度上体现其学习情绪和态度。

这些实时反馈信息被智能教学系统及时捕捉并分析后，成为调整教学策略的关键依据。例如，如果学生在某个知识点的答题中错误率较高且花费时间较长，系统会判断学生对该知识点理解困难,可能会调整教学策略,从原本的快速讲解模式切换为详细讲解模式,增加更多的实例演示和互动式练习环节,以帮助学生加深理解。又如,如果学生在一段时间内频繁选择视频类学习资源且观看时间较长,系统会在后续的学习内容推荐中适当增加视频资源的比例,并根据学生的兴趣偏好选择相关主题的视频,如学生对历史故事感兴趣,在数学学习中可引入历史上数学家的故事视频来辅助教学,提高学生的学习兴趣和参与度。

(2) 针对不同学习风格学生的教学策略定制

强化学习算法使得智能教学系统能够针对不同学习风格的学生提供个性化的教学策略。对于喜欢探索性学习的学生,系统充分尊重其自主探究的欲望,在教学过程中扮演引导者和资源提供者的角色。当学生在某个知识点上表现出好奇心和自主探究能力时,如主动提出深入的问题或尝试自行拓展相关知识,系统会迅速响应,推送一系列拓展性学习资源。例如,在生物学课程中,当学生对细胞结构产生浓厚兴趣并开始探索细胞间的信号传递机制时:系统会推送学术前沿的研究论文摘要,如关于最新发现的细胞信号通路的研究报道,让学生了解该领域的最新进展;提供深度专题讲座视频,邀请知名生物学家详细讲解细胞信号传递的复杂过程和研究方法;还会推荐互动式虚拟实验项目,如模拟细胞信号传递过程的虚拟实验软件,学生可以在其中自主设计实验方案,观察不同因素对细胞信号传递的影响,从而深入挖掘知识,培养创新思维和科学探究能力。

而对于学习节奏较慢、需要更多基础知识巩固的学生,系统则采用更为耐心和细致的教学策略。在教学内容呈现上,先确保学生对基础知识有扎实的理解。例如,在化学课程中,当学生在化学方程式的配平这一基础知识点上掌握不牢固时,系统会提供详细的配平规则讲解,通过多个简单易懂的实例进行演示,如氢气与氧气反应生成水的化学方程式配平过程,从最基本的原子守恒原理出发,逐步引导学生掌握配平技巧。然后,系统会提供大量循序渐进的练习题目,从简单的单一元素化学方程式配平到复杂的多元素、多反应条件的化学方程式配平,根据学生的练习情况及时给予反馈和指导,帮助学生逐步建立信心,扎实掌握基础知识后再逐步推进到更复杂的化学知识学习。

3. VR、AR 与 AI 融合的体验式学习模式

(1) VR 在历史、地理课程中的沉浸式教学应用

虚拟现实(VR)技术与 AI 的融合为历史和地理课程带来了前所未有的沉浸式教学体验。在历史类课程中,学生可以借助 VR 设备穿越时空,身临其境地感受历史事件的发生现场。例如:在学习古希腊文明时,学生可以"走进"雅典的帕特农神庙,目睹其宏伟的建筑结构、精美的雕塑装饰,感受古希腊人在建筑艺术和宗教信仰上的卓越成就;在学习法国大革命时,学生能够"置身"于巴黎的街头巷尾,见证巴士底狱的攻克、民众的激昂抗议,深刻理解这场伟大革命的历史背景、社会矛盾和深远影响。AI 在其中扮演着智能导游和知识讲解员的角色,根据学生的学习进度和兴趣点,适时在虚拟场景中弹出相关的知识讲解、人物介绍或问题引导。比如,当学生"站在"帕特农神庙前时,AI 系统会自动弹出关于古希腊建筑风格特点、帕特农神庙的建筑用途和象征意义等知识讲解,同时提出一些问题,如"帕特农神庙的柱式结构有什么独特之处?""它对后世建筑产生了哪些影响?"

引导学生深入思考,加深对历史知识的理解和记忆。

在地理类课程中,VR技术让学生能够亲身体验世界各地的地理环境和自然景观。学生可以"登上"珠穆朗玛峰,感受其雄伟险峻的山势、稀薄寒冷的空气,了解高山生态系统的独特性;"潜入"马里亚纳海沟,探索深海的神秘世界,观察奇特的海洋生物和复杂的地质构造。AI则根据学生的关注点,在虚拟场景中提供地理知识注释和分析。例如:当学生"身处"珠穆朗玛峰时,AI会介绍喜马拉雅山脉的形成原因、板块运动对其高度和地形的影响,以及该地区的气候垂直分布规律等知识;当学生"观察"深海生物时,AI会讲解深海生态系统的特点、生物适应深海环境的特殊生理结构和生存策略等内容,使学生在沉浸式体验中更好地掌握地理知识,培养对地理学科的兴趣和探索精神。

(2) AR在科学实验课程中的增强现实教学实践

增强现实(AR)技术与AI的融合在科学实验课程中展现出独特的教学优势。在实验教学中,AR技术将实验步骤、仪器操作说明以及微观粒子的运动变化等信息以直观的虚拟图像叠加在真实实验设备和场景之上。例如,在物理相关实验中,当学生进行电学实验时,通过AR设备,学生可以看到电路中电流的流动路径、电子的运动方向以及电压在电路中的分布情况。这些虚拟图像与真实的实验电路相结合,让学生更直观地理解电学原理。在化学实验中,AR技术可以展示化学反应中分子的分解与重组过程,如在酸碱中和反应实验中,学生能够看到氢离子和氢氧根离子结合生成水分子的微观过程,使抽象的化学概念变得可视化、易于理解。

AI智能助手在实验过程中实时监测学生的实验操作,提供及时的纠错和指导建议。例如:在使用显微镜观察细胞结构时,如果学生操作不当,如没有正确对焦或调节光线强度,AI智能助手会通过语音或文字提示学生进行调整;在化学实验中,如果学生在添加试剂的顺序或用量上出现错误,AI会立即提醒学生并解释错误可能导致的后果,同时提供正确的操作步骤和注意事项。这种AR与AI融合的教学模式不仅帮助学生更好地掌握实验技能和科学原理,还能提高实验教学的安全性和准确性,减少操作失误导致的实验事故,让学生在更加科学、高效的实验环境中学习和成长。

随着技术创新的不断推进,AI在个性化教学中的应用将呈现出多元化、深度化的发展趋势。通过构建更精准的学生学习模型、利用强化学习算法优化智能教学系统以及融合VR、AR技术创造沉浸式学习体验,个性化教学将迎来全新的发展阶段,为学生提供更加优质、高效、个性化的教育服务,助力培养适应未来社会需求的创新型人才。在未来,我们有理由相信,这些技术创新成果将在教育领域得到更广泛的应用和推广,推动教育事业不断向前发展。然而,我们也必须清醒地认识到,技术创新在带来机遇的同时也面临着诸多挑战。例如,数据隐私和安全问题始终是AI教育应用中的关键关注点。大量学生的多维度数据采集、存储和传输过程中,如何确保数据不被泄露、滥用或非法利用,需要建立健全严格的数据管理和安全防护机制,加强法律法规的制定和监管力度。此外,技术的推广和应用还面临着教育资源不均衡的问题。一些经济欠发达地区可能由于资金、技术人才等方面的限制,难以快速普及和应用这些先进的AI教育技术,导致教育公平性受到影响。因此,在推动技术创新在个性化教学中应用的过程中,需要政府、教育机构、企业和社会各界共同努力,在加大技术研发和投入的同时,注重解决技术应用中的各种问题,促进教育的均衡发展和可持续发展。同时,教师在 AI 技术融入个性化教学的过程中角色发生了重大转变,但这并不意味着教师的作用被削弱。相反,教师需要不断提升自身的数字素养和教育教学能力,学会与 AI 系统协同工作。教师要能够理解和运用 AI 技术提供的学情分析结果,根据学生的个性化需求设计教学活动,在情感支持、价值观引导和人际交往能力培养等方面发挥不可替代的作用。例如,在学生面对复杂的虚拟学习场景或大量的拓展性学习资源时,教师要帮助学生筛选和整合信息,引导学生正确看待和应用知识,培养学生的批判性思维和社会责任感。

总之,技术创新为个性化教学带来了持续的推动力量,我们应积极拥抱这些变化,充分利用 AI 技术的优势,克服各种挑战,为构建更加美好的教育未来而努力。

6.2 教育理念的深刻变革与融合

1. 从教师中心到学生中心

(1) 传统教育理念的局限性与现代需求的冲突

传统的以教师为中心、知识灌输为主的教育理念在过去的教育实践中发挥了重要作用,但随着时代的快速发展,其局限性日益凸显。在这种传统模式下,教学内容和进度往往由教师统一设定,学生处于相对被动的接受地位。课堂上,教师主导着知识的传授过程,学生主要任务是听讲、记录和完成教师布置的作业,缺乏足够的自主探索和创新空间。这种方式难以充分满足不同学生的多样化学习需求,因为每个学生的学习能力、兴趣爱好、学习风格以及知识基础都存在显著差异。例如:对于学习速度较快、思维活跃的学生来说,统一的教学进度可能会使他们感到无聊和缺乏挑战,限制了他们的潜力发挥;而对于学习基础薄弱或学习节奏较慢的学生,可能会因为跟不上教学节奏而产生挫败感,逐渐丧失学习兴趣。

现代社会对人才的需求已发生了根本性的转变,不再仅仅看重知识的记忆和简单应用,而是更加注重个体的全面发展和终身学习能力。在信息爆炸的时代,知识更新换代的速度极快,学生在学校期间所学的知识远远不足以应对其一生的职业发展和社会生活需求。因此,培养学生的自主学习能力,使其能够在离开学校后持续不断地学习新知识、掌握新技能,成为教育的重要使命。同时,创新思维能力和批判性思维能力也是现代社会所必需的核心素养。创新是推动社会进步和经济发展的关键动力,具备创新思维的人才能够在各个领域提出新颖的想法、创造出独特的产品或服务;批判性思维能力则使学生能够对所接收的信息进行独立思考、分析判断,不盲目跟从,能够在复杂的社会环境中辨别真伪、权衡利弊,作出明智的决策。

(2) 以学生为中心理念下的角色重塑与能力培养

在 AI 赋能的个性化教学环境中,以学生为中心的教育理念将得到充分体现,学校和教师的角色将发生深刻变革。教师将从传统的知识传授者转变为学习引导者、促进者和陪伴者。教师需要深入了解每个学生的个性特点、兴趣爱好和职业规划,通过与学生的密切互动和深入交流,帮助学生发现自己的优势和潜力。例如,教师可以利用 AI 技术提供的学情分析报告,结合与学生的日常谈话、课堂表现观察等方式,全面了解学生在不同学科领域的天赋和兴趣倾向。对于在数学逻辑思维方面表现突出的学生,教师可以引导其参加数学建模竞赛、编程项目等活动,进一步挖掘其在数理科学领域的潜力;对于具有艺术天赋和创造力的学生,教师可以鼓励他们参加绘画、音乐、戏剧等艺术创作活动,并提供相关的资源和指导,帮助他们在艺术领域展现才华。

激发学生的内在学习动力是这一理念下的关键任务。教师可以通过创设丰富多样的教学情境、设计具有启发性和趣味性的教学任务,以及给予及时的鼓励和肯定等方式,点燃学生的学习热情。例如:在语文教学中,教师可以组织角色扮演活动,让学生在扮演文学作品中角色的过程中深入理解作品的内涵和情感,提高学习兴趣;在科学课程中,教师可以提出一些具有挑战性的问题或实际生活中的科学谜题,如"如何设计一个环保型的家庭能源管理系统?"激发学生的好奇心和探索欲望,促使他们主动去学习相关知识并尝试解决问题。

在培养学生的自主学习能力方面,教师要引导学生学会制订合理的学习计划,选择适合自己的学习方法和学习资源。例如:教师可以教学生利用 AI 学习工具进行知识梳理和总结,如使用智能笔记软件自动整理知识点、生成思维导图等;指导学生在海量的网络学习资源中筛选出高质量、有价值的信息,如通过查看资源的来源、评价和推荐指数等方式进行判断。同时,教师要鼓励学生在学习过程中自我反思、自我评价,及时调整学习策略,不断提高学习效率。

创新思维能力的培养需要教师为学生提供宽松自由的学习氛围和创新实践机会。教师可以组织学生开展创意项目、小组创新竞赛等活动,鼓励学生提出独特的见解和解决方案。例如,在设计课程中,教师可以给定一个主题,如"未来城市交通解决方案",让学生分组进行设计和创意展示,学生可以充分发挥想象力,结合 AI 技术、新能源技术、智能交通系统等多方面知识,提出创新性的城市交通规划方案,如飞行汽车交通网络、智能轨道公交系统等。

批判性思维能力的培养则要求教师引导学生学会质疑、分析和论证。在课堂教学中,教师可以针对某个知识点或社会热点问题,组织学生进行讨论和辩论,鼓励学生从不同角度思考问题,提出自己的观点并提供充分的论据支持。例如,在社会科学课程中,讨论"社交媒体对青少年心理健康的影响"这一话题时,教师引导学生收集相关的数据和案例,分析社交媒体的积极作用和潜在负面影响,通过不同观点的碰撞和交流,培养学生的批判性思维能力,使他们能够理性看待社会现象,不轻易被片面的观点所左右。

以项目式学习和探究式学习为代表的新型教学方法将成为实现以学生为中心教育理念的重要手段。在项目式学习中,学生以完成一个具体的项目为目标,自主进行知识的学习和应用。例如,在开展"校园文化节策划"项目时,学生需要自主学习活动策划、组织管理、宣传推广等多方面知识,通过组建团队、明确分工、制订计划、实施项目以及成果展示等环节,全面锻炼自己的综合能力。在这个过程中,学生不仅要运用所学的语文、艺术、管理等学科知识,还要学会与团队成员沟通协作、解决项目中遇到的各种实际问题,如预算超支、时间安排不合理、宣传效果不佳等。AI 工具在项目式学习中可以为学生提供强大的支持,如:利用智能数据分析软件对校园文化节的参与度、满意度等数据进行收集和分析,为项目的优化改进提供依据;使用项目管理软件对项目进度、任务分配等进行有效管理,提高项目执行效率。

探究式学习则侧重于培养学生的科学探究精神和研究能力。教师提出一个具有研究价值的问题,如"本地河流污染的成因与治理对策",学生通过自主查阅资料、实地调查、实验研究、数据分析等方式,尝试寻找问题的答案。在这个过程中,学生需要运用多学科知识,如用化学知识分析水质成分、用生物学知识研究河流生态系统、用地理学知识了解河流流域的地理环境特征等。AI技术可以帮助学生更高效地获取信息,如:通过智能搜索引擎快速筛选出与研究主题相关的学术文献、研究报告等资料;利用数据可视化工具对调查和实验数据进行直观展示和分析,帮助学生发现数据背后的规律和趋势,从而得出科学合理的研究结论。

2. 跨学科教育与 AI 个性化教学的深度融合

(1) 跨学科教育的时代必然性与传统学科界限的突破

随着社会的不断发展进步,现实世界中的问题日益复杂多样,几乎没有哪个问题可以单纯依靠某一学科知识就能得到有效解决。例如,在应对全球气候变化问题时,需要综合考虑大气科学、海洋科学、生态学、地理学、经济学、政治学等多个学科的知识。大气科学研究气候变化的气象因素和物理机制;海洋科学探讨海洋在全球气候系统中的调节作用;生态学分析生态系统对气候变化的响应和反馈;地理学研究气候变化的区域差异和地理分布特征;经济学评估应对气候变化的成本效益和政策措施对经济发展的影响;政治学则涉及各国在气候变化国际合作中的利益博弈和政策制定。因此,跨学科教育已成为时代发展的必然要求。

传统的学科教育体系往往将各个学科分割开来,学生在学习过程中容易形成孤立的学科思维方式,难以将不同学科的知识有机地联系起来应用于实际问题的解决。AI技术的出现为打破学科界限提供了有力的工具。通过智能知识图谱构建,AI能够梳理出不同学科知识之间的内在联系和逻辑关系,形成一个庞大而有序的知识网络。例如,在知识图谱中,以"能源问题"为核心节点,可以关联到物理学中的能量转换原理、化学中的燃料燃烧反应、工程学中的能源开发利用技术、经济学中的能源市场分析以及环境科学中的能源与环境相互作用等多个学科的相关知识分支。这种知识图谱能够帮助学生清晰地看到不同学科知识在解决能源问题中的协同作用,从而引导学生打破学科壁垒,形成跨学科思维方式。

(2) AI 个性化教学平台在跨学科学习中的资源整合与引导作用

AI个性化教学平台在跨学科教育与个性化教学的融合中扮演着关键角色。该平台能够根据学生在各个学科的学习情况和兴趣倾向,精准地为学生推荐合适的跨学科学习项目和资源。例如,对于一个对生物科学感兴趣且在数学和计算机科学方面有一定基础的学生,平台可能会推荐"生物信息学数据分析"这样的跨学科学习项目。在这个项目中,学生将运用生物学知识理解生物数据的含义和生物学背景,利用数学知识进行数据建模和算法设计,借助计算机科学技术进行数据处理和分析,从而深入研究生物信息学领域的问题,如基因序列分析、蛋白质结构预测等。

平台在推荐学习资源时也充分考虑到学生的个性化需求。它可以整合来自不同学科领域的优质学习资源,包括在线课程、电子书籍、学术论文、实验案例、视频讲座等。例如,在为学生推荐关于"环境保护问题"的跨学科学习资源时,平台会提供生物学领域的"生态学基础"在线课程、化学领域的环境化学原理与应用类电子书籍、物理学领域的关于能源与环境关系的学术论文、地理学领域的全球环境变化案例分析视频讲座以及环境科学领域的实地考察实验案例等。这些丰富多样的资源能够满足学生在不同学习阶段和学习深度上的需求,帮助学生全面深入地了解环境保护问题所涉及的多学科知识体系。

在跨学科学习与实践过程中,学生通过参与各种项目和活动,能够培养综合素养和全球视野。例如,在"国际文化交流与合作"跨学科项目中,学生需要运用历史学知识了解不同国家和地区的文化传统和历史发展脉络,运用语言学知识进行跨语言交流和翻译,运用社会学知识分析不同文化背景下的社会结构和人际关系,运用艺术学知识展示和传播本国文化特色,运用经济学知识探讨国际文化贸易和文化产业合作等。通过这样的跨学科学习实践,学生不仅能够提高自己在多个学科领域的知识和技能水平,还能够增强对不同文化的理解和包容能力,培养全球视野和国际合作精神,更好地适应全球化时代的发展需求。

总之,AI赋能个性化教学所带来的教育理念变革与融合是全方位、深层次的。从以教师为中心到以学生为中心的转变,注重学生个体全面发展和终身学习能力培养,以及跨学科教育与AI个性化教学的深度融合,这些变革将重塑教育的未来形态,为培养适应复杂多变现代社会的创新型人才奠定坚实的基础。然而,这一变革过程并非一帆风顺,需要教育界内外各方力量的共同努力。教育政策制定者需要制定相应的政策法规,鼓励和引导学校积极推进教育理念变革和教学实践创新;学校管理者要为教师提供专业发展机会和教学资源支持,营造有利于教育理念变革的校园文化氛围;教师自身要不断学习提升,积极适应新的教育角色和教学要求;家长也要积极配合学校教育,关注孩子在新教育理念下的成长与发展。只有形成全社会协同育人的良好局面,才能确保这些教育理念变革与融合取得实质性成效,为人类社会的可持续发展注入强大的教育动力。

6.3 教师职业发展的新路径与机遇

AI技术的广泛应用为教师的职业发展开辟了全新的路径,带来了前所未有的机遇。

1. 从烦琐事务中解放

(1) 重复性工作的减负与精力转移

在传统教育模式下,教师往往耗费大量时间在批改作业和机械讲解基础知识等重复性工作上。批改作业不仅需要逐题检查对错,还需撰写评语,这一过程极为耗时耗力。以一个班级五十名学生为例,若每份作业包含十道题,教师批改一份作业平均花费五分钟,仅批改作业就需要花费四个多小时。而机械性地讲解基础知识,如反复讲解数学公式、语文字词等,往往难以根据学生的实际掌握情况进行精准调整,导致部分学生理解困难,部分学生觉得枯燥乏味。AI技术的应用将彻底改变这一现状。智能作业批改系统能够快速准确地批改作业,识别学生的答题错误类型,并生成详细的学情分析报告。例如,在数学作业批改中,系统可以精确指出学生是在计算过程、解题思路还是公式运用上出现错误,并统计出班级整体在各个知识点上的错误率分布情况。这使教师得以从繁重的批改工作中解脱出来,将节省下来的时间和精力投入更具创造性和价值的工作中。

(2) 个性化学习方案的定制与情感支持

教师可以深入研究每个学生的学习特点和需求,借助 AI 系统提供的丰富数据和分析工具,制定更加精准、有效的个性化学习方案。对于学习风格不同的学生,教师可以采用差异化的教学策略。如对于视觉型学习风格的学生,教师可以利用 AI 推荐的丰富图像、视频资源,设计以视觉呈现为主的教学内容,如制作精美的 PPT、引入动画演示等;对于听觉型学习风格的学生,则增加讲解的时间,用生动、清晰的语言传达知识,或者推荐相关的有声学习资料作为课外补充。

在学生的学习过程中,教师还能提供及时、深入的情感支持与人文关怀。当学生面临学习压力或挫折时,教师凭借敏锐的观察力和丰富的教育经验,及时发现学生的情绪变化。例如,若发现学生在连续几次考试失利后出现沮丧情绪,教师可以与学生进行一对一的谈心,分享自己曾经的学习挫折经历,鼓励学生从失败中吸取教训,引导学生树立正确的学习态度和价值观。教师还可以组织一些心理辅导活动,如压力释放讲座、学习经验分享会等,帮助学生缓解学习压力,增强学习信心。

2. 终身学习与创新

(1) AI 技术知识与技能的持续学习

为了适应 AI 时代教育教学的变革,教师必须成为终身学习者,不断学习和掌握新的 AI 技术知识与技能。智能教学工具的使用是教师首先需要掌握的技能之一。例如,教师要学会熟练运用智能白板进行互动式教学,利用其丰富的功能,如实时批注、多媒体展示、课堂互动游戏等,提高课堂教学的趣味性和参与度。同时,教师还须掌握在线教学平台的运行,包括课程创建、学生管理、教学资源上传、作业布置与批改、学习数据统计与分析等功能。例如,在疫情期间,许多教师通过在线教学平台开展远程教学,那些能够熟练运用平台功能的教师,能够更好地组织教学活动,与学生进行有效的互动交流。

数据分析与解读能力也是教师必备的技能。教师要学会分析 AI 系统提供的学情数据,如学生的学习行为数据(学习时间、学习频率、资源点击情况等)、知识掌握数据(知识点得分率、错题分布等),从中挖掘出有价值的信息,为教学决策提供依据。例如,通过分析学生在某一学科知识点上的学习行为数据,发现学生在某个时间段内对该知识点的学习资源点击量突然增加,但答题正确率却较低,教师可以推断学生可能在理解上存在困难,需要调整教学策略,加强对该知识点的讲解和辅导。

(2) 教育创新与研究合作

教师不仅要学习和应用 AI 技术,还应积极探索创新教学模式和方法,将 AI 技术有机融入教学实践中。例如,开展基于项目的学习活动,教师利用 AI 技术为学生提供项目所需的资源支持、数据收集与分析工具,引导学生自主探究解决实际问题。在一个关于"城市交通规划"的项目学习中,学生可以利用 AI 交通模拟软件分析不同交通方案的优缺点,收集城市交通流量数据并进行分析,然后提出自己的交通规划方案,教师在这个过程中起到组织、引导和评价的作用。

教师还可以参与 AI 教育产品的研发与优化，与教育科技企业、科研机构合作开展教育研究项目。在智能教材编写方面，教师可以根据教学实际需求和学生的认知特点，提出互动式学习元素、AI 辅助学习提示和个性化学习任务的设计建议。例如，在语文智能教材中，教师可以建议在古诗词学习部分加入 AI 朗读示范，让学生更好地感受古诗词的韵律美；设置一些基于 AI 分析的个性化背诵任务，根据学生的记忆特点和学习进度，为每个学生制订不同的背诵计划。在与 AI 研究团队合作开展学生学习行为分析与学习效果评估的研究中，教师可以提供大量真实的教学场景数据和学生学习案例，帮助研究团队优化 AI 算法，使算法能够更精准地预测学生的学习行为和学习效果，从而为个性化教学提供更有力的支持。

3. 职业角色多元化

（1）学习社区组织者

教师作为学习社区组织者，能够搭建线上线下的学习社区，促进学生之间的交流与合作。在线上学习社区中，教师可以利用社交平台或专门的学习社区软件，创建班级学习群组或主题讨论板块。例如，在数学学习社区中，教师可以发起关于数学难题的讨论话题，鼓励学生分享自己的解题思路和方法，学生之间可以相互学习、相互启发。教师还可以组织线上学习小组，让学生共同完成一个学习项目，如合作制作一份数学手抄报，展示数学知识在生活中的应用，在这个过程中培养学生的团队协作能力和信息整合能力。

线下学习社区则可以通过组织学习俱乐部、兴趣小组等形式开展。例如，教师可以组织科学实验俱乐部，定期开展有趣的科学实验活动，让学生在实践中加深对科学知识的理解，提高动手能力。在俱乐部活动中，学生们共同设计实验方案、进行实验操作、分析实验结果，相互交流实验心得，不仅能够提高科学素养，还能培养团队合作精神和社会交往能力。

（2）教育资源整合者

在信息时代，教育资源极为丰富但也较为分散，教师需要承担起教育资源整合者的角色。教师可以整合各类优质教育资源，为学生提供丰富多样的学习选择。在网络课程方面，教师可以筛选出与教学内容相关、质量高、适合学生水平的网络课程推荐给学生。例如，在英语学习中，教师可以推荐一些知名在线教育平台的英语听说读写课程，让学生根据自己的薄弱环节进行有针对性的学习。对于开源教材，教师可以收集整理并推荐给学生，这些教材往往具有内容新颖、视角独特等特点，能够拓宽学生的知识面。例如，在计算机编程学习中，教师可以推荐一些开源的编程教材，这些教材可能包含一些最新的编程案例和技术应用，有助于学生跟上技术发展的步伐。

教学 APP 也是教师整合资源的重要对象。教师可以根据不同学科和学习需求，推荐适合的教学 APP。如在历史学习中，推荐一些历史知识科普 APP，这些 APP 以生动有趣的方式展示历史事件、人物等内容，能够激发学生的学习兴趣；在美术学习中，推荐绘画技巧教学 APP，学生可以通过 APP 学习不同的绘画技法、欣赏优秀的绘画作品，提高美术素养。

（3）学生生涯规划导师

教师根据学生的兴趣爱好、学业成绩和职业意向，为学生提供个性化的生涯规划建议，成为学生生涯规划导师。对于对艺术有浓厚兴趣且在绘画方面有一定天赋的学生，教师可以引导其了解艺术院校的招生要求、专业设置，推荐参加艺术比赛、展览等活动，提高其艺术素养和知名度。同时，教师还可以帮助学生规划高中阶段的学习课程，如选择艺术特长课程、加强文化课程学习以满足艺考和高考的要求。

对于对理工科感兴趣且学业成绩优秀的学生，教师可以介绍不同理工科专业的发展前景、就业方向，如计算机科学专业在人工智能、大数据、软件开发等领域的应用和就业机会，物理学专业在科研、教育、工程技术等方面的发展路径。教师还可以推荐学生参加相关的科研实践活动、学科竞赛等，如数学建模竞赛、物理实验创新大赛等，为学生未来的升学和职业发展打下坚实的基础。通过为学生提供个性化的生涯规划建议，教师能够帮助学生明确自己的学习目标和职业发展方向，引导学生在未来的学习和工作中更好地实现自我价值。

总之，AI 技术的发展为教师职业发展带来了全新的格局和无限的可能。教师应积极拥抱这些变革，不断提升自身素质和能力，在个性化教学、教育创新、学生全面发展等多方面发挥更大的作用，成为适应时代需求的优秀教育者。

6.4 社会各界对 AI 教育的期待与责任

1. 政府

(1) 资金投入与项目扶持

政府在 AI 教育发展中承担着首要的资金投入责任。通过设立专项基金，为学校和教育机构开展 AI 教育实践与研究项目提供充足的资金支持。这些项目可以涵盖多个方面，从智能教学系统的开发与应用到基于 AI 的教育模式创新探索。例如，在一些发达地区，政府专项基金资助学校建立智能化的学习实验室，配备先进的虚拟现实（VR）、增强现实（AR）教学设备，让学生能够在沉浸式环境中学习科学、历史等学科知识。基金还可用于支持学校开展跨学科的 AI 教育研究项目，如探索如何将 AI 技术与艺术、人文教育深度融合，培养学生的创新思维和综合素养。

在基础设施建设方面，政府须大力推动教育信息化的升级换代。确保学校网络环境高速稳定是开展 AI 教育的基础条件。在偏远地区，政府通过铺设高速光纤网络，实现城乡学校网络全覆盖，使学生无论身处何地都能享受到流畅的在线学习资源。同时，为学校配备先进的智能教学设备，如智能交互大屏、智能学习终端等，这些设备不仅能提升教学的互动性和趣味性，还能实时采集学生的学习数据，为个性化教学提供数据支持。此外，充足的数据存储空间也是关键，政府投资建设大规模的教育数据中心，集中存储和管理学生的学习数据，采用先进的数据存储技术和安全防护机制，保障数据的完整性和可用性，为 AI 个性化教学提供强大的数据支撑。

(2) 人才培养与师资提升

政府在人才培养方面的政策导向作用至关重要。出台鼓励高校开设 AI 教育相关专业和课程的政策，引导高校调整学科布局，加大对 AI 教育领域的人才培养力度。例如，一些高校在计算机科学专业中增设 AI 教育方向的课程模块，培养既懂教育理论又掌握 AI

技术的复合型人才。这些课程包括教育心理学与 AI 技术应用、智能教学系统设计与开发等,使学生毕业后能够胜任学校的 AI 教育教学工作或教育科技企业的研发岗位。

为提高教师队伍的整体素质和能力水平,政府组织开展全国性的教师 AI 技术培训项目。采用线上线下相结合的培训方式,线上课程提供系统的 AI 知识与技能学习资源,教师可以根据自己的时间和学习进度灵活安排学习。线下则组织集中培训、实践操作和案例研讨活动。例如,在集中培训中,邀请 AI 教育专家和一线教师分享成功经验,介绍如何将 AI 技术应用于课堂教学的各个环节,如利用智能作业批改系统提高批改效率后,如何利用节省下来的时间进行个性化辅导。培训项目结束后,为教师颁发相应的培训证书,并将其作为教师职称评定和职业发展的重要依据,激励教师积极参与培训,提升自身的 AI 素养。

2. 教育科技企业

(1) 产品研发与优化

教育科技企业作为 AI 教育产品和服务的直接提供者,应将教育初心和社会责任放在首位,致力于研发高质量、安全可靠、符合教育教学规律和学生身心发展特点的 AI 教育产品。在产品研发过程中,深入学校和课堂进行实地调研,与教师和学生进行充分交流,了解他们在教学和学习过程中的实际需求。例如,针对学生在数学学习中对抽象概念理解困难的问题,企业研发出具有可视化演示功能的智能数学教学软件,通过动画、图形等形式将数学概念直观地展示给学生,帮助他们更好地理解和掌握。

企业要不断优化产品功能和用户体验。根据用户反馈和市场需求变化,及时对产品进行升级。例如,当发现学生在使用智能学习 APP 时对学习路径的规划不够清晰,企业通过优化算法,为学生提供更加个性化、智能化的学习路径推荐,根据学生的学习进度、知识掌握情况和学习目标,自动调整学习内容和顺序。同时,注重产品的交互设计,使界面更加简洁、友好,操作更加便捷,无论是教师还是学生都能轻松上手使用。

(2) 数据安全与隐私保护

教育数据的安全与隐私保护是教育科技企业的重要责任。企业应建立严格的数据管理和安全防护机制,从数据的收集、存储、传输到使用的各个环节,都要确保学生数据不被泄露、滥用或非法利用。采用区块链技术对学生数据进行加密存储和分布式管理是一种有效的手段。区块链的加密特性使得数据在存储过程中难以被篡改,分布式存储则避免了单点故障导致的数据丢失风险。例如,学生的学习成绩、学习行为数据等在区块链网络中被加密存储,只有经过授权的教师和教育机构才能在特定的权限范围内访问和使用这些数据。

企业还应定期发布教育数据安全报告,向社会公开数据安全管理的措施、成效以及存在的问题,接受社会监督。这不仅能增强用户对企业产品的信任度,也有助于推动整个行业的数据安全标准提升。例如,企业在报告中详细说明数据访问的权限设置、数据加密算法的使用情况、数据安全审计的结果等,让家长、学校和社会公众了解企业在数据安全保护方面的努力和成果,同时也对企业形成一种监督和约束,促使其不断完善数据安全管理体系。

3. 家长

(1) 家庭环境营造与教育配合

家长作为学生成长的第一任教师和重要的教育参与者,应积极为孩子提供良好的家庭学习环境和支持。在家中为孩子设置专门的学习空间,配备必要的学习设备,如电脑、平板等,并确保网络环境安全稳定。例如,在孩子使用智能学习设备进行在线学习时,家长可以提前检查设备的网络连接、软件安装情况,避免因技术问题影响学习。

家长要积极配合学校和教师开展 AI 教育工作,关注学校发布的关于 AI 教育的通知、作业要求等信息,与教师保持密切沟通。例如,教师布置了基于 AI 学习平台的作业,家长要督促孩子按时完成,并及时了解孩子的作业完成情况和学习进度。家长还可以参加学校组织的亲子 AI 教育活动,如亲子编程比赛、AI 科普阅读活动等,增进亲子关系的同时,也促进孩子对 AI 教育的兴趣和参与度。

(2) 信息素养与网络安全培养

家长要注重培养孩子的信息素养和网络安全意识。自己首先要了解 AI 技术在教育中的应用价值和意义,学习相关的教育知识和技能,如智能学习 APP 的功能和使用方法、如何引导孩子利用 AI 技术进行自主学习等。例如,家长可以参加学校或社区组织的家长 AI 教育讲座,学习如何利用智能学习工具帮助孩子提高学习效率。

在日常生活中,家长要引导孩子正确使用 AI 学习工具,制定家庭网络使用规则。限制孩子使用电子设备的时间和范围,如规定每天使用平板电脑学习的时间不超过两小时,避免孩子沉迷于网络或受到不良信息的影响。同时,监督孩子的网络行为,教导孩子识别网络诈骗、保护个人隐私等。例如,告诉孩子不要在网上随意透露个人信息,如家庭住址、电话号码等,遇到可疑的网络信息要及时向家长或老师报告。

4. 社会各界协同

(1) 媒体宣传与舆论引导

媒体在 AI 教育的发展中起着重要的宣传和舆论引导作用。通过多种渠道和形式,如新闻报道、专题节目、科普文章等,广泛宣传 AI 教育的成功案例、发展趋势和创新成果。例如,电视台制作关于 AI 教育的专题纪录片,展示一些学校如何利用 AI 技术实现个性化教学,学生在这种教学模式下取得的显著进步,如学习成绩的提高、学习兴趣的增强等。新闻媒体及时报道国内外 AI 教育领域的最新研究成果和政策动态,让公众了解 AI 教育的前沿信息。科普文章则可以深入浅出地介绍 AI 技术在教育中的应用原理和优势,如智能辅导系统如何根据学生的学习情况提供个性化的学习建议,提高公众对 AI 教育的认知度和认可度。

媒体还应关注公众对 AI 教育的疑虑和误解,通过客观、准确的报道和解读,消除公众的担忧。例如,针对一些家长担心 AI 教育会导致孩子缺乏人际交流的问题,媒体可以采访教育专家和学校教师,介绍 AI 教育如何与传统教育相结合,在利用 AI 技术提高学习效率的同时,注重培养学生的团队合作精神和人际交往能力,引导公众正确看待 AI 教育。

(2) 社会组织活动与交流合作

社会组织在推动 AI 教育发展方面可以开展各类丰富多彩的活动。举办 AI 教育展览是一种直观的宣传方式，展览可以展示各种 AI 教育产品和技术应用，如智能教学设备、教育软件、AI 教育机器人等，让公众亲身感受 AI 教育的魅力。开展 AI 科普讲座，邀请专家学者为公众讲解 AI 教育的基础知识、发展现状和未来前景，提高公众的科学素养和对 AI 教育的兴趣。例如，在社区举办的 AI 科普讲座中，专家向居民介绍如何利用 AI 技术帮助孩子进行早期教育，如智能早教机器人如何通过互动游戏培养幼儿的语言能力、认知能力等。

社会组织还可以组织学生科技竞赛，如 AI 创意编程大赛、智能机器人挑战赛等，激发学生对 AI 学习的兴趣和热情，培养学生的创新思维和实践能力。这些竞赛活动不仅为学生提供了展示自我的平台，也促进了学校之间、学生之间的交流与合作。此外，社会组织还可以促进社会各界与 AI 教育的交流与合作，搭建学校、企业、政府和家庭之间的沟通桥梁，共同探讨 AI 教育发展中遇到的问题和解决方案，形成全社会关心支持 AI 教育发展的良好氛围，为 AI 赋能个性化教学的健康、可持续发展奠定坚实的基础。

综上所述，AI 赋能个性化教学的发展需要政府、教育科技企业、家长以及社会各界的共同努力。政府通过政策和资源保障引领方向，企业通过产品创新和数据安全提供支撑，家长通过家庭环境营造和素养引导积极配合，社会各界通过宣传普及和交流合作营造氛围。只有各方各司其职、协同合作，才能充分发挥 AI 技术在教育中的优势，为培养适应未来社会发展需求的创新型人才创造良好的条件，推动教育事业迈向新的发展阶段。

参考文献

[1] 黄荣怀,等. 人工智能与未来教育发展[M]. 北京:科学出版社,2023.

[2] 王万良. 人工智能及其教育应用[M]. 北京:高等教育出版社,2008.

[3] 高凯,高山. 人工智能与开源硬件[M]. 北京:清华大学出版社,2020.

[4] 沈伟. 智能时代的教师[M]. 北京:教育科学出版社,2021.

[5] 张赛宇,马志强,董延庆,等. 人工智能赋能规模化课堂中的个性化学习何以可能?:基于近十年国际 AI 课堂教学应用研究[J]. 开放学习研究,2023,28(5):42-50.

[6] 张鹏,汪旸,尚俊杰. 生成式人工智能与教育变革:价值、困难与策略[J]. 现代教育技术,2024,34(6):14-24.